首先要学会做人,同时必须学会做事;以做事体现与升华做人,以做人统率与激活做事。

杨叔子 著

中国·武汉

往事钩沉

图书在版编目(CIP)数据

往事钩沉/杨叔子著. —武汉：华中科技大学出版社,2018.5(2022.1重印)
ISBN 978-7-5680-3629-0

Ⅰ.①往… Ⅱ.①杨… Ⅲ.①杨叔子-自传 Ⅳ.①K826.16

中国版本图书馆 CIP 数据核字(2017)第 323442 号

往事钩沉

杨叔子 著

WangShi Gouchen

策划编辑：周晓方　杨　玲
责任编辑：刘　莹
封面设计：原色设计
责任校对：刘　竣
责任监印：周治超
出版发行：华中科技大学出版社(中国·武汉)　电话：(027)81321913
　　　　　武汉市东湖新技术开发区华工科技园　邮编：430223
录　　排：华中科技大学惠友文印中心
印　　刷：湖北新华印务有限公司
开　　本：710mm×1000mm　1/16
印　　张：20.75　插页：12
字　　数：287 千字
版　　次：2022 年 1 月第 1 版第 3 次印刷
定　　价：98.00 元

本书若有印装质量问题,请向出版社营销中心调换
全国免费服务热线：400-6679-118　竭诚为您服务
版权所有　侵权必究

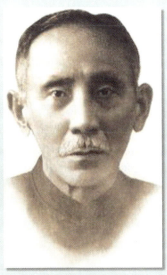 

▶ 父亲杨赓笙(1869-1955)，我国民主革命先驱

▶ 幼儿时

▶ 故乡湖口，地处鄱阳湖之口

◀ 1951年高中毕业

▶ 1953年大学二年级

◀ 1954年武汉防汛

▶ 1958年在武汉长江大桥桥头

◀ 1960年北京,和徐辉碧结婚照

- 1961年春节，和徐辉碧在北京，与母亲李昆玉及哥哥杨仲子、嫂嫂刘桂贞全家
- 1964年去上海机床厂锻炼，在船上遇见著名机械制图专家赵学田教授
- 1969年在学校校园全家合影留念
- 1975年师生在二汽技术攻关现场

▶ 1978年与75113班同学在学校

◀ 1980年学校先进教师表彰会

▶ 1982年在美国威斯康星大学实验室

◀ 1988年指导研究生

▶ 1991年钢丝绳检测科研试验

◀ 1991年史铁林博士论文答辩后

- 1992年1月10日在学校实现学部委员"零的突破"庆祝会上,李汉育同志献诗
- 1992年1月10日在获学部委员庆祝会上发言
- 1993年中央电视台《东方之子》栏目白岩松来访
- 1994年向诺贝尔奖得主杨振宁颁发聘书

▶ 1995年在我校"211工程"预审会上作工作报告

◀ 1995年我校人文讲座

◐ 1995年校领导参加国庆升旗后

▶ 1996年接见李嘉诚先生

◀ 1996年向诺贝尔奖得主内尔博士颁发聘书

- 1997年获全国五一劳动奖章
- 1997年在党的十五大上
- 1999年和朱九思、周济参加纪念五四运动活动

▶ 2002年在党的十六大上的湖北代表

▶ 2006年10月在郑州大学教学评估中与学生交谈

▶ 2007年10月在清华大学进行本科教学评估

▶ 2010年9月18日为新生作报告

2011年校学术委员会成员合影留念

◀ 2013年《科学与社会》编委会第二次会议合影留念

▶ 2013年参加湖口二次革命100周年纪念会

◀ 2013年与蔡勖、周卓薇教授在奉新一中图书室门前

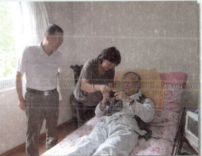

◉ 2013年与晓平、晓军兄弟全家在石钟山旅游

◉ 2014年6月9日（病前两天）参加中国科学院院士大会在人民大会堂前合影留念

◉ 2014年6月11日北京解放军306医院，中国科学院院士工作局同志来探望

◉ 2014年10月孙侄女方方来家探望

- 2015年9月中国科学院武汉分院党组书记、副院长陈平平来家探望
- 2015年10月参观校园文化走廊
- 2015年北大王义遒教授来访,与我校教授刘献君、余东升相聚

◐ 2015年丁烈云校长来家探望

◐ 2016年在病中，与耐心照顾的晚辈孙肖南和徐俊农合影留念

◐ 2016年春，山茶花开了，身体也在不断康复中

◐ 2016年3月长江讲坛

◐ 2016年9月83岁生日全家合影留念

◐ 2016年在机械学院大楼前

◐ 2017年4月与协和医院院长王国斌、大夫王朝晖合影留念

◐ 2017年4月与协和医院的部分医务人员、校医院刘颖合影留念

序

学友、挚友、战友

我与叔子在 1953 年至 1955 年间是华中工学院机制专业不同年级的学生,算得上是相互认识但交往不多的学友。毕业后两人先后留校任教,因都是机制专业青年教师中的骨干,故交往日渐密切。之后我们在工作、学习、思想及生活上相互关心、支持,一起在共和国的旗帜下健康成长,成为挚友。1993 年,他任华中理工大学校长,我任校党委书记,为了实现建设一流大学的目标,我们带领校领导班子团结进取,心往一处想,劲往一处使,彼此之间成了教育事业的忠诚战友。我们的友谊经过了 60 余个春秋的风风雨雨,正如辉碧电话中对我说:"你是最了解叔子的,他写回忆录,我俩认为请你写序最合适。"因此,写一篇我所认识的杨叔子的短文任务,很自然地就由我承担了下来。

仔细阅读《往事钩沉》初稿,深感回忆录记载的大量往事,既是叔子的成长史,也是新中国培养的知识分子的共同成长史。

叔子为什么能够成为我们这一代知识分子中的优秀代表?促使他健康成长的动力在哪里?我认真回忆 60 多年交往中留下深刻印象、至今未忘的有关叔子的往事,想从三个方面简要回答叔子取得卓越成就的原因。

第一,他具有良好的学习习惯和优良的学风、勤学苦练的钻劲和拼劲。对叔子学习中的拼劲我有深刻的印象。1957 年初,我和他在齐齐哈尔机床一厂、二厂准备学生的毕业实习,我吃惊地发现他每天早上四点多钟就起来无声无息地学习,我起床时他已学习近两个小时。当时齐齐哈尔气温在零下二三十度,我们在等电车时,冷得一直跺脚,他在这样的情况下,还在默默地学外文。后来,我发现他勤奋好学、珍惜时间是一贯的,而且经常看到他因为学习而忘记了到食堂吃饭的时间。同志们很关心这个拼命三郎的身体,担心他肺病复发,要我转达组织意见,让他去医院检查身体。叔子新婚不久,系总支就研究将他爱人调来,有利于照顾他的生活。我们除向学校人事部门申请派人去联系外,我还利用去北京出差的机会,去化工研究院请求支援,当时该院领导说:"等我们培养了接班人再放她走。"(徐辉碧当时任一个研究室的支委)我对那位领导说:"才毕业几年的年轻人,哪里谈得上要培养接班人。"极力请求他们尽快同意调出。

同时,叔子他还具有深厚的中华传统文化的底蕴、扎实的数理和工程科学的基础。他的启蒙老师是他的父亲,在当时极为特殊的环境里,他的父亲仍旧系统地教他学习了中华传统文化的经典著作。尽管年纪小、死记硬背、并未真正读懂,但随着年龄和知识的增长,刻印在他脑海中的传统文化的精华,逐渐融会贯通,指引他走上为人处世的正确道路。后来他为学生作报告讲了很多做人成才的道理,这些都植根于中华传统文化的精华之中。

此外,他还具有与时俱进、不断追求新知、探索一条学科交叉融合的学术发展道路的决心和能力。叔子从美国留学归来,把机械工程与控制理论、信息技术、人工智能有机结合,开展广泛的、结合实际的研究,这就是最好的证明。我认为,叔子要是只抓住机床设计中的问题开展科学研究,他绝对不会有今天的成就。

第二,他今天的成就得益于组织上长期的精心培养。这里,我只回忆三件事情:

一是在1956年,学校决定让他提前毕业留校,并将他送到哈工大做机床毕业设计。他在学生时代就是组织上选中的好苗子,政治上、业务上都是学校重点培养的对象。1956年发展他入党,由于家庭和社会关系的缘故,当时党组织能吸收他入党是十分不容易的。到哈工大进修也是重点培养他的措施。哈工大当时是国家大量聘请苏联专家指导学习的两所大学之一,我校当时还不具备做毕业设计的条件,我的毕业设计就只是被称为结业作业。事实上,当时应该派有教学经验的中青年教师去取经,但后来派了他去,就说明组织上看准了他的能力。

二是1964年派他到上海机床厂下放锻炼一年。这可不是一般人所理解的下放工厂、农村劳动锻炼,而是一次培养又红又专、理论联系实际的学术骨干的重大举措。上海机床厂的大型恒温车间是我国机床行业的宝贝,去参观还要有一机部机床局的介绍信。他们生产高精度的镜面磨床,我去参观时问师傅为什么说是镜面磨床,他要我接近一根磨好的轴的表面仔细观察,果然镜面光滑程度是可以清楚地分辨出自己嘴上的每根胡须的。同时,他们敢于把进口的机床拆了再精加工,提高机床主轴的回转精度,敢于提出只要量得出来他们就造得出来的口号,也就是说要多高精度就能做到多高精度的零件。叔子在上海机床厂的一年里,围绕一台从日本进口的高精度磨床开展了系统的试验研究,取得了大量数据,还撰写了论文。这是收获多么大的劳动锻炼!

三是1983年初他从美国留学归来后,系里为把他培养成新一代学术带头人做了精心的安排。我们听了他有关留美学习的汇报后,研究采取了三条具体措施:首先要为他开展科研教学研究组建一个以中青年教师为骨干、优秀博士生硕士生为生力军的团队,由他提名,要谁就调谁;其次是将用五十万美元引进的丹麦的振动噪声测试全套硬件软件组成的测试技术实验室,从自动化教研室划归叔子组建的工程测试教研室管理,作为他开展科研的有力支撑;最后是叔子本人的进修提高要落到实处,当时系里重点培养的教师都严格制订了年度计划,包括承担的教学科研任务,计划编写的教材、专著,准备撰写的学术论文,查阅哪些文献资料,掌握的学术前沿动态等,并按月安排工作进度,按年总结分析实际成效,再交系领导审查后送学校师资培养科。

第三,他今天的成就应归功于以他为首的教学科研团队。许多教学、科研成果都是集体辛勤劳动的结晶。一个成功的团队,首先要培育一种敢为人先、攻坚克难的进取精神,建立一种团结互助、尊师爱生、老中青和谐相处的人际关系。一个成功的团体还要有明确的学术研究方向,适应国家需求又符合科技发展趋势的科研任务,形成团队成员心往一处想、劲往一处使、力争上游的学术氛围。而这些,叔子的科研团队都具备,他们在八九十年代取得的多项重大成果就是最好的证明。

  叔子的团队取得了成功的经验,还说明一个优秀的团队,成员应该包括:第一种人是学术方向相同、志同道合的合伙人,例如师汉民同志,他也是系里重点培养的新一代学术带头人,应该说他在叔子实现我校院士零突破的过程中做出了重要贡献。第二种人是具有良好素质、甘当铺路石的助手,例如杜润生同志,他是工农兵学员留校任教的老师,他踏实苦干,在测试技术方面理论知识扎实、操作技能熟练,在科研中发挥了不可替代的作用。第三种人是素质好、潜力大、勤奋好学的弟子。叔子招收的一批硕士生、博士生中,许多人在毕业时都取得了可喜的成绩,吴雅就是一个典型的例子,她不仅学习成绩优秀,政治表现也很好,1993年还当选为湖北省党代会的代表。总之,叔子团队的种种事例在他的回忆录中都有充分的体现。我就不再多加介绍了。

  以上这些回忆,作为叔子回忆录的补充,并以此作为《往事钩沉》一书的"序言",而仍有许多难以忘怀的回忆,就留作我们两人之间的友谊见证吧!

2017年7月于武汉喻家山

目录

第一章　童年记忆　/1

　一　"救命！救命！"　/1

　二　"绝不当亡国奴！"　/2

　三　祸不单行　/3

　四　去上幼稚园！　/4

　五　天狗食日　/5

　六　"床前明月光"　/5

　七　惨不忍睹　/6

　八　我的马儿乖　/7

　九　涂寿山老师　/8

　十　我上小学了　/9

　十一　斗蛐蛐　/10

　十二　野莓　/11

　十三　除法,莫名其妙　/12

　十四　鸡加鸭,等于什么　/13

第二章 中学往事 / 15

一　跳进了中学 / 15

二　章回小说 / 16

三　回故乡，上了石钟山 / 17

四　石钟山庙宇作校舍 / 18

五　都昌学生 / 19

六　鸭鸭黄 / 20

七　路祭李烈钧将军 / 21

八　上了九江同文中学 / 22

九　读好书，做好人 / 23

十　借读 / 24

十一　解放了，第一步 / 25

十二　南昌一中 / 26

十三　模范团员 / 27

十四　都是革命 / 28

第三章 首次工作 / 29

一　第一次走上工作岗位 / 29

二　兼做班主任 / 30

三　坚定跟着共产党 / 31

四　升大学，去学工 / 32

五　当"辅导"老师 / 33

第四章 大学岁月 / 34

一　报考机械专业 / 34

二　武汉大学 / 35

三　景色美极了 / 36

四　几位老师　/ 37

五　不是笑话　/ 38

六　听课真是幸福　/ 39

七　友谊长青　/ 40

八　感谢龙仁　/ 41

九　冷水滩　/ 42

十　桂林分部　/ 43

十一　红豆相思　/ 44

十二　什么艰苦也不怕　/ 45

十三　身在中国画中　/ 46

十四　认识实习　/ 47

十五　返校,大水阻岳阳　/ 48

十六　欢迎！拿起工具防汛去！　/ 49

十七　首战武泰闸　/ 51

十八　瓜熟蒂落　爱挚情深　/ 52

十九　在喻家山下攻读　/ 53

二十　无限欢情在北京　/ 54

二十一　浓烟笼罩的铁西区　/ 55

二十二　"梦"想实现了！　/ 56

第五章　教师生涯之一:1956年至1966年　/ 58

一　"提前"毕业,提前留校　/ 58

二　任教第一程　/ 59

三　哈尔滨美极了！　/ 60

四　独立嫩江之滨　/ 61

五　立式车床　/ 63

六　真当大学教师了　/ 64

七　校厂互助,既亲且真　/ 65

八　走个过场　/66

九　鼓劲"大跃进"　/67

十　劲足心齐攀高峰　/68

十一　第一次登上庐山　/69

十二　"我知道你一定会来"　/70

十三　从此鹣鹣终比翼　/71

十四　"蜜旬"的几首诗　/73

十五　新婚"蜜旬"　情天爱海　/74

十六　"蜜旬"在母亲身边　/75

十七　两斤粮票　/76

十八　理想执还痴　/77

十九　婚后即别的思念　/78

二十　"双革"荣归　/79

二十一　首先要讲好课　/81

二十二　焕彩霞，最堪夸　/82

二十三　分离九年故乡亲　/83

二十四　牺牲不怕难何惧　/84

二十五　首聚喻园　/86

二十六　江南大好春，征鸿今南归　/87

二十七　转战三千里，飞驰只七天　/88

二十八　在家首次一起过春节　/90

二十九　微恙无碍　/91

三十　似"回"跃进中，景色不全同　/92

三十一　喜读毛泽东诗词十首　/94

三十二　莫道异乡为异客　/95

三十三　此日展程新，洪炉好炼人　/96

三十四　耕耘哪问田何处　/98

三十五　水银灯下情深　/99

三十六　几件大事几首诗　/100

三十七　语寄大江　/101

三十八　首次参加学术会议　/103

三十九　首览长安古都　/104

四十　毕业设计要结合实际　/105

四十一　调到机械原理教研室　/106

四十二　革命一心良种作　/108

四十三　服务到家　支持到人　/109

第六章　教师生涯之二：1966年至1976年　/111

一　日记中断了　/111

二　村春来了　/112

三　学大庆，学大寨，学解放军　/113

四　破雾穿云劈怒风　/114

五　雪舞冰封，凛冽狂飙作　/115

六　孩童应晓春秋　/117

七　去咸宁，立志宏　/118

八　咸宁"序曲"　/119

九　"岂信乌云能蔽日"　/120

十　为农学圃是洪炉　/121

十一　翻疑梦里逢　/123

十二　誓为一线美庖厨　/124

十三　同心聚智，绝不谋私　/125

十四　往事宜尘瘗　/126

十五　何日欢歌动地　/128

十六　直接受"整顿"之惠　/129

十七　此身乐与兴三线　/130

十八　好伴"东风"绿四方　/132

十九　宏图绘，车流望接天　/133

二十　小病常有，健康报家　/134

二十一　人世亦丹丘　/135

二十二　合办班　/137

二十三　破浪前进　/138

二十四　1976！！！　/139

第七章　教师生涯之三：1976年至1992年　/141

一　负责到底　/141

二　科学春天好　/142

三　飞越方知天地阔　/143

四　一己锥量地，群贤力撼天　/145

五　走路：路还熟，步是初　/147

六　准备赴美　/148

七　惟有学成归国愿　/149

八　学问朝朝做　/151

九　同行又共研　/152

十　回校第一课　/153

十一　支持，全系一盘棋　/155

十二　虎添翼，龙潭闯　/156

十三　突破断丝定量检测　/157

十四　更上一层楼　/159

十五　咸阳：走向全国第一站　/160

十六　"时间序列分析"工程应用推广　/161

十七　中秋国庆　鹤矗诗情　/162

十八　蒙邀重回故里　/164

十九　里程碑的一手棋　/165

二十　桃源津通　/166

二十一　素娥天际逐　/167

二十二　凉风涌绿　松花浪跃　/169

二十三　满山绿树春色　/170

二十四　英雄无畏新程　/171

二十五　花放钢城腾烈焰　/172

二十六　往日重逢　情寄诗衷　/173

二十七　扬州一日游　/175

二十八　泛轻舟　愿共酬　/176

二十九　责庄严　育精英　/177

三十　丝断真情是可知　/178

三十一　初到徐家汇　/179

三十二　功到志成书出版　/180

三十三　花果攻下洋关（上）　/181

三十四　花果攻下洋关（下）　/182

三十五　友情胜龙井新茶　/183

三十六　攻下洋关攀险峰　/185

三十七　教育大计　教学第一　/186

三十八　教学大计　教材第一（上）　/187

三十九　教学大计　教材第一（下）　/188

四十　苦练教学基本功　/189

四十一　服务国家　服务社会　/190

四十二　岁岁耕耘敢稍休　/192

四十三　院士申报　/193

四十四　咬定青山不放松　/194

四十五　征程跃马越从头（上）　/195

四十六　征程跃马越从头（中）　/197

四十七　征程跃马越从头（下）　/198

四十八　快马加鞭未下鞍　/199

四十九　友谊第一　／201

五十　人总要有点精神　／202

五十一　谈笑共根生　／203

五十二　严寒何所惧　／204

第八章　领导岗位回眸　／206

一　重任落双肩(上)　／206

二　重任落双肩(下)　／207

三　谋政须符身在位(上)　／208

四　谋政须符身在位(下)　／210

五　春风今更是　／211

六　花甲了　／212

七　接力继长征　／213

八　立足何处　放眼大局　／214

九　论功盖世千秋记　／216

十　全力勇登攀　／217

十一　惊天南国鼓　／218

十二　共我迎新别旧年　／219

十三　为三峡工程去宜昌　／221

十四　应邀访新、马(上)　／222

十五　应邀访新、马(中)　／223

十六　应邀访新、马(下)　／224

十七　黄鹤归来惊巨变　／226

十八　以文化人　以人化文(上)　／227

十九　以文化人　以人化文(中)　／228

二十　以文化人　以人化文(下)　／229

二十一　钓鱼台宾馆之夜　／231

二十二　观乐山大佛　／232

二十三　重读论语　/233

二十四　"长江三峡工程开工典礼"　/234

二十五　凯歌红染杜鹃花　/235

二十六　浩气牧牛心亦雄　/236

二十七　二十年，中国一定有诺奖（上）　/237

二十八　二十年，中国一定有诺奖（中）　/239

二十九　二十年，中国一定有诺奖（下）　/240

三十　再铸辉煌昼夜争　/241

三十一　观情哀绪活今前　/242

三十二　根同根壮根深（上）　/243

三十三　根同根壮根深（中）　/245

三十四　根同根壮根深（下）　/246

三十五　"梦也团圆"之情　/247

三十六　相逢无不是亲人　/249

三十七　清泉涌玉　重游济南　/250

三十八　G的测量一定支持　/251

三十九　要直接过问职工子女　/252

四十　考楼鸦静无声　/253

四十一　昔日同窗密　三年共激扬　/255

四十二　千红万紫香山宅　/256

四十三　武夷山休假（上）　/258

四十四　武夷山休假（中）　/259

四十五　武夷山休假（下）　/260

四十六　长安居不易　/262

四十七　有为夫妇来访　/263

四十八　本科教学工作评估（上）　/264

四十九　本科教学工作评估（下）　/265

五十　痛悼邓小平同志　/266

五十一　烟水锁亭颜 /268

五十二　从咏粉笔谈起 /269

五十三　当选为党的十五大及十六大代表 /270

五十四　工程立项(上) /272

五十五　工程立项(下) /273

五十六　学科建设是龙头 /274

五十七　要关心青年教师 /275

五十八　我就是这么样 /276

五十九　夜宴秦淮思古今 /278

第九章　在　病　中 /280

一　2014年6月院士大会 /280

二　突发脑卒中住进北京解放军306医院 /281

三　回武汉直奔协和医院 /282

四　学校的关怀 /283

五　散步在校园、梅园 /284

六　诗助康复 /285

七　走上长江讲坛 /287

八　参加重要会议 /288

附录　参加首轮本科教学工作水平评估 /289

后记 /315

第一章 童年记忆

一 "救命！救命！"

我国谚语讲："大难不死,必有大成。"幼儿时,我两次从死亡中逃了出来。

第一次,我不到两岁,病重。医生诊断："严重肺炎,无法救了。准备后事吧!"我母亲没办法,只好拜佛了。

她深情回忆："那时只能靠菩萨了！我为什么信佛？就是为了救你!"她说："我向救苦救难的观音菩萨烧香许愿:我孩子病好了,我每个月初一、十五一定烧香吃斋,我永不吃鸡。"因为我生肖属鸡。她说："真灵啊！你竟然慢慢好了!"

第二次,可能是三岁多的时候,那时我很调皮。当时在石钟山下挨着城墙,紧靠城德门的城门,有一栋一层楼小洋房,叫作"面城居",意思就是面向城墙而居,两间住房,一间厨房,有个小花园,花园中有个小亭,还有个小池塘,池塘中养了鱼。我家是大家庭。妈妈带我到"面城居"来看住在这儿的家人。不知怎的,我一个人偷偷摸摸玩到池边,下了台阶,去抓鱼,一不小心,掉入了池内。我大哭大喊："救命！救命!"

救了上来,抢入房内,衣服都湿透了,但当时这里只有小女孩的衣服,花花绿绿的。我大哭大闹,死也不肯穿："我不穿女孩子的衣服！不穿!"后来折腾了半天,勉强换上,害羞得很,躲在房内不肯出来。

从下篇起,是我真正能开始记事了,虽然开始是点点滴滴、片片段段,甚至模模糊糊,但毕竟是"往事钩沉"了。

二 "绝不当亡国奴!"

从某种意义上说,我也可以算是出身于书香门第之家。我们家历经十五代人,代代秀才不断。父亲杨赓笙生于1869年,他自幼天资聪颖,勤奋好学。18岁时在九江学使试院考中前清秀才。1938年抗日战争爆发后,大片国土沦陷,大批青年流离失学。父亲为抗日救亡,集资筹办"江西中学",自任校长,大力提倡敦品修身、读书救国。父亲一直教导我们要"清廉爱国,师表崇德",在我的成长岁月中,父亲的谆谆教诲,我一直谨记于心,无论是爱国主义情怀,还是为人师表的品德,都使我受益终生。尤其是父亲所言传身教的爱国主义教育,这绝不比我掉入池塘的印象浅,甚至更深,更难以忘怀。

日寇侵略铁蹄已逼近湖口,父亲把全家集在一起,严肃而激昂地讲:"我们是中国人,是炎黄子孙。我们绝不当亡国奴,绝不做日本鬼子的顺民!万一在逃难的路上,日本鬼子赶上了我们,我们全家就自杀,投水自尽!大家千万记住,绝不能活着落入日本鬼子手中!"父亲深切希望全家都是地地道道的爱国者,头可断,志不可辱!

随着我进入耄耋之年,越来越体会到父亲的爱国之心。过去,我总感到父亲对我太狠了些。姐姐是老大,哥哥天资聪慧过人,妹妹正在襁褓之中,父亲一腹忧国忧民之闷,对时局危亡之忧,这种郁闷不在我身上发泄些,又能在何处发作?!当然,大量诗作是他发泄情感的主要之处。

别看他留下的诗作中确有不少满心喜悦之作,但这绝非他的情感主流。他在石街写了不少诗,因为1942年至1943年的那个乙卯春节,是在石街度过的。在此除夕春节,他一口气写了十二首七绝《石街春节口占试笔》,第三首是:"老屋荒村旧岁除,也随俗例饮屠苏。家人彻夜饶清兴,白板红中满口呼。""旧岁"指农历除夕,"屠苏"就是指酒;除夕全家吃团圆饭,喝些酒,可高兴吧?然而,第一首讲:"人逢春节喜临池,默祝今年百事宜。信手书成诗一打,鄙怀羞与外人知。"什么"鄙怀"?什么内心感情?只有他自己知道。读一读第十二、十三首吧:"宵来镜听卜山荆,道是今年见太平。告我高呼如愿至,扫除丑类下东京。""丑类",就是指日本人。"诗成一打兴犹浓,吉语如珠数不穷。岁有闰年诗亦闰,天时人事理相通。"他殷切希望新的一年果能如其所讲,打败日本人,扫除丑类,绝不会做亡国奴。

三 祸不单行

我国民谚讲:"福无双至,祸不单行。"这固然不是规律,也不能讲是多数,但这种现象确实也不少。

逃难到武宁不久,就遇上一连串的祸了:遭了一场火灾,小孩生脓疱疮,许多人身上长了虱子。

在武宁,没有足够的房子,全家不能住在一起,母亲带着几个孩子住在一家黄烟店里。

一天,起大火,这家烟店也着火了,浓烟滚滚,人多物杂,忙忙碌碌,拼命灭火,抢救衣物,母亲带的东西烧毁了不少。火灾之后,我们就没地方住了,只好挤在父亲那里去住。紧接着,我们几个孩子中,多数身上长满了脓疱疮,又痒又疼,真是难受!

真的是屋破又遭连夜雨,孩子衣服上长满了虱子,密密麻麻地藏在衣服里面。特别是毛衣毛裤的缝中,看来真是可怕,咬了之后痒得受不了,只能天天用药水洗澡,身上涂满了药膏之类的外敷药。当然,还得有内服药,一天几次,特别是汤药,很难喝,对小孩来说,更是苦不堪言,经常捏着鼻子,强行吞下。这时候,我知道了一句俗话:捏着鼻子哄嘴。孩子毕竟是孩子,一疼一痒一苦,就哭就闹,母亲烦了,我就挨揍。其实,母亲也十分喜爱我,手心手背都是肉嘛!

姐姐十分懂事,又疼爱弟妹,仔细照顾弟妹,帮母亲做了不少事。她是我们兄弟姐妹四人中年纪最大的,长我6岁,通情达理,父亲往往也尊重她的意见。可说,姐姐在诸多方面,对我这个弟弟有着很大的保护作用。我们姐弟感情很好,无论是到她结婚成家,生男育女,还是顺境逆境,从小时候到老了,一直如此。

哥哥天资十分聪颖,记忆力惊人,念古文、记事情,几乎过目不忘,聪明程度超过父亲,父亲特别喜爱他。他调皮,父亲谅解,母亲也就无可奈何了。

在兄弟姐妹四人中,我处于弱者的地位。然而,人有求生的本能。从小,我就懂得要"忍",忍,忍,再忍,忍耐下去困境总会有尽头。何况,母亲常常说:"手背手心都是肉,你自己要争气。"当然除了"忍",还有个"干",干,干,再干,干到尽头总会找到出路。

武宁岁月虽短,但片段的印象很深,这算是我认识世界的开始吧。

四 去上幼稚园!

真正算得上是我开始记事的时候,应该是在武宁的时期。

武宁是我家逃难的第一站。第二、三、四站分别是南城、石街、黎川。所谓站,暂住的不算,得住下几个月的才算。

湖口人多是武宁移民来的,两地十分相近。我的老家从武宁迁到湖口,也不过几代的事。李烈钧将军与我的父亲关系特别亲密,这与李是武宁人有很大的关系。父亲作为李烈钧将军的副手,毁家纾难,共同组织了1913年的湖口讨袁起义,也称第二次革命。当然,是在孙中山先生总的领导下进行的。

李绝非只是一介武夫,他的传统文化的底蕴不错,诗书琴棋均佳。在老家肯花钱兴教育,就很自然了。

到了武宁,我就进了幼稚园,每天高高兴兴"上学去"。对幼稚园,我印象唯一确切而又清晰的,是在幼稚园中排队。一切那么新奇,一切那么有趣! 幼儿排着队,一个接一个,前后有序,整整齐齐,老师在旁照顾。有时是去操场,去做游戏,教师讲过些什么,玩些什么,全忘了。然而,忘不了的是,阳光灿烂,照着我们师生。老师笑眯眯的样子,小孩开心的样子,一派生机勃勃的景象。真的,我开始认识世界了。

母亲十分支持我去上学。四五岁的小男孩,正是调皮的年龄。我去上学了,她就正好照顾一岁左右的妹妹。母亲没有母乳,全靠牛奶喂养妹妹。母亲只够对付妹妹了。幸而长我6岁的姐姐十分懂事,关心弟妹,是母亲的一大助手。照顾弟妹,一直是她的大事。可以说,在我成长之中,无论是上学还是读书一直都有姐姐的照顾与支持。

五 天狗食日

在石街,遇上了日食。这是我一生中第一次见到的天象奇观,当然也是一生中第一次难言的惊讶。

刚刚还是白天,人却逐渐阴暗下去,越来越黑。我记得似乎还骤然下起了大雨,天昏地暗,户户点起了灯,大多是用灯盏灯芯点的植物油灯,个别用不怕风的手提"马灯",即是一种可用来携着夜行的煤油灯。那时煤油称为"洋油",火柴称为"洋火",机织的一般的布称为"洋布",如此等等。对此,我们七八十岁的人都记忆犹新。

家家户户将脸盆提在手上,拼命敲打,大声呼唤:"天狗吃太阳,快救太阳!天狗吃太阳,快救太阳!"此呼彼应,人声鼎沸。我们小孩既好奇,又爱凑热闹,到处乱跑乱叫,十分有趣。当然,在我年幼的心头,"天狗在哪儿?怎么吃太阳?"的问号自然就存在了。

天渐渐开了,雨渐渐小了,喧哗的人声也渐渐小了下来,看来太阳是得救了。但究竟是怎么一回事,那时当然不明白。一些善男信女,一生中都虔诚相信有天狗食日、天狗食月这么一件大事。

这件事,是在石街时难忘的一课。

六 "床前明月光"

"床前明月光,疑是地上霜。"李白的《静夜思》这一著名五言绝句成了我启蒙的第一课。

5岁那年,日寇侵略铁蹄逼近湖口,在父亲带领下我们举家逃难。逃到江西东部的一个叫石街的小镇,可能属于南城。父亲把我叫到他身边,告诉我:"你也不小了!该懂些事了!日本鬼子迟早会被我们赶出中国。现在再苦再乱,你也不能不读书。我先教你读唐诗吧!"我清楚记得,第一首就是李白的《静夜思》。他从所带来的书中,拿出一本清代蘅塘退士编的《唐诗三百首》,一句一句地教着念:"床前明月光,疑是地上霜。举头望明月,低头思故乡。"边教,边讲解,也是边倾诉他的感受与心声。

是的,我记住了他的话:"看到月亮,就要想到故乡,想到湖口,想到石钟山,想到家乡父老,想到我们的中华民族,想到日寇侵占了我们的土地、蹂躏我们的同胞。这是国家耻,这是民族恨。报仇雪耻,匹夫有责!"恰好,在石街,我们这个大家庭中有一房离开了。父亲便开始现场教学了,他说:"杜甫在《月夜忆舍弟》中讲:'有弟皆分散,无家问死生。'这是他逃难中所作的诗句。今天我们呢?也正是'有家皆分散'!没有国,哪有家?"直到日寇即将投降之际,这个大家庭才再次团聚。在父亲的教育下,几年间我学了《唐诗三首诗》、《诗经》、《论语》、《大学》、《中庸》、《幼学琼林》、《古文观止》的部分文章及其他一些古籍。

这就是在培育民族文化这一根本,在铸造民族灵魂。《诗经》有云,"谁谓河广?一苇杭之。谁谓宋远?跂予望之"。强烈的思乡爱国之情,怎能不浸润我年幼的心灵,塑造着一个地地道道的中国人?!是的,"床前明月光",这纯洁的光一直照着我的心!

七 惨不忍睹

5岁在南城时,一次日机来轰炸。轰炸后,我见到的一个场面,真是惨不忍睹,怎么也忘不了,至今仍清晰在目。

我父亲借住在主人也在住的一栋西式小别墅中,内有小花园、小池塘,园中还有长廊,十分显眼。母亲带小孩,住在相邻的一栋大屋中的两间房中。我住的附近,住了很多人家,其中有一对刚结婚不久的青年夫妇。

炸弹炸中了这对青年夫妇的住房。横祸飞来,夫妇被炸死。惨不忍睹!大腿挂在电线杆上,肉似乎还在发抖?!鲜血不断下滴,看了真是揪心、害怕。

这件事发生的几天前,我与邻居家的几个小孩还去过他家,听他讲故事,什么故事?当然早已忘了,但吃的冻米糖、地方特产,却津津有味,永不会忘。人已亡,而景犹在、情犹在、记忆犹在,小孩子心中是什么滋味,可想而知!

他们夫妇两人很可能是新婚宴尔,正在蜜月之中。现在回忆起来,估计他们离开学校也不会太久,最多是中学程度。谁知在蜜月之中,竟然惨死在日本侵略者飞机的炸弹之下。

据说,不久之后,日机又来轰炸,整个就是狂轰滥炸,哪有什么目标不目标,南城几乎被夷为平地,全城变成了一个瓦砾场,过去的南城只能到历史文献中、南城老居民记忆中去寻找了。

于我而言,留下的就是不堪回忆的苦难、终身不忘的愤怒、中华民族的耻辱和仇恨!

八 我的马儿乖

"我的马儿乖,我的马儿好。我的马儿不吃草,我的马儿快快跑!"在幼稚之年开始记事时,一切都觉得新奇。大人处在逃难的状态中,而我常和邻居小孩各跨一条长竹竿,手执一长竹鞭,唱着"马儿乖"的儿歌,来回奔跑,还要来个骑马比赛。

一条竹竿,又长又直,约两米长,在山区多的是。骑上竹马,不但可以赛跑,还可以演戏呢!当然,是演"京戏"。因为社会上通常演的都是京戏或其变种。锣鼓一响,热闹非凡,当时可算是最大的文娱演出了。

小孩可谓是看而不厌,学而不倦,默而识之,看了就学演。好!来一出《萧何月下追韩信》。两个孩子,一个跑,一个追。追的是萧何,唱着:"此番韩信追得到,同心协力辅汉朝,韩信若是追不到,万里江山一日抛。"

驾!驾!驾!突然,韩信不见了,萧何迷路了,萧何急得搔着头,唱着:"催马加鞭迷了道,我不免向前问问樵。"就这样唱着不成腔调的"京戏",而乐在其中了。如果要演《平贵回窑》,谁演王宝钏?只能男扮女装了。

一旦骑竹马的游戏开始,一个老大的"天井"就乱哄哄了。大人常讲:"玩可以玩,不要玩得太多了。古人讲得好:'记得少年骑竹马,看看又是白头翁!'"孩子听了,偷偷地笑:"什么白头翁?!我们还小着呢!"

当然,大人的教诲还是有些作用的。特别是当父亲教我念古诗名句时,就会讲到古人的教诲。岳飞讲:"莫等闲,白了少年头,空悲切。"颜真卿讲:"黑发不知勤学早,白首方悔读书迟。"《古乐府·长歌行》中讲:"少壮不努力,老大徒伤悲。"

七十多年过去了,这一切宛然在目。

(原文载于《长江日报》,2000年9月13日,原题是《记得少年骑竹马》,本文有删改。)

九　涂寿山老师

我在私塾的第一个老师,就是涂寿山老师。

逃难到黎川,总算安定了下来,这是江西东部的一个小县,就在武夷山下。黎川在山的西边,山的东边就是福建的邵武了,此时,我还在父亲身边读书。

别人劝父亲:"你太累了,还这么教孩子,大人小孩都吃亏。送孩子去上学吧。"父亲听了,觉得有理,就托人把我送进我家附近的一个私塾。老师叫涂寿山,教我中国经典,特别是孔孟之道与少儿启蒙读物。

一个学生一张桌子,念的书不尽相同,每个人都摇头晃脑地念,念熟了,就去背,背出来了,老师就继续往下教。书房就是涂老师住的大屋一进的大厅,大厅基本坐满了。大家都在念,哪里谈得上什么干扰不干扰。程度好的学生听都听会了不少。《千字文》、《幼学琼林》、《昔时贤文》等经典我都是能背的。

四书中,我在父亲身边已念了三本,只有《孟子》还没有念,我学的第一本书就是《孟子》,先念《孟子》,可能是父亲与涂老师事先商量好了的。我只记得念完了《孟子》,还念了《书经》。《书经》真不好念,全是唐尧虞舜夏禹那个时代帝王的文告之类的内容。文字语言不懂,内容更不懂,老师所谓的讲,听了也是一片糊涂。《孟子》倒懂得不少,至今还记得不少,颇有收获。

第一课学的是《孟子·梁惠王上》。《梁惠王上》的开篇是什么内容?至今我还可流利地背出来:"孟子见梁惠王。王曰:'叟!不远千里而来,亦将有以利吾国乎?'孟子对曰:'王何必曰利?亦有仁义而已矣。……'"古人的许多教诲,至今仍熠熠生辉。

在涂老师处,我念了一年多的书。他给我讲:"去上小学吧!"这时,他在小学兼了课,他看到了时代的变化,不学现代文化不行了。我把涂老师的意见告诉了家里,家中非常赞成。就这样,在涂老师的帮助下,我进了黎川一区中心小学高小一年级。这是1943年秋天的事情了。

十 我上小学了

在涂寿山老师的建议下,家中让我进入了小学。学校离我家不远。

这所小学至今还在,并且还在原地址,简称为"一区中小",现今全名为黎川县日峰镇第一区中心小学。

当时小学分初小、高小,初小是四年,高小是两年。我一入学就念高小一年级上学期。初入学,一切都感到新鲜有趣,一天到晚劲头十足。我视力不好,后来才知是近视,因此,坐在第一排并靠中间。

我清楚记得语文学的第一课,题目是《咱们都是中国人》。一开始,内容就讲:你是中国人,他是中国人,我是中国人,咱们大家都是中国人。这个"咱"字,我是第一次碰到,才知北方话叫"我"是"咱",叫"我们"是"咱们"。

在班上,认识了许多新朋友,其中有两位印象最深。一位叫易光炎,家中开酱店,用黄豆发酵,生产酱与酱油。一位叫朱征奇,家中卖猪肉,可能包括宰猪;养不养猪,我记不得了。我们三个人一直玩得很好。还有一位,叫武一平,印象不及前两位深刻;但没想到,别后六十多年,2008年12月6日和7日,我们竟然欢逢在黎川,真是不胜感慨。武在家,见了面,可惜朱、易不在家,没见到。

小学的生活很充实。上课,每天早上有早会;放学,每天放学前有夕会;全校聚在一起,升、降国旗,唱朝会歌、夕会歌。朝会歌,怎么唱,全忘了。夕会歌,至今大致记得:"功课完毕,要回家去。老师同学,大家要分手。回家去,好朋友!明天见,好朋友!明天见,好朋友!"

这一切记忆中,感人最深的,就是抗日歌声、救亡情绪充满了校园,弥漫了课堂。"大刀向鬼子们的头上砍去!""他们要把中国当作一个屠场,任他们杀,任他们抢。"是的,"飞机还在不断地丢炸弹,大炮还在隆隆地响"。中国人正在身经、正在目睹、正在耳闻南城被炸的惨景,一切就在眼前。小学课程表上一天的课程是完毕了,但抗日救亡活生生的现实教育无时无刻不在。

十一 斗 蛐 蛐

黎川把蟋蟀叫蛐蛐,湖口也是一样。斗蛐蛐是我国传统的一个游戏,成人玩,孩子更喜欢玩。

一区中小背靠着一座不高的坟山,有不少坟墓,老墓也不少。坟山上没有大树,只长了灌木、荆棘和杂草。一到秋天,蟋蟀叫个不停。

我听别人讲过,坟山上、古墓里,藏有又凶、又狠、又善斗的蛐蛐;特别是棺材中的蛐蛐,最厉害,最聪明。我就约小伙伴到学校后的坟山去捉蛐蛐。那时,我已能看懂我国的传统小说,长篇的能看,如《西游记》、《水浒传》,短篇的也能看,如《聊斋志异》、《子不语》。

我告诉小伙伴,《聊斋志异》里讲,古墓中有善斗的蛐蛐。其实,《聊斋志异》在《促织》这篇中确实讲了一则蛐蛐的故事,但蛐蛐在野外陵岗上,在墓中是我联想的,因为《聊斋志异》讲了很多狐狸精的例子,我印象最深刻的一篇叫《娇娜》。我便浮想联翩:狐狸藏在山洞中,那么蛐蛐也在山穴里。

捉到了蛐蛐,还得按照大家讲的特征来看是不是英勇善斗的好蛐蛐。接着,还得找到藏蛐蛐的竹筒,按照别人教的方法,将蛐蛐养好、调教好,每天都忙得很,但乐在其中。但有一条,即不敢违背校规、不敢耽搁功课,只能作为副业来玩。要读好书,是心中一直牢记的前提。

十二 野　　莓

从我家到一区中小上学,是从我住的江家大屋后门出去,向左转弯,有一条流水沟,然后往前走,不多远处有座小石板桥,再向左前行,即可到学校。

靠江家大屋这边,沟旁是条石子铺的不太宽的小路。沟的那边,是一溜野坡。野坡上常长有野莓,成熟时,红紫晶亮,我记得在当地似乎被称为"蛇果",即摘即食,那时在小孩口里感受到的就是味甚甘美,可饱口福。

水沟里流的是活水,沟边草中藏有青蛙。小孩常以小虫做饵,悬在钓竿的倒须钩上,模拟小虫动作,一跳一跳的,常有青蛙误以为是小虫,就跃上捕食,一下就上钩了。

沿着沟,边寻觅野莓,边钓取青蛙,非常专心,是儿时的一大乐事。这一儿时情景,跃然在目。现今住的院士楼前的草台上,常年覆满小草,伴生野花、野莓,春夏之交尤甚。前几年,我特地写了一首五律诗,就是一个深深的回忆：

> 门前瑶草碧，素蝶逐纷飞。
> 花野娇黄小，莓珍艳赤肥。
> 俯首闻美味，凝目赏晶辉。
> 鲜活童年在，流连不忍归。

那时确实如此！这一情景，印象太深刻了，似乎还是昨天一样！至今梦寐之中，有时还会重现此景此情，当然已经忘记我已年过80了。

经过沟边回到家中，母亲常告诫我，野莓不要乱吃，有的有毒，中毒就麻烦了。我心里不在乎，因为我还没听说过有人中了蛇果毒，所以母亲的告诫我只当耳边风。

十三　除法，莫名其妙

一入学，念高小一年级。我的语文呱呱叫，历史叫呱呱，自然是因为它们可以死记硬背，没什么难的。难就难在数学上，那时小学叫"算术"。

算术呢，加法，进位有些难，但还想得通；减法，当然借位更难了；乘法，进位就更难了，就迷糊了；但一碰到除法，就莫名其妙了！29除以7，怎么知道商为4？算术一考试，成绩就很差！

怎么办？抄别人的，我不干，因为这不是"君子"干的事。我想，我四书五经都念了不少，小小的一个除法怎能学不会?!《论语》讲："知之为知之，不知为不知，是知也！"《中庸》还进一步讲："人一能之，己百之，人十能之，己千之；果能此道矣，虽愚必明，虽柔必强。"只要下决心，能专心，有恒心，就一定能弄懂。

大约过了一个月，一天晚上，我突然从梦中醒过来，喊道："我弄懂了，我想通了！"哥哥惊醒了，问我："你想通了什么？""哥哥，我想通了除法！除法没什么！就是'试试看'！"当然，是聪明的"试试看"，是接受上一次失败教训的"试试看"。

是的，就是"聪明的试试看"。29除以7，商1，不够；商2，不够；商3，不够；商 4，不够；商 5，则不行了，$7 \times 5 = 35$，35 大于 29 了。所以，只能商 4，剩 1。这就是"试试看"。除法做多了，熟练了，就大可不必从头试起，用数学语言讲，就不必那么多次试商，了不起三次就足够了。

除法是乘法的逆运算，即"求逆"，求逆就是从结果到原因，从本质到现象，求逆就得试试看。现代科学前沿之一就是求逆，诊病，探矿，都是"求逆"。

除法关一过，思路豁然开朗，数学这一关我就胜利闯过来了。在此后的学习与工作中，数学于我来说之所以不难，在很大程度上同体悟到除法就是"求逆"密切有关。

（原文载于《长江日报》，2000 年 9 月 20 日，原题是《9 岁才上小学》，本文有删改。）

十四　鸡加鸭，等于什么

进入高小学算术算是我碰到的第一个困难，其实还碰到了第二个困难。但是，对我来说还算不上什么大困难，这个困难就是学会抽象，能从具体到抽象。

有一天，有位大朋友问一位小朋友，应该是幼稚园的小朋友吧："小朋友，1 只鸡加 1 只鸡，等于多少？"小朋友答："两只鸡。"大朋友又问："1 只鸭加 1 只鸭，等于多少？"小朋友答："两只鸭。"大朋友笑一笑又问："1 只鸡加 1 只鸭，等于多少？"小朋友答："两只，两只……""两只什么呀？"小朋友瞪着眼，看着大朋友。大朋友笑了，讲："小朋友，我就是要告诉你，1 只鸡不能加 1 只鸭！"我在旁边讲："怎么不能加？""怎么能加？""能加！""那么好，你加给我看！"于是我讲："1 只鸡加 1 只鸭，等于两只家禽。"大朋友没话讲了。我还讲："1 只鸡加 1 只狮子，等于两只动物；1 只鸡加 1 株树，等于两个生物；1 只鸡加 1 张桌子，等于两件东西。"

其实，大朋友没有错，但是他知识少，理解浅，抽象思维不够。从鸡到家禽，做了一次抽象的解读；从鸡到动物，进一步做了抽象的解读；从鸡到生物、到东西,抽象程度越来越高了。当时,我不知道哲学上讲的个性与共性、特殊性与普遍性的关系。然而,我的思考,实际上已经到了这个层次。进幼儿园,入小学,进中学,上大学,本质上就是在一步一步从具体到抽象、从个性到共性的不断升华。

鸡加鸭等于什么,就显示出恩格斯的一句名言是多么正确:"地球上最美丽的花朵,是人类的智慧,是人类独立思考着的精神。"人与人之间水平之不同,关键在于思考水平之不同。

一个人的智力所能达到的水平固然同其遗传基因有关,但实际能达到的水平,与个人的努力密切有关,古今中外,不知有多少这样的铁证。人要有所作为,就不能做思想懒汉。

(原文载于《长江日报》,2000年10月6日,原题是《鸡加鸭等于什么》,本文有删改。)

第二章 中学往事

一 跳进了中学

1944年秋天,我从小学高一下跳进了中学初一上。

中学叫作江西中学,是为了逃避日寇从南昌经过南城辗转迁到黎川的一所中学。当时,学校有首歌,开头是:"江西中学,避寇南城。迁校黎川,十月良辰。"

当时没有校舍,就借用当地的一个祠堂与有关房屋,作为校舍与宿舍。祠堂叫"邓氏宗祠",邓氏家族同意使用。还有,很可能是学校与黎川有关人士商量,一致邀请、聘请或许任命我父亲担任校长。父亲欣然同意了,也就把姐姐、哥哥和我送进了江西中学。

父亲当然就按他的思路办学。开什么课?当然根据政府规定;然而,他又亲自开了中国经典课程,其中包括《左传》。他上课的教室就设在一个大厅中,谁都可以来听。

我每天跟着父亲到学校。上课之前,我在他的办公室念《古文观止》。他还制作了一条长长的竹条,遇到有严重违纪行为的学生,就会鞭打。他在这根竹条上写了两副对联,竹条一面上写的是:"我执教鞭三教重,教忠教孝教修身。"另一面是:"绝非一挞求齐语,却是三笞训鲁公。"后一联,我知道是两个典故。这一联的上一半,来自《孟子》,是讲鲁国人有个孩子,他要孩子学齐国话,急于求成,用竹板鞭挞孩子,要孩子立即学会齐国话。下一半是讲周公辅佐成王,他是成王的亲叔叔。但成王是周朝最高统治者,年龄虽幼却在万人之上,周公是绝不能打他的。因此,就用鞭挞自己儿子鲁国之君的方式,来启示成王,一共笞打了三次。父亲果真用心良苦。

江西中学办学还不错,一直办下去了。抗战胜利后,就迁回了南昌。

二　章回小说

唐诗、宋词、元曲、明清小说,作为自唐宋以来我国文学成就代表的一种说法,不无道理。

我能看书以后,看小人书(连环画)的时间就越来越短了,很快进入了看《聊斋志异》、《子不语》等短篇故事与看章回小说阶段,念到初中一年级时,我已大量看章回小说了。小说每章或每回最后都以"欲知后事如何,且听下回分解"结尾,每章每回的题几乎都是一副对子,多为七字对。

在我念初一过生日的时候,母亲给了一些钱,我高兴极了,去买了一本《薛丁山征西》。什么《薛仁贵征东》、《五虎平南》、《罗通扫北》、《封神演义》、《七侠五义》等武打小说都是我最感兴趣的小说。

我国小说中的四大名著,我最爱看的是吴承恩的《西游记》,其次是施耐庵的《水浒传》,对罗贯中的《三国演义》兴趣不算大,而对《红楼梦》几乎无兴趣。讲"几乎"而不讲"没有",是因为我对《红楼梦》中的讲笑话、猜谜语比较感兴趣。史湘云出的谜底为卖艺人耍的猴儿这条谜,其中最后一句"后事终难觅"是指把猴子的尾巴剁去了,谜面太精彩了。后来,我一直喜欢猜谜,很可能与看《红楼梦》有关。至于《红楼梦》中那些儿女情长的事,我毫无兴趣,更何况很多方面我也不懂。

我离开黎川时,看的最后一本小说是《水浒传》。全卷四本(四达书局出版),只到108位好汉聚会梁山寨的忠义堂为止,或许在返乡路上我还带着看。

在这里,还得补一句,在石街从大家庭离开的那一部分人,他们到了赣州,在我们所在的这个大家庭离开黎川返回湖口的前一年,即日寇大规模进攻赣州前的1944年,他们也来到了黎川,大家庭又团聚了。

三　回故乡,上了石钟山

抗战胜利了,告别黎川,返回湖口。要写故乡,就不能不首先涉及石钟山。

湖口是军事要塞,又是著名的风景胜地,这都同石钟山分不开。而苏轼《石钟山记》一文,更使石钟山大为出名。《石钟山记》一开始就讲:"《水经》云:'彭蠡之口,有石钟山焉。'"彭蠡即指鄱阳湖。湖口就是长江水入鄱阳湖、鄱阳湖水入长江之处,是鄱阳湖之口。

今天写这篇回忆录,不能不首先提到,"百万雄师过大江"中所过的大江,就是西起湖口、东至江阴的这一段。这点在《毛泽东选集》中《向全国进军的命令》(1949年4月21日)一文的题释中即是清楚讲明的。

我幼时就已学过《石钟山记》。抗日胜利后,回到老家,感觉既亲切又生疏。我离开湖口时,可以说当时并没有什么记忆。此时身临其境,怎能没有感慨?!

石钟山分上、下石钟山。父亲诗中讲:"家在双钟上下间。"逃难前,住在上石钟山下;这次,住在下石钟山下。苏东坡写的是上石钟山,由于历史变迁,现在讲石钟山主要指下石钟山了,甚至就是指下石钟山了。

下石钟山上有大量历史文物,特别是清政府与太平天国作战的有关文物。至于与佛教有关的建筑就更多了,文人墨客的题字比比皆是,镌刻在石上或碑上。

为什么叫石钟山？苏轼文中提出了他自己的见解,他坚决反对郦道元在《水经注》中的观点:"下临深潭,微风鼓浪,水石相搏,声如洪钟。"他批判这是"事不目见耳闻,而臆断其有无",而认为是由"山下皆石穴罅,不知其浅深,微波入焉,涵澹澎湃"所致。

父亲反对苏轼的见解,认为是由山形似釜覆罄悬所致。他特地写了一首针对苏轼见解的七律，题为《再登下石钟山感苏记为赋一律》："莫漫嗤人简陋多，强词可奈长公何。鸿泥仅向池边印，鸠杖无从洞里过。釜覆磬悬形宛在，水撞石击意全讹。文章信美仍疏陋，夜半扁舟误老坡。"石钟两字来源之说，仍有种种，我当然无法判断谁是谁非。

还是毛泽东同志讲得对："没有调查，就没有发言权。"一要调查，广泛、深入、有比较地长期调查；二要研究，以调查结果及有关材料为基础，进行细微、全面、反复的研究，方有可能弄清真相，或者逼近真相。

四　石钟山庙宇作校舍

抗日胜利后，返回老家湖口，幼稚离乡年少回，湖口的一切对我来说都是新鲜的。

那时，湖口只有一所初级中学，开始称为"湖口彭泽联合初级中学"，很快就改为"湖口县立初级中学"，校舍就设在石钟山上的庙宇中，部分佛堂成为教室，僧房成了宿舍；佛殿大梁架空的楼上成了男生寝室。

有的佛殿很大，佛像也多；有的佛殿小些，也可坐十几个、二十几个学生。当然，作为教室，还得有老师的讲台和放黑板的地方。学校的办公室就设在上山不远之处。

当时，上山之门紧挨着城德门。那时，湖口的城墙、城门大致都在。城德门紧挨着登山之门，从我家的大门口走到城德门与登山之门，可以说，一分钟就足够了。

学校办公用的那座建筑的厅内，还摆了一张乒乓球桌，广受欢迎。母亲应我的要求，请人用樟木做了一块乒乓球拍，虽重了些，但我已心满意足，上学就带着。有位同学，绰号叫"高鼻子"，球打得很好，我远不及他。

初二上，我的教室是一个大殿；初二下，就在船厅。船厅正面对着长江与鄱阳湖交界，湖水清，江水浊，交界处，远看清浊分明，近看一块清、一块浊，直至下游远处，方混为一色。

之所以要提到船厅,因为它是"二次革命"的指挥所。袁世凯篡夺了"辛亥革命"(后又称"一次革命")的成果,复辟了帝制。李烈钧当时是江西省都督,奉孙中山之命,在我父亲变卖家产、筹集军饷、毁家纾难的全力协助下,于1913年7月12日在湖口打响了讨袁第一炮,指挥部就设在今天的船厅。我读初二下时的船厅,十分破旧;至于船厅的过去,没有谁给我们学生讲些什么。

船厅前面,有个亭子,亭傍着一块突悬于江上空中的大石,叫"矶头"。矶头之上,可坐十余人。我和同学常坐在矶头,面对滔滔江水,各抒己见,各言壮志。而孔子在《论语》中讲的,"逝者如斯夫,不舍昼夜",总能引起我们的许多遐想。

五　都　昌　学　生

都昌是湖口的邻县,交通极为不便,进出都得经由湖口。湖口人叫都昌人为"都佬",那时是轻视的称呼。

都昌的经济、文化都不及湖口发达,都昌学生大多到湖口来念书。我这个班上就有不少都昌同学,他们生活很艰苦。

他们吃饭,一般是自己带米来做,菜多是腌菜,装在一个竹筒里,一筒菜要吃好几天。他们一般只有休息日才能回都昌,因此,带来腌菜、大米作为食粮。那个时候的大米,一般是带着沙子的糙米。吃大米饭,必须经过一道淘米的工序,我家尚如此,一般家庭更不例外。

不仅大米如此夹沙,其他粮食也不例外。《红灯记》一剧,就有一个场面是两位拉黄包车的车夫在用餐时的对话:"哎呀!""什么事?""是沙子把牙齿咯了!"市面上买来的粮食,莫不夹沙。都昌学生所带来的饭,多是自家种的、自家加工的,那就好多了。

都昌学生,异乡求学,各知艰辛,深知读书不易,有件事让我终生难忘。有次上化学课,不知什么原因,老师要我回答问题,我回答得不好,老师就说:"杨叔子,你没有化学的头脑,所以,不能学化学!"我生气了,就反驳道:"我就不学你的化学!"都昌学生课后跟我讲:"读书不易,你不能这么讲!"我也很后悔,其实,我还在努力学化学。但化学不比数学、物理逻辑性那么强,要死记的内容比较多,我学的兴趣确实没有学数学、物理那么大!更何况,当时教学条件太差,化学课只能在课堂上做几个表演实验,然而都昌学生仍孜孜不倦地学习。都昌学生爱学习,这点我至今也记得。

还有一件事,我同班的同学,只有都昌学生有姓"但"的,不止一个,而是多个。那时,我以为只有都昌才有"但"姓。其实,这是一个误解。

六 鸭 鸭 黄

我念初三时,湖口县中搬到西门口去了,离家有相当长一段路。

为什么我特别喜欢吃咸鸭蛋?同念初三大有关系。

那时,放学回家晚了,没赶上家里的饭,母亲就给我一个咸鸭蛋下饭。白白的蛋清,油渗渗的蛋黄,味道美极了。饿的时候,看见就涎水下滴。吃起来,太美了。一顿饭,一个蛋,真是美!

当时,我把咸鸭蛋叫"鸭鸭黄"。母亲还教我念这么一首民谣:

"细伢呀!你从哪里来?""我从王母塘里放牛来!""几长的草?""一尺长!""几满的水?""一满塘!""哪个送饭细伢吃?""姆妈娘!""么事下饭?""鸭鸭黄!""咸还是淡?""我有尝!还带回来给姆妈娘!"

记得有个冬天,一日,下了大雪,风雪交加,外面很冷。放学回家晚了,套鞋破了漏了,脚冻得又红又肿。我哭丧着脸。妈妈赶快把我扶到灶边,慢慢给我脱下鞋袜,还端来一大盆温水,轻轻地把我的脚放在温水里暖着。母亲还给我端来一大碗饭,热乎乎的。再就是一个大大的咸鸭蛋,外加一碗热汤,汤中还有几根肉丝。蛋黄红红的,筷子一夹,直冒油。妈妈亲切地讲:"你看!这个大鸭鸭黄,专门为你留的。还是青壳的!好不好?"我仰着头,看着噙着泪花的母亲的眼睛,蓦然发现她慈祥的笑脸带着几丝辛酸。

我不知讲什么好。孟郊《游子吟》这一千古名篇,涌动在心头:"谁言寸草心,报得三春晖。"我的泪花夺目而出。我只讲了一句话:"妈妈,我什么也不怕,我一定读好书!"

我对儿时"鸭鸭黄"的怀念,对妈妈母爱的怀恋,或许已融入了咸鸭蛋之中,无法分离开来了。

(原文载于《长江日报》,2000年7月5日,原题是《鸭鸭黄》,本文有删改。)

七 路祭李烈钧将军

我刚返回湖口的那年冬天,就传来了李烈钧将军在重庆病故的噩耗。我父亲老泪纵横,写下好些悼念诗文。

父亲与李烈钧友谊甚厚,在李身旁工作过,关系极为密切。我母亲就是他母亲的"高级婢女",是直接服侍他母亲的,后来作为"养女",嫁给了我父亲,作为"如夫人"。"如夫人"者,如同夫人、妻子的地位一样,本质上,就是"妾"。当然,这不是一般的"妾",而是有社会背景、有家庭地位的。的确如此,确非一般的妾。

我哥哥天分高,极聪明,深得李将军夫妇喜爱。一次,哥哥得了白喉,极度危险,李将军之妻华夫人就设法将哥哥送进了大医院,最后抢救了回来。因此,家中又给他取了个名字叫"华赐",即华夫人所赐。正是这个原因,哥哥就拜李烈钧为义父,拜华夫人为义母。

李将军为了感谢父亲毁家纾难、大力支持"二次革命",后来就在石钟山下,给父亲盖了一栋三层的小洋楼,还配有家塾与其他辅助建筑。特别值得一提的很可能就是这个家塾建筑,取名为"四知堂"。这当然是纪念李将军与父亲的友谊,更是赞扬"四知"精神。

关于"四知"精神,这里有一个典故:汉朝有一官员,名杨震,他当大官时,有一求官者晚间向他行贿,一篮水果中藏有金条,杨震一察觉,就坚决退回,并明确告诉对方:谁言无人知道?这件事天知、地知、你知、我知。行贿者羞惭而退。后人称杨震为"四知"太守。父亲任江西省民政厅长,有段时间任省主席之职,专员、县长均由他任命。他为官清廉,政声四著。有人晚上私下找父亲,以金条行贿,父亲坚持拒绝,并对行贿者讲了"四知"这一历史故事。当然,这同李将军的支持是无法分开的。

"四知堂"有副对联为"杨柳不随春色老,劲松惟有岁寒知",就是赞扬这种"四知"精神的。

李将军在重庆病逝,父亲悼诗中有"陪都(指那时的重庆,还是国民政府的陪都)一电报心惊,木坏山颓薄海惊","人羡中枢隆恤典,我悲全国失长城"等句,这都是他的真挚之言。李将军灵柩沿长江而下,路经湖口去武宁老家时,我们全家在湖口江边设祭,母亲哭得死去活来,此情此景,至今仍历历在目。

八　上了九江同文中学

1948年春,我从湖口县中毕业了。湖口县没有高中,秋季,我考入了九江同文中学。同文中学很出名,学风好,水平高。"同文"两字,来自《中庸》中的"今天下,车同轨,书同文,行同伦"。

考入同文,不易。当时,别人告诉我家,我语文、数学、英语考得非常好,有的几乎是满分;而化学、物理考得糟糕,远不及格。面对这一情况,学校反复考虑:这个学生取不取?取!一定取!这么好的语、数、外,难道化学、物理真的差吗?这定有原因,这个学生能培养得很好。

果不其然!我一入学,即表现不俗,肯努力,肯钻研。高一上成绩总平均分(即各门功课成绩总和除以课程门数)在全班六七十人中排第二名,第一名只比我高约2分,我比第三名,第三名比第四名,都差不了1分,分数咬得很紧。成绩都是按平时作业成绩、测验成绩、小考成绩和期末大考成绩统筹计算的。

同文的校训就是"读好书,做好人",学习风气很浓,考风好。有时,老师因故暂离考场,也没人作弊。一旦查出作弊,处分极重。因为这背离了我国"人无信不立"这一优秀的传统。

同文不只是教学生读书,不仅管智育、德育,而且开设了体育课、美育课;不但有课,而且有相应的活动。同文的学生足球踢得很棒,名列全省第一,饮誉九江附近的长江中下游一带。

学校的规章制度很严,住宿生有一两百人,占学生总数中相当高的比例,住宿与吃饭由学生组织的管理委员会来负责,钱、油、盐、粮等都要管。每天有住宿生帮厨,什么事都帮厨师一起干,每个学期可轮一到两次。学生在帮厨中,也受到了无形的做人的教育。

(原文载于《光明日报》,2009年5月13日,原题是《读好书,做好人》,本文只用了其中一部分并有删改。)

九　读好书,做好人

同文中学是基督教会兴办的一所学校,创办于1867年(清同治六年),诞生于第二次鸦片战争之后。

它植根于中华大地,与民族同患难,与国家共呼吸,有着深厚的中华文化底蕴,就如同今天校园内的十余株香樟一样,树龄在150年以上,根固于地,擎天而立。

当时的校长叫熊祥煦,与同文当时的一批领导一样,都是留美大学生,是虔诚的基督徒,更是有着铮铮硬骨的爱国主义者。

抗战时期,举校外迁至重庆璧山县(今璧山区)丁家坳镇。从1938年至1946年,共办学八年。熊校长在校园坡地上,用铁铲铲出"养天地正气,法古今完人"十个大字。

学校教师不多,但都德才兼备,多为留美学生,有着一片赤忱报国之心。所有领导都必须亲自授课,以身作则。

教我数学的老师,叫黄问孟,毕业于金陵女子大学。她上课穿着旗袍,十分俭朴,不苟言笑。教室内有一点儿不安静,她就不进教室或不开讲。她的课讲得条理分明,重点突出;她上课带着点名册,但从不点名。语文老师叫汪际虞,出身书香门第,深受中华传统文化熏陶的影响,讲课深入浅出,风趣幽默,引经据典,经常赢得满堂笑声。我特别记得他讲的彭端淑《为学一首示子侄》一文与白居易《燕诗示刘叟》一诗,无论从文学角度还是从思想高度上看,都讲得太好了,可说让我终生难忘。

方志敏同志是同文的校友,在同文组织了"共产主义活动小组",写出了气壮山河的《呕血》这一悲歌。

我在同文只念了高一,其实,高一下还没念完,但同文永远同我在一起。同文的校训"读好书,做好人",至今我还在品味,还在践行。我甚至体悟到,为什么办学、办什么学、怎么办学,都可包含在这"读好书,做好人"之中。

十　借　读

在同文中学,读了不满一年,1948年初,解放战争已如燎原烈火之势,卷至长江;国民党兵败如山倒,颓势不可挽回。在解放军威力与党的统战政策影响下,和平起义正风起云涌。

父亲等七位江西元老,也在谋求江西和平起义,因此被国民政府的江西省主席以保护元老之名强行送至赣州,七位元老各带一位子女,哥哥被父亲带走了。在将要解放的地方,社会上还是有些混乱。

为安全计,全家从湖口迁至南昌,因为南昌是大城市,是省城,一切都会平安些。4月上旬,我随全家到了南昌,在南昌豫章中学借读。九江的同文中学与儒励女中,南昌的豫章中学与葆灵女中,都是美国教会办的兄弟姐妹学校,同属一个系统,成绩相互承认,资格同等对待,没有任何问题。

一到豫章中学,我就交到了两位好朋友,一位是马本堃,一位是张保叔。他们对集邮有很大的兴趣,一下把我也卷了进去。我集邮的兴趣一直没有中断过,如果不是因为后来上大学,寄存在南昌的邮票全丢失了,我就不会中断集邮,可能还会成为一名集邮爱好者。而今天我只是关注一下集邮罢了!

十一　解放了，第一步

1949年4月22日，南昌解放，我永远忘记不了全城欢欣鼓舞的情景，我走向共产党的第一步就是在南昌跨出的。

新中国成立前，我对共产党、对进步力量没什么了解。而国民党政府天天在污蔑共产党无父无母，共产共妻，六亲不认，十恶不赦，是土匪，是强盗。对解放，我忐忑不安，甚至有些害怕。

南昌解放的第二天，我心怀忐忑地走上街，所见所闻，却使我感到意外万分。受了伤的解放军，站在茶馆屋檐下，连茶馆都不进。老百姓拿着油条、馒头、鸡蛋，捧着茶水、豆浆慰问解放军，军民之间一派鱼水交融的景象。

铁的事实胜过弥天大谎，解放军不是盗匪，而是武王伐纣的仁义之师。我亲眼看到国民党军队的伤兵，进饭馆，问商店，吃了拿了少给钱或不给钱，甚至还打人。我想到，父亲常常骂国民政府，征兵征粮，搜刮民脂民膏。他曾在诗中公开指责国民政府："京华冠盖君休顾，自古朱门貉一丘"，"英雄自昔皆屠狗，冠带而今尽沐猴"。他了解国情，最后走向了共产党，在蒋家王朝土崩瓦解之际，他与江西省国民党欧阳武等七老，正积极组织和平起义，之后他们被国民党省政府以武力押送至赣州。当然，最终被解救回南昌，他后来一直任省政协委员，我母亲在他身边照顾他，直至1955年病故，时年85岁。

我读过一本不长的德文小说，叫《第一步》(Der Erste Schritt)。它写的是一批德国青年，在反法西斯战争中，经过怎样的第一步，走上了反法西斯道路。那我的第一步呢？就是在南昌第一次看到解放军。

哥哥由省政府主席邵式平保送，进了南昌大学。姐姐在新中国成立前夕结了婚。妹妹在新中国成立后念了中学，后来远嫁甘肃。侄女杨似男参加了地下党，新中国成立后与南下干部孙盛海结婚，两人在1953年调至我校工作，孙一直是我校人事方面的负责人。新中国成立前我们的大家庭顺着时代潮流而变化了。

至今我80多岁了,但这"第一步"却极为清晰在目。

十二 南昌一中

在我的履历上,只有入团、入党的时间填至月、日。入团为1950年1月26日,入党为1956年2月6日,这是我全身心献给中国共产党事业,致力于中华民族伟大复兴的标志,是我后来诗句"路石田泥梦寐甘"的追求。

1949年秋,我与马本堃、张保叔相约,同时考入了当时的南昌第一联合中学,它由新中国成立前的省立南昌一中、二中和女中合并组成,后来改名为南昌一中。分成三个分部,地址分别位于系马桩、干家前巷与松柏巷,一部在系马桩,即原二中所在,二部在干家前巷,即原女职所在,三部在松柏巷,即原女中所在。后来的一中只在原三部所在的松柏巷,校部就在一部的一栋小楼中。

我与马、张都编在高二第三班,班主任是罗元浩老师,高二有七个班,分布在一排平房教室中。三班一侧是四班,班主任是李毓昌老师,他刚从大学物理系毕业,思想很进步,新中国成立前就是地下党员。四班另一侧是五班,班主任是一名叫张名德的女老师,教地理,还没结婚,徐辉碧就在五班。

徐辉碧那时很进步,很活跃,学习也好,是团支书。在高二上的那个冬天,我同班的一个女同学,叫程会保,入了团,举行入团宣誓仪式的时候,我也去参加了。宣誓仪式后,有场演出,徐辉碧和几位女同学演了一个慰问解放军的舞蹈,叫作《朱大嫂送鸡蛋》。她们带着头巾,挎个竹篮,边跳边唱,让我印象极深。后来我诗词文章中多次出现"舞剧英姿"这四个字,就是由此而产生的吧!那时,我刚满16岁,也不知什么是爱情,但实际上,当时已播下了经风历雨的爱情种子。

参加这个仪式后,我更坚定了入团的决心,言行更加真诚、更加主动,并且在方方面面更加严格地要求自己。1950年1月26日我入了团,当时团员还有候补期,候补期一年后,视其表现,方可决定是否转正或者取消资格。我的介绍人是南下的一位女干部,叫栾月惠,她后来在省教育厅工作。当然,我如期转正。

十三 模范团员

1950年初,我入了团,年底我就被评为南昌市模范团员。当时一中只评选了四个人,分别是徐辉碧、程会保、曾文礼与我。程会保与我同班,曾文礼比我们低一个年级。

模范团员的条件当然是德、才两个方面。在才的方面,我业务成绩很突出。别人告诉我,老一中、老二中的业务尖子,也不能不承认我业务好,不比他们逊色。我讲过,我天资并不是最好的,远不及我哥哥这类人的颖悟,但我吃得了苦,下得了苦功,深信"只要功夫真,铁石磨成绣花针"和"水滴石穿"的道理!

我业务成绩好,但我从不骄傲,知道我只不过如此而已,而且还要尽力去帮助别人。班上有两位成绩差的女同学,一位姓熊,一位姓魏,下课后,我主动帮助她们,她们也乐于接受帮助;每次帮助她们讲解问题时,往往就会到很晚才能结束,但大家都愿意。

团员多了起来,团小组也就开始成立了。我担任班上的团小组组长,社会工作也多了起来。6月下旬,朝鲜战争开始,美国不顾我国警告,将魔爪伸至鸭绿江边。国内美蒋特务活动显著增加,频繁挑衅,青年学生与全国人民一起奋起抗美援朝,举行游行示威活动,宣传防特、防空,义愤填膺,斗志昂扬。学校中多次发现反动传单,流行许多谣言,青年团员在学校的领导下,奋起反击。

这时,学校党组织还未全部公开,只知道校长任言,是南下的北方老干部,工作能力很强;还有魏民、孙紫云两位南下的女干部,直接协助任校长工作,无疑都是党员了。一批本地本校教师中的积极分子,包括我在一中工作后才认识的,如雷大丰、金立强、吴子彦、周志方、李鸿翼等人,都先后成为学校的骨干,差不多都成了党员。

十四　都　是　革　命

我入团后,表现积极,敢于发表意见。从小自经典中学的那套做人做事的道理与行为准则十分适合形势。我有什么就讲什么。当时,我们班上有位同学,因家庭经济困难,就参军去了。班上开欢送会时,我竟然批评他:为了解决经济困难就去参军,这是不正确的。显然,我这样做是不适宜的,也是不应该的,但当时我却认为是应该的。革命的理想与追求应该纯之又纯。现在回想起来,当时我太单纯了,单纯得可爱,单纯得幼稚,单纯得脱离实际,这就是革命理论中所批评的"左"派幼稚病吧!

也正因为如此,在一次团支部大会上,我批评了徐辉碧的有些讲法,我们俩发生了激烈的争吵,但我什么也不怕,我认为不对的,我就要讲。不打不相识,吵了这一架,我们的关系更加好了,在她心目中我更有地位了,我也更喜欢同她在一起了。

1949年冬至1950年春,在抗美援朝大潮中,青年学生响应党的号召,纷纷报名参加"军事干部学校"(简称"参干"),我这一年级七个班,参干人数竟达两个班之多。徐辉碧被批准了,我没能被批准。校长任言对没被批准的学生讲:"参干,是革命,留下读书,也是革命,都是革命需要。"

徐辉碧参干了,到军队中去了,去什么地方,我不知道,因为我认为这涉及军事机密,不该打听,从而我与辉碧的联系中断了,但我们之间的感情没有中断。

第三章 首次工作

一 第一次走上工作岗位

大批学生骨干参干后,学校的学生干部进行了调整,我承担了学生团总支的宣传委员工作,任言校长的话我常常记起:"需要就是革命。"

1951年7月,我高中毕业,准备考大学。这时,负责学校人事工作的南下干部,一位叫孙紫云,一位叫魏民,两位都是女同志,东北人,她们找我谈话,开门见山就讲:"小鬼!不去考大学了!留在学校工作,好吗?"对她们,我已经很熟悉了,我不假思索地讲:"服从组织安排!""好!到校部,接黄慧英同志的工作。黄慧英同志因需要,要离开学校。"

我立即到了校部,接了黄慧英同志的工作,职称为教导干部,实际干的是协助她们管理来往机密资料,管学校公章。盖学校公章一律要经过我手,有校领导签字才能盖章,还要登记。

这个工作,重要,但工作量不大,我有足够的时间做我个人的事情。同我一起留校的,还有同年级的两位同学:一位叫漆桂芬(女),在一部教务部门工作;一位叫查南屏,在物理化学试验室工作,他就住在试验室。第一次拿到工资,我十分兴奋,将工资一分为三,一份自己用,一份供妹妹读书,一份给母亲用。母亲抽香烟,得花钱。我终于能有助于家了。

服从组织安排,服从工作需要,不等于我不想读书,不要读大学。我同考入哈尔滨工业大学、大连工学院(现在的大连理工大学)、交通大学等名校的玩得好的同学还有联系,这既是昔日友谊的继续,也是对大学学习情况的了解,这样,我可以更好地自学,为未来的考试做好准备。

我的的确确在安心工作,工作是第一位的,保证质量,不出差错,而且对如何提高工作质量,还在不断地钻研。我的直接领导孙紫云、魏民常常夸我:"小鬼,真不错,肯动脑筋!"

二 兼做班主任

第一次走上工作岗位,我尽心尽职,竭力把工作做好,因为我认为这就是党的需要,这就是革命工作。渐渐地,工作有了不少改进与创新,文件处理得井井有条。具体负责指导我工作的吴子彦老师,非常和善细心,吃苦耐劳,也十分关心我的成长。我的工作得到了多方的赞扬。

不久,学校让我兼任初三七班的班主任。七班有几个调皮的学生,不太好管。有位姓程的同学,经常在上课中间要去小便,弄得全班哄然大笑,他也十分难堪。

到这个班后,我找到这位程同学了解情况,弄清真实情况,接着,我告诉全班同学:程同学家庭困难,餐餐喝稀饭,小便就多,我们不应该笑话他。这样,耐心、求实、充满爱护地讲清楚真实情况后,再也没有同学取笑他了。隔了不久,程同学上课时也不去小便了;学生打听得知我帮他办了助学金。同学们都很感动。

我在班上讲,我只比你们大三到四岁,是你们的学长,也是你们的老师,有什么问题,我们一起研究解决。几位调皮的学生也就特别热心于班上的公益事业、爱护这个班的集体荣誉了。我常讲,我是孩子头。

令我感动的是,这个班有位女学生叫王承禧,后来考大学,考上了我校(原称华中工学院),学船舶专业,成绩优秀,毕业后留了校,德才兼备,并逐步成为教授、教学科研骨干。前几年,我快80岁了,她也70多岁了,在一次聚会中,她拿了一张照片给我看,是她的初中毕业集体照,照片最上方横条,有两行字:上一行是"我们的前程像海洋一样宽广";下一行是"南昌一中初三下七班全体同学毕业留念·一九五二年七月十五日"。她问："杨老师，您还记得吗？"我激动地说："怎么不记得？！"她说："现在，同学们不仅记着，而且牵挂着你，同学们到武汉还想来看看你，杨叔子老师。"她讲得那么真挚，我更是心中久久不能平静。

三 坚定跟着共产党

组织要我留校，我二话没说，就接了校部的管校章、管保密资料的工作，名义上叫教导干事，接着兼了初中毕业班一个班的班主任。

不久，直接领导我工作的吴子彦老师，因为他还管学校的总务工作，因此他就顺带把学校的小厨房，交给我管了。吃饭的教职员为数不多，厨工只有一两个。然而，小厨房办得有声有色，大家也都非常满意。

初参加工作，工资不高，但我还是将工资一分为三，三分之一供妹妹读书，三分之一给母亲抽香烟用，三分之一自己用，当然包括吃饭。有时，我还给南昌一些小报投稿，如采用了，还有些稿费。这些稿费，虽无大补，却很有小益。有次，在学校举办的反浪费活动中，从旧物堆中清出了一个显微镜镜头，我就此事写了篇稿，稿费还不算太少。

当然，我还是在挤时间看业务书，并与上了大学的同学通信，有哈尔滨工业大学的，有大连工学院的，有北师大的，有交通大学的，有武汉大学的，等等，一方面主要是友情之使然，另一方面也是了解情况，为将来报考大学做准备。

但无论如何，工作总是第一位的，是必须全力以赴的。吴子彦对我很关心，赞成我继续升学深造，同魏民一样，鼓励我不断进步。他们都讲："你家庭出身不好，社会关系复杂，入党很难，但前进道路由自己选择。"他们经常告诉我：要下决心，长期做一个党外的布尔什维克。年纪大一些的人都知道，"布尔什维克"是一个俄文单词，原意是多数派，即指共产党。我坚定地回答：我一生做一个党外的布尔什维克也愿意。有多少无名烈士，他们什么也没有，但他们的业绩永远融在我们祖国伟大的成就中。

四 升大学，去学工

1951年底至1952年初，国家决定开展大规模现代化建设，特别是工业化建设，要培养大批建设人才，首先是工业化建设人才。无疑，首要任务是高校要扩大招生。应届高中毕业生数量远不敷所需，中央决定从在职人员中抽调合乎上大学条件的干部去深造。符合这样条件去上大学的学生，后来就有个称呼，叫作"调干生"。

在职人员中，有高三、大一学历的尽量抽调出来，上大学，去深造。南昌也不例外。南昌一中决定抽调我、漆桂芬、查南屏三人都去升学。1952年暑期，我正在病中，很可能是肺炎之类的病，咳嗽不停，吐浓痰不止，正在吃药休息。

一天，孙紫云、魏民匆匆忙忙、高高兴兴地来找我，一开口便问："你知道我们为什么找你吗？"我丈二和尚摸不着头脑，瞪着眼，望着她们，讲："不知道！""猜猜看！""要我到大医院看病？""不对！""再猜！"我真不知从何猜起，只能呆呆地看着她们。她们开心地笑了笑，说："小鬼！上大学去！""什么？上大学去？！""小鬼，是上大学去！为了国家大规模经济建设，为了搞工业化，国家决定从在职人员中，抽调一批干部，上大学，去学工！"她们把有关精神告诉我，并明确表示，坚决服从中央决定，支持我们上大学，去学工。她们还告诉我，要尽快去办手续。她们详细讲了要到省教育厅，去找栾月惠，栾负责办此事。她们问我："想到了吗？"我讲："我真是没有想到！""小鬼！这是国家需要、革命需要！要学好工！"这批学生一直有个名称，即"调干生"。

我喜出望外，第二天就到了省教育厅，找了栾月惠，办好了手续；同时，认认真真地把手头工作与有关资料做了清理、移交，对着自己的办公室、办公桌久久凝视。我还把一些物品寄存在校部，尤其是一大夹邮票，可惜我八、九年后再一次回到南昌一中时，这一大夹邮票不知到哪儿去了，集邮也就此中断了。

五　当"辅导"老师

讲来真有趣,小学我实际只上了一年,高小一年级;而中学呢？我前后读了八年,因此,我中学数理基础夯得相当扎实。我一再认为,我的天资远不及我哥哥,但我远比我哥哥用功,数理基础远比哥哥的好。所以,后来我在许多场合,谈及怎么做学问的体会时,就常常引用清代彭端淑《为学一首示子侄》一文。文章的论点我完全赞同,事情的难易,在于去为还是不为;做学问的难易,在于去学还是不去学。我哥哥的天资,可得 A;我的呢？最多是 A－,或者说是 B＋,然而,我的确肯用功。加上在中学待了八年,所以,我的数理基础十分扎实。

在调干生补习班,补的都是高中最基本的数理知识,于我而言,就太容易了。我一贯乐于助人,就当起"辅导"老师、小老师了。我讲的都是自己切身的理解,深入浅出,形象生动,举例恰当,同班同学都愿意找我。有困难的,解决困难;没有问题的,求得进一步深入。任课老师也愿意我帮他们一起辅导。在念中学时,我就乐意帮助学习差的同学,还有不少体会。这次在补习班,我当然也肯出力,出力就感到快乐。后来,我总结这方面经验时说,要讲得别人真正懂,不是似是而非的懂,应有三条:第一条,自己要真正懂、从本质上懂,这是必需条件;第二条,自己能深入浅出地表达,这是完备条件;第三条,自己内心肯去做,一切从对方的实际情况出发,一把钥匙开一把锁,这是保证条件,三者缺一不可。而且,我一再强调,帮助其实是互助,帮助别人提高,其实自己也能得到提高。这可说是我人生中重要体会之一。物理学上讲,有作用必有反作用,人生中又何尝不是如此！

第四章 大学岁月

一 报考机械专业

在调干的补习班里,我数理成绩很优异。平时小考,一般满分,升学考试数理化成绩不是100分,也是98分、99分,扣分就是因为笔误,而且我对数学有着特殊的兴趣,对许多问题都有自己的见解。

班上的学生中有一位是当时南昌市邮电局的负责人之一,他一再动员我去学数学。我一再拒绝,坚定表示:组织调我来,明确告诉我去学工,为了国家工业化。现在看来,我十分单纯,单纯得可爱,但也单纯得不够深入,那位负责人的看法,从长远来讲是有道理的。但是,我至今对我的选择无悔。所以,后来在很多场合,我一再重申,问我该选什么专业,我会讲,学机械制造。因为我学了它、我了解它、我热爱它。机械制造是工业的心脏,没有这颗心脏,工业发展就要停止了。

当时的歌曲多么吸引人:"发动了机器轰隆隆响,举起了铁锤响叮当,造成了犁锄好生产,造成了枪炮送前方";"火车在飞奔,车轮在欢唱"。宣传画上的工农兵,工人拿着铁镐,农民拿着镰刀,士兵拿着步枪,他们拿着的东西都是机器造出来的呀!我铁了心,学工,首选的是机械制造。

当时高考招生是分区招生,在中南地区报名的只能考中南地区的学校,要考外区学校,必须到外区报名。我们中南地区的调干生,只能报考中南地区的学校。学校可以填几个志愿,所以,我自然报考了武汉大学机械系,并且作为第一志愿被录取了。20世纪50年代的前几年,我国学习苏联,对高校做了大规模调整,建立了一大批专业性强的高校。当时,我录取在武汉大学机械系,漆桂芬录取在南昌大学机械系,查南屏录取在中南工建学院。在我学习的这个班,同我一起在武汉大学机械系的,还有傅汝楫,学汽车专业,邬克农与方一星,学机械制造专业专修科,后来院系一再调整,傅就与我不在一个学校了,而邬、方毕业后均留校(即华中工学院),在机械制图教研室任教,方一星前几年病故,邬克农至今健在。

二 武 汉 大 学

武汉大学是久负盛名的大学,当时在中南地区名列第一。名校,确实名不虚传,规模确实大,水平确实高,环境确实美。名人云集,贵宾常来。当时的校长是李达。

我第一次听党委书记徐懋庸的新生报告,就为他的才华所折服。我早知他同鲁迅先生的争辩毫不示弱,这次一听,果真用词犀利。他讲,听说这届新生入学,可以全面学习苏联,上一届入学的学生就认为自己倒了大霉,因为如是本届入学,就能全面学习苏联,按专业学习,不必照旧的模式。他说,我告诉他们,为什么要晚一届入学呢?不如去跳东湖,20年后又是一条好汉,这不更好吗?台下哄然大笑。

苏联派了一个艺术友好团访问我国,也到了武大,在图书馆前的大平台上演出。其中一位是当时风靡我国的苏联电影《幸福的生活》中的女主角,演唱歌曲之一就是这部电影的主题歌《红莓花儿开》,掌声不绝,屡屡谢幕,唱了又唱,仍无法平息。中苏友谊之情令人感动。

李达先生,是中共一大代表,党的创始人之一。在哲学上极有成就,后来还为毛泽东同志著名的哲学著作《实践论》、《矛盾论》做了出色的解读。

武汉大学在文、史、哲、法、经、数、理、化、工(尤其是机、电、工、水)诸多方面都有一批著名的学者。我记得,学校还建有一个处于科学前沿的无线电方面的实验室。

更何况,学校还有"六一"纪念碑,纪念反对国民党反共而牺牲在国民政府枪下的进步学生。他们的伟大形象永在我们心头。

白天,漫步在珞珈山山顶,辽阔的东湖碧波荡漾,心旷神怡;晚上,武汉灯火点点,异彩多姿。我们新生常常在晚上,倚靠着图书馆的石栏,畅谈所想所感,倾诉所怀的雄心壮志。60多年过去了,这一切犹历历在目。

三 景色美极了

我天生近视,家中谁也不知道我是近视眼,大人总责怪我老是眯着眼睛看东西,甚至揪着我的眼皮骂我。

从小,我看到的世界就是模模糊糊的。上学听课,我就要坐在第一排,而且尽可能靠中间,这样才看得清黑板上写的字。这样,也带来一些好处,即发展了一些其他的能力来弥补某能力的不足。

看不清,我就记、就想,记住看到的与听到的,想象与之有关的。这样就强化了记忆力,锻炼了想象力。想象力,主要同逻辑推理有关,而同空间形象推理较少有关。正因为如此,我的逻辑推理能力较强,形象思维能力较好。别人讲,我数学学得好,其实,讲得不够全面;严格讲,在数学中,我代数类课程比几何类课程学得好,平面几何类课程比立体几何类课程学得好。

事情固然一分为二,但这"二"中毕竟有主有次。近视总不如正常视力。一入武大,第一件事就是去配了副近视眼镜,一配就是400度!眼镜一戴上,世界全变了样,最主要的是,我没想到,世界是如此清晰、美妙,我从未见过如此如图似画的世界。当时,我确实有些悔恨,十几、二十年的光阴就这样在模糊世界中度过了。无怪乎苏轼感叹:"江山如画,一时多少豪杰。"李白笔下的"阳春召我以烟景,大块假我以文章"的景色,不能不令诗仙浮想联翩、"秉烛夜游,良有以也"了。

何况,我眼前雄伟、秀丽、葱茏、幽深、现代气息与古代风韵相融、自然景观与人文景观呼应的珞珈颜貌,景色真是美极了!多少次我倚着图书馆主体外面的栏杆,仔仔细细品味这天上人间的美景,更何况,我们生活的这个世界真是美极了!当然,我们更要珍惜这来之不易、期望巨大的上大学的良机。要学习好,一定要学习好,一切都要落在"学习好"上。

四 几 位 老 师

"古之学者必有师",这是韩愈《师说》中开宗明义的至理名言。对于刚跨入大学门槛的学生来说,更是如此。

刚入大学,一切都很新鲜。然而,记忆最为深刻的莫过于老师,尤其是刚开始登上讲台授课的老师。

第一位授课的是陆秀丽老师,是教高等数学的一位女老师。她的学识、口才与风姿,都让人佩服。她一开始便是讲函数。什么是函数?她以极为平常的事例来讲什么是函数的自变量和因变量:一封平信八分钱,超过一定重量就要加钱,加的钱可不是连续的。这样,她从寄平信这样极平常的事讲起,深入浅出,耐人咀嚼。这时,币制刚改革,八分钱一封平信,这样讲学生能记得清,记得深。接下去,她讲了什么,我没印象,但以八分钱起步来寄平信这个事例,却永远记得。

第二位使我印象深刻的是教理论力学的董老师。理论力学被很多学生称为"头痛力学",当时我们用的教材是伏龙科夫编的苏联教材。董老师问我:"别人学理论力学为什么那么难,你为什么这么容易?"我答:"有什么难!理论力学分三部分,静力学讲力的平衡,运动学讲位移、速度与加速度,动力学则难一些,这个原理,那个法则,还有定律,讲来讲去,变来变去,就是一条,即 $F=ma$(力=质量×加速度),其他的规则都是从 $F=ma$ 演变出来的。"董老师笑了笑,说:"对!你抓住关键了!动力学本质上就是讲 $F=ma$,情况不同,表达的形式就不同。"

再一位老师就是赵学田老师,后来被评为全国劳动模范,受到毛泽东同志的接见,并与之亲切握手。赵老师在普及工程图学(当时是机械识图)上,受到广大机械工人的欢迎,是科普的一位著名学者。后来,在普及基础上提高、在提高指导下普及、从机械识图到机械制图、从机械图到工程图这些工作中,他都做了大量开创性的工作,成为全国科普的一位标兵。

五　不是笑话

我入了武汉大学,从一个中等城市,到了一个大城市,从一所中学到了一所水平一流的大学,"乡巴佬"进城,如刘姥姥进大观园,加上各地人文环境和民情风俗不同,就不能不闹笑话。

学生宿舍都设有自动化的抽水冲洗的便池,定时自动冲洗。开始,我看到大小便后,水池中的水还会自动流出,很心痛,以为抽水便池出了问题,就去修,可怎么也修不好。别人就告诉我,不用修,本身设计就是如此。

我住在"张"字斋,在宿舍顶层。斋按《千字文》开始的内容编号,"黄"、"荒"、"昃"、"张"四个斋部在顶层。顶层的房顶,就是图书馆前平台的一部分。我们机电类学生吃饭的食堂紧挨着我们宿舍房顶,从宿舍上几个阶梯就到了食堂。可是我呢?一开始从顶层下到底层,再从宿舍外的阶梯,上到顶层平台,去到食堂。直到有一天下雨,别人把"张"字斋直通食堂的侧门打开,我才恍然大悟:原来如此!

有一次,我们四位从江西来的同学,到珞珈山下杨家湾的一家餐馆吃饭,要了四碗"水饺",端上来的却是馄饨。我们讲:"我们要的是水饺,不是清汤(南昌称馄饨为清汤)!""这明明是水饺,怎么是清汤?!"免不了吵了一架。

还有一次我们四人到汉口去玩,进了冠生园的店铺,南昌也有冠生园,冠生园是老字号,全国皆有。吃什么好?一看桌上摆的菜单上有"锅面",我们自以为是,觉得锅面自然就是"锅贴面",便一人要了一份。餐馆的服务员问:"要这么多?!""我们吃得了!"结果呢?一端上来,竟是四大锅煮的面,我们才知闹了个大笑话!这时才体会到:入境要问俗!

六 听课真是幸福

入武汉大学不久,新生全面体检,我们班上查出两个同学有肺结核,便立即停学,住进校医院免费疗养,一个是王玉海,一个是我。一住入疗养所,王玉海就吐血了,接着停学了六年。我呢?思想开朗,"既来之,则安之"。我知道,我小时候检查肺部也有些问题,母亲设法弄了鱼肝油给我吃。鱼肝油腥得很,要捏着鼻子才能吞下去。这次体检查出我有肺结核,我就得停学,也必须停学,这也要感谢党的关怀。

住进了武大疗养病房,一有空闲时间,我就坐在室外,欣赏珞珈山如画的风光,决心早日治疗好。我大约住了两、三个星期,经复查,竟是个"冤假错"案。我的结核病早就痊愈了,只是左上肺尖有老的钙化点而已。肺是健康的,完全可以继续学习,无须任何治疗与休息。

我多么高兴!回到班上,过了两、三天,高等数学小考,同学给了指点,我拼命做了准备,只考错了一题,得了85分。陆老师表扬了我,同学们也祝贺了我,我当然极为兴奋。特别是,我坐在教室里听课,一种莫名的幸福感便充满心头。是的,"听课真是幸福"!书上的知识,是前人心血的结晶;课堂上的讲解,是老师辛劳的结晶!

从这时起,我上课更加认真记笔记,下课复习后,就整理笔记,用自己的语言,融入自己的理解、探索和看法,然后再把笔记重新写一遍。从大学学习阶段开始一直到后来,我就一直如此。为什么我对讲授理论力学的董老师能发表关于理论力学学习的个人见解呢?与此大有密切关系。"知识就是力量",有了知识,才谈得上解惑、授道。要有知识,就应好好听课,向老师学,向书本学。听好一次课,就是享受一次美餐。

七　友谊长青

我国自古就高度重视友谊,一直强调四个字:忠、孝、节、义。从历史史实、长篇小说到民间传说、短篇寓言,赞美友谊的故事不知有多少,往往都会动人心弦,久传不衰。

给我印象最深、对我影响最大的老同学,多数是大学同学。我要写的,是与我一起入武汉大学的同学,直到今天,大家都过了80岁,联系依然极为密切。几个学机械制造的同学,与我一样,至今还同我在一个学校,甚至同一个专业。几个学汽车制造的同学,后来经院系调整,我们就不在一起了,他们到长春去了,毕业后分到一汽、二汽工作。

当时进入武大学机制与汽车的男同学都住在"张"字斋,机制专业只有男同学,汽车专业女同学住在"张"字斋的下一层"列"字斋。两个专业是一个大班,又各为一个小班,团组织按大班编制,团小组则按小班编制。

我这个小班有一位同学,叫张君明,大学四年都和我住上下铺,毕业后留校,又同一个寝室。"文革"前,他到部队任教去了,后来转业,最后又回校了,教力学。还有一位同学,叫陈仕贤,十分活跃开朗,学习灵活,能说会道,与同学相处非常融洽。有一次,他请我们这个小班的同学到他家做客,这是一次十分有趣的做客,有个情景,谁也忘记不了。当时,桌上摆了很多菜,其中有一大碗清炖鸡。年轻人,又是好朋友,无拘无束,都放开了吃,这碗炖鸡显然是一大目标。大家吃着,突然有人失口叫了一声:"怎么,鸡腿没有了?!"大家哄然大笑:"我们早吃光了!"这件事,后来被我们视为反映我们真挚友谊的一个笑料。

汽车班的黄立昌、严令山同我的关系很好,她们也都是调干过来的。严令山从部队文工团来,能歌善舞;黄立昌从地方来,工作能力很强。我们都在班上承担了社会工作。在大班的社会工作中,我与黄立昌接触特别多,有时会在"张"字斋顶上的平台上,研讨工作,交流看法,感情真挚。

我相信：男女之间，可以有纯真的友情，但并不是爱情，我甚至在知道辉碧地址并取得联系后，把我对辉碧的爱情思念告诉了黄立昌。那时候，大学生谈恋爱是很平常的事。

八　感谢龙仁

龙仁是我高二、高三的同班同学，比我小1岁多，大家把他作为小弟弟看待。高中毕业后，他考取了在北京西郊刚成立的八大学院之一的北京钢铁学院。当时，向苏联学习，坚决一边倒，是国内外形势所决定了的，不以任何人的意志为转移。当时，还有一首流行的歌曲，一开始就唱到："我们不做墙头草，我们要向一边倒。革命的道路，只有一条……"

学习苏联使院系开始了大规模的调整，北大只有文、理科，清华没有文科，主要是机、电、水、土等工科专业，武大更不例外。原华中工学院应运而生，主要开设机、电专业，而且机就是机械制造类，电主要是动力类、发配电类，武汉大学的相关专业也就调整出去了。因校址新选、校舍新建，所以暂时只能借用已有高校校舍，分散办学。我所学的机械制造就分在武昌本部（借武大校舍）、长沙分部（借原湖南大学校舍）、南昌分部（借原南昌大学校舍）与桂林分部（借原广西大学校舍）四处办学。四个分部的教职工就是原来大学的有关教职工，党的负责人则是武昌本部派去的。

我从报上得知1953年又将有调干生入大学，而部队搞军衔制，有大批女同志要从部队转业出来。我估计"参干"的女同学可能有大批会转业出来，辉碧是高三学生，可能会"调干"来上大学。当时，大学生中谈恋爱十分普遍，应该讲，这是很正常的。我就写信给龙仁，问他知不知道辉碧近况。感谢龙仁，他很快回了信，告诉我辉碧这次考入了北大化学系，并打听到住在北京大学学生宿舍廿六斋。

我立即仔仔细细地写了封长信寄给辉碧。信的写法是当时的"标准"写法，谈学习、谈思想、谈工作，我把分别后两年多的情况做了介绍，同时表达了一点：以后不要失去联系，要多多交流，继续与发展昔日友谊。我表达的含义就是"我怀念你",进一步的含义是"我爱你","愿天下有情人终成眷属"。

信中最后讲:我这个班马上要到桂林分部去,去了以后,我会再给你写信,你现在暂不要回信。我真恨不得马上到桂林,与辉碧最终能相互通信,发展感情,促进感情,最后能比翼双飞。

九 冷 水 滩

冷水滩,一个难忘的地方。

1953年暑假一开始,我所在的武汉的这个班,就告别珞珈山,首先由京广线南下,经株洲换了列车,折向西南,奔往桂林。车至湖南西南边部快入广西境内时,在冷水滩站要停一站。讲来太巧,我发现漆桂芬也在车站,一问得知这是南昌分部的机制专业同学,也是去桂林分部的,他们从南昌乘浙赣线西去列车,也在株洲换上我所乘的这次列车。由于不在一节车厢,火车西南行穿过大半个湖南,两个班的同学才见上面。

两个小班的同学,有60人以上,虽然只有我与漆桂芬是熟人,但大家还是很快就熟络了,就亲热起来了。特别有趣的是,到了桂林分部,我们这两个小班竟编为一个大班,叫甲班;长沙分部与桂林分部的两个小班编为另一个大班,叫乙班。冷水滩这个地名,在我心中,成了一个名地,让我们这批年轻人做了三年的大学同学,而且是一个大班的同学。我没有想到的是,我们这个甲班在20世纪末至少出了两位院士:一个是我,中国科学院院士;一个是叶声华,中国工程院院士。

我与漆桂芬一见面,自然十分亲热。当时,大学生谈恋爱是十分普遍、十分寻常的事。漆桂芬就问我,谈了恋爱吗?有对象吗?关系定了吗?我也很坦然地告诉了她我目前与辉碧的关系。一到桂林,别人告诉我:漆桂芬与土木专业的一位男同学,关系早已谈妥了,肯定了。我想,这也可能是别人关心我,看到我与漆桂芬那么亲热,就提醒提醒我吧,我完全坦然置之,漆桂芬也坦然置之。

后来，无论是火车在冷水滩站停靠时，或列车驰过冷水滩时，只要有可能，我就得看看冷水滩。冷水滩，真是一天一个样！今天完全是一个现代化的城市了。

十　桂　林　分　部

1957年，刚建立的华中工学院校本部还没建好，本部所在的武昌东南角的喻家山下，还在昼夜加紧施工。我所在的机械制造专业等几个专业，就暂时借用原广西大学校址办学。

原广西大学所在的校址，在桂林的将军桥，此处风景十分秀美，但校舍相当简陋。众所周知，在新中国成立前，高水平大学不多，"野鸡"大学却不少。原广西大学远非野鸡大学，而是广西的最高学府，但总的讲，水平不高，工科水平自然就不可能太高。新中国成立前，留学回国的人，到名校一般最多当一名副教授，而到这些地方高校，当一名正教授问题就不大。这就是为什么在新中国成立后的高校中，有些学术水平高些的教师级别却低于学术水平低些教师的原因吧！这种不合理的差别，只能逐步地解决。

原广西大学也有高水平的教师，给我们班教授材料力学的朱海教授就是其中之一。当时，材料力学用的教科书由苏联著名学者别辽耶夫所著，朱老师举重若轻，不慌不忙，很快就讲了好几页，而且思路清晰，概念明确，重点突出，听他讲课就是一种享受。后来，他从华中工学院调出，去主办另一所工科高校了。

然而，确实有些教师教的课程学生听不懂，他自己也不懂。有一门课，叫机械原理，欧美高校是不开设的，这是苏联学者从科学高度对构成机器、机械的各种机构，做了系统分析与综合而得出的理论成果，在理论上为发展新型机构做出了重要贡献。给我们讲授这门课的老师，并不是他的语言我们不太懂，主要是他讲的内容学生听了摸不着头脑，他自己也摸不着头脑，几乎每次上课师生都很难受。当然，这位老师十分负责，竭尽他的能力去进行这门课程的讲解,正因为如此,我们理解他、尊重他,努力做到师生合作,然后共同克服前进中的困难。

十一 红豆相思

"红豆生南国,春来发几枝?愿君多采撷,此物最相思。"王维这首《相思》的五言绝句,用最朴素的语言,抒发了最深厚的情感,妙笔生花,委婉动人,自古被称为五绝中的上等佳作。一到桂林,我就更深有此感。

春天,我与同学特地到良峰访相思树,寻相思豆,很幸运,我拾到了七、八颗,用纸包好,放在口袋里。一回校,我特地邮寄了两颗到北京,曲折、委婉地通过红豆表达了我的思念之情。当时似乎是用挂号信寄的,挂号信信封上写着"北京大学学生宿舍廿六斋化学系一年级学生徐辉碧同学收"。

随后,我写了一首五绝:"红豆异乡得,相思寄远方。心随鸿雁去,比翼共高翔。"把思念与冀望倾泻在诗中。

当时,我们之间的通信,确是那时的"八股文"格式,即男女互谈学习、谈工作、谈进步,每周一信,就是每周一次汇报。一般每到周末星期六之夜,学校都有文娱活动,或是有电影,或是有演出,或是有舞会,我基本不去,都是趴在自习桌上,写一周来的汇报,辉碧也是如此。在桂林分部,每个学生都有一个信箱,可以自己去取信。

学校有时会放映好的电影,特别是苏联电影,我记忆最深的是《远离莫斯科的地方》,男女两个主角异地谈恋爱。女的在莫斯科,爱称似乎叫娜塔莎,男的在西伯利亚开发边疆,爱称似乎叫阿廖沙。这在苏联,是两个很普遍的爱称。我们通信中,都谈到了这部电影。

我喜欢这部电影,还有一个重要原因,是因为当时有一首十分流行的苏联歌曲,叫《在那遥远的地方》,歌词一开始就是:"在那遥远的地方,那里云雾在荡漾,微风轻轻吹来,飘起一片麦浪。"歌词接着还表达了对对方深深的怀念之情。还有一首歌曲,歌名叫作《小路》,开始大致是:

"一条小路曲曲弯弯细又长,一直通往迷雾的远方。我要沿着这细长的小路,跟随我的爱人上战场。"更值得一提的流行歌曲,是讲我国勘探队员的,内容十分抒情:"你那默默无言的期待,我牢牢地记在心上。你那美丽的眼睛,放射着光芒,它使我更坚定地献身边疆,鼓舞着我勇敢地走向战场。"一听到、一唱到这些歌曲,我就陷入甜蜜的沉思。

我特地选了两颗红豆,放在我文具盒中,以便天天都可以看到。我留存有一张重要的照片,照片上,我坐在宿舍书桌边复习功课,右边墙壁上贴的是毛泽东同志的相片,他坐在椅子上神态悠然。我身后倚墙的是一个小小的书架。可惜书桌上的文具盒没有被拍出来,当然,即使拍出来了,也看不见文具盒中饱含着无限深情的两颗红豆。

十二 什么艰苦也不怕

在桂林分部,学习条件是艰苦的,但学好的决心是坚定的。

与在珞珈山比,总的师资条件远比不上武汉大学,教学设施也大不如武汉大学。

教室是平房,矮小,采光差,加上树木多,且多是常青树,就算是晴天,往往也要将电灯打开上课。我的近视度数在桂林两个学期八个月中,就从400度升到了800度以上。但我们师生不怨天,不尤人,齐心协力地要把教学搞好。

有几件事,极为感人。一年级时我就知道理论力学不好学,然而当时任课的董老师口齿清楚,思维清晰,语言速度适当,开始讲的是静力学、运动学,动力学没讲多少。到了第二学期上,主要讲动力学。但现任老师口齿不清,性情又急,讲课的逻辑性又差一些,无疑讲课效果也差一些。例如,讲到动力学一个难点"哥氏加速度",他怎么也讲不明白。于是他拿了一个"指南牌"香烟外包的烟盒,边比画,边解释,大家只记得老师在拿着指南牌香烟外盒。当然,成绩好的学生还是钻研懂了。

金属工艺学讲的是加工金属的各种工艺与设备。老师兢兢业业,自己刻钢板,油印补充讲义。有的课程有习题,要交作业,例如,材料力学,两个大班,140多人,辅导老师胡老师本本批改,而且改得细致,甚至有的还写了批语,以评论的方式提出看法。

这里不能不提及桂林分部的行政负责人陈日曜教授,他是原广西大学的教授,留学回国,就职于广西大学,给我们讲授"金属切削原理与刀具"的课程。辅导老师是刚毕业不久的老师,留校任教,叫诸兴华,是地道的广西人。这门课新中国成立前没有,是学习苏联办口径狭窄的专业才开设的,属于专业基础课。教材是苏联的,老师也是边学边教。陈教授课讲得好,学生爱听,也不感到枯燥。辅导也细致,往往会对讲课做些启发性的补充。专业基础课,特别是专业课,几乎都是综述性的,教材学生也能看懂,但要讲得学生有兴趣,实非易事。

十三 身在中国画中

苏轼名句:"不识庐山真面目,只缘身在此山中。"到桂林之前,我从未见到过这种地质面貌,入了桂林就深切认识到中国许多山水画,绝非臆造;要识这等山水真面目,必须身在此山中。后来,我才知道在地质学上,这称为喀斯特地貌。

我们借了几条小船,沿漓江划了起来,水不深时,江底石子颗颗可见,水中游鱼历历可数。水性好的同学,就在江中游一会儿,累了,就上船休息。后来,我念了毛泽东同志的《沁园春·长沙》:"恰同学少年,风华正茂;书生意气,挥斥方遒","漫江碧透","层林尽染","鹰击长空,鱼翔浅底,万类霜天竞自由","到中流击水,浪遏飞舟"。我们在漓江上的豪迈心情,不也与此十分类似吗?"桂林山水甲天下,阳朔山水甲桂林。"是的,桂林山水特美,而阳朔的山水更美。有的同学,兴趣真大,硬是划船划到阳朔去了。遗憾的是,我怕太花时间,没去,在八个月的桂林生活中,我一直没有去过阳朔。

这里不能不提及独秀峰,一座石头的高峰拔地而起,四旁无有他峰他峦,真是一枝独秀,它是桂林的一个著名风景点。真可谓一柱擎天而立,不仅一枝奇独秀,而且一柱特雄伟,颇引人遐思。后来,在独秀峰下办了一所师范学院,独秀峰就在校园内。这所学校的师生,对独秀峰,既可远观、宏观,又可近赏、细赏,眼福不浅!

我到了桂林,品赏了桂林山水,才体会到中国画是以真为基础的,在真的基础上,融入了画家的想象与风格,汲取了中国传统空灵想象的精华,而绝非闭门造车、空中楼阁。中国画中一枝一叶、一山一水、一大片空白、一树上稀疏的几朵花儿、一枝上稀疏的几片树叶,都给鉴赏者留下了大片思索的余地。在桂林,对于一个国画的外行来说,只要做有心人,就是在上国画课的 ABC。

这是精神上的享受,可谓大饱眼福。至于大饱口福,更是尽人皆知。红豆沙、绿豆沙、牛肉粉、牛肉面、鸡丝面、小笼包、煎饺、鸡汤馄饨、炒面、炸糕……难以一一列尽。那时,币制改革不久,两三角钱就够吃个饱。其实,花上一两角也就足够了。这真是身在国画中,舌在美味中。

十四 认识实习

从大一开始,我所在的年级,就全面学习苏联,一切照苏联的模式办。

我们工科有四次实习,总的都称为生产实习。四次实习分别是:认识实习,第一次生产实习,第二次生产实习,毕业实习。认识实习在第一学期下结束,即暑假期间,后三次都在第二学期结束,即寒假期间和之后。在桂林学了八个月后,就开始了认识实习,地点是株洲机车车辆厂。

内行都知道,这是一个多种典型生产方式的集中之处。对机车是单件生产,对车轮之类的物品是成批生产,对有些零部件如螺钉螺帽之类的就是大批量生产了。厂房高大,我们初进这么大的工厂,一切都觉得新奇有趣。

由于是认识实习,对生产过程的所有环节,都要较认真地、不能完全地看一遍。那时,高等院校的生产实习,由教育部与有关工业部门联合负责,向有关工厂下达相关文件,要保证实习质量,保证人身安全。不仅有关院校要有指导教师,厂方也要有指导人员,并由厂方有关部门负责管理。实习学生的福利待遇,应该比照厂方的职工予以相待,国家在经费上给予补贴与支持;至于劳保用品,更不在话下。国家这么关心,措施这么细致,对实习学生来说就是一个很好的教育。

我只记得学校派出的指导教师,其中一位就是诸兴华老师。他本身就是学机制专业的,既十分能干、十分聪明,又十分努力、十分勤奋。他很善于同工厂人员打交道,与他们相处得很好。

实习时间不长,安排得很紧凑,从原料进厂到成品出厂,从机车车头到螺钉螺帽,我们都有所接触,有所认识。我们学生纪律很好,工厂又认真负责,实习结束后,大家都很满意,可谓皆大欢喜。在实习结束的告别联欢会上,厂校双方人员依依不舍,都再次表达了同样的心愿:为祖国培养优秀高级建设人才,是我们共同的责任。并在彼此笔记本上,留下签名作为纪念,甚至还有题词。

"火车在飞奔,车轮在欢唱……"在歌声中,我们告别了株洲机车车辆厂,满载而归。

十五　返校,大水阻岳阳

株洲机车车辆厂生产实习结束后,因当时大水,京广线中断,所以要在岳阳乘轮船回武汉。

"昔闻洞庭水,今上岳阳楼。吴楚东南坼,乾坤日夜浮。"这次要经过岳阳,就想到了杜甫名诗《登岳阳楼》中的名句,更想到范仲淹千古名章《岳阳楼记》中的"先天下之忧而忧,后天下之乐而乐"。一种恨不得早日返校,投入防汛战斗的感情便涌上心头。

上轮船不久,还没有到岳阳,就是一片大水茫茫的景象,不仅长江的支流、干流不分,而且江、湖也不分,甚至东南西北的方向,不细心去看,也很难区分。当然,水势总的是向北流,江面漂浮物不少,大的如平房的草屋顶、木屋顶,小的如死猫、死狗,江水十分浑浊,不加处理,不能饮用。所幸的是,在整个旅行中,没有发现过一具尸体,可见抢险救人的防汛工作,做得十分细致、扎实。

我们甲、乙两班的同学中,不少就是这次灾区中的湖南、湖北人,他们牵挂着家乡受灾情况与家人安危,和我们谈起他们家乡的情况。洞庭湖是全国的一个重要粮仓,我们同学都讲:"我们知道,谚语讲得对:'湖广熟,天下足。'今天,水灾这么严重,我们怎能不极为关切呢?!"我们凝视着北方,强烈地希望能够早日投入防汛战斗中。

不仅如此,我们班上还讨论了如何积极、有效地投入防汛战斗中,根据每个人的具体情况,大体还做了一些分工。我班有位广东同学,叫彭博彦,喜欢照相,自己还有个相机,大家就要他主要负责照相,关键场面,一定要记录下来。后来,不仅我们同学手头上的一些重要照片是他提供的,学校有关这次防汛的一些重要照片也出自他手。大家还讲,我这个班长体质较弱,体力较小,文笔不错,就多采访些,写些鼓劲的报道与快板。女同学不多,就主要负责前线的卫生防护工作。十几个力气特别大的就干最重的一线体力活。整个组织工作由班上的党小组组长和有关同志负责,诚然,"众人齐心,其利断金"。

的确,面对滔滔的洪水肆虐,大家只有一个信念:这次是检验我们信念的关键时刻。我们在路上做的准备工作,在回到武汉投入防汛工作后,还是有着很好的作用的。

十六　欢迎！拿起工具防汛去！

"欢迎你们回到了学校！欢迎你们的是:拿起工具防汛去!"我记得,我们回到学校的当天下午,在现今东三楼一层东北角的教室里,朱九思同志开门见山地讲了这么几句简单的欢迎词。他的普通话带有较重的扬州口音,但感情真挚,态度严肃,言语精练,字字句句扣人心弦。接着,他简拢地讲了一下防汛形势,并提出了面临百年未遇的特大洪水,生活在我们这个特大城市的人该怎么办的迫切问题。

"我们可以不管吗？"他讲："那不行！我们是中国公民，是武汉居民，中华民族有优秀传统，大武汉有优秀传统，我们有责任保卫大武汉。"他极为严肃地讲："是的，我们学校处在武汉东南，学校地势又特别高，再大的水也淹不到我们学校，那我们就可以不参加或不积极参加防汛吗？现在压倒一切的任务就是防汛，决不让洪水再淹武汉！我们是共产党的政府，不是国民党政府或清政府，不是那时的旧中国，那时洪水可以吞没武汉，今天绝不可能！"1931年武汉大洪水，武汉关水位28.28米，洪水淹没了武汉。此时，水位已超过了这一历史记录，而且在不断地上涨。他激动地把手一比："学校没有什么礼物可以欢迎你们，你们看教室中堆的工兵铲、锄头、锹、簸箕、扁担……这一切防汛工具，就是欢迎你们的礼品！"

同学们拼命鼓掌，长久不停，表达了我们"年轻人，火热的心，跟随着毛泽东前进"的心情，九思同志高兴地跟着鼓掌。短短的动员会后，有人告诉我们，他叫朱九思，是学校的主要负责人之一，从《湖南日报》刚调来不久，他原是武汉大学外语系学生，抗日战争开始后，他就到延安去了，一直从事宣传、报刊工作。我们都知道，老干部中的大学生并不多。我们学生自然知道，当时学校的党委书记是彭天琦，也是大学生出身，校长是物理学家查谦。

当时，湖北负责防汛工作的是王任重同志，中央负责武汉防汛工作的是邓子恢同志。党中央、毛泽东同志通过邓子恢同志直接关怀武汉防汛，共产党领导的人民政府决不允许旧中国的悲剧重演。全国关心并支援武汉防汛，要什么给什么，不讲其他，副食品极为丰富，物价极为稳定。涪陵榨菜、萧山萝卜干、成都豆腐乳、南京板鸭、桂林米粉、西安大枣……供应充裕。而人民子弟兵更是一马当先，真是哪儿有困难，哪儿就有解放军。

整个武汉，就像一个坚不可摧的堡垒，屹立在巨浪滔滔的特大洪水之中。这年，武汉关水位最终达到29.73米，而武汉依然安然无恙地屹立在洪水之中。

十七　首战武泰闸

2015年,我到武汉61年了。对武汉城市中的地名,印象最深之一的就是武泰闸。我来到武汉,除了学校所在的"喻家山"这个地名与大学一年级在武汉大学所知道的一些地名外,其他的印象很少,至于武泰闸,就无丝毫知晓了。然而在1954年参与防汛工作后,我对"武泰闸"的印象就非常深刻了。这是因为这次回到武汉的第一天晚上,就是到武泰闸防汛。

"闸",排水用。过去,武汉如同许多沿江城市一样,城市污水通过地下管道排入江湖中,待其自然净化。一旦江湖水大,水位高过城市排水闸位,就用机械办法,用抽水机抽水,然后排入江湖。当然,这种年份不多,而且随着时间的推移,生产发展了,现代化程度高了,环保要求高了,这种排污方式也逐步地被淘汰了。但那时,只能如此。

"七一"那天傍晚,校园的广播传出紧急集合去防汛的信号,即高声唱着苏联的《共青团员之歌》:"听吧!战斗的号角发出警报,穿好军装,拿起武器。共青团员们集合起来,踏上征途,万众一心,保卫国家。我们再见吧,亲爱的妈妈,请你吻别你的儿子吧!……"一听到这首歌,我们就知道,这是紧急集合的讯号,需要我们立即出发,投入防汛工作中。

我校防汛用的汽车,停在我们住的东四舍旁,我们甲班的同学带好工具,立即上车,高唱着《共青团员之歌》,驰向武泰闸。

我们班的任务是卸车,运土运石上堤。青年大学生,不仅文化程度高,身体健康,而且认识水平也较高,所以,在不少关键场合,都是派遣大学生参加抢险。这次到武泰闸,就是抢险。同时,抢险中还有一项必然的任务,就是细查有无"管涌",它是一种严重的隐患,会在离堤坝不远处形成暗的地下漩涡,把堤坝附近的泥石全部吸走,导致堤坝突然崩塌。

运输土石的汽车一到,我们立即把汽车上的泥土、石块、麻袋、沙包等物品迅速卸下,运到堤上。车一到,便被立即卸空,几乎很难看到车等人卸的情景,而且堤上堤下没有一个"闲"人。男同学几乎都光着上身,汗流不止地拼命干。大家群情激昂,宣传工作十分有力,堤上堤下,热火朝天。应该讲,学校后勤工作真不错,饮料从未缺乏,食物充分供应。一个晚上,不知怎么就过去了,真是"不知东方之既白"。

十八　瓜熟蒂落　爱挚情深

全国人民都在关心武汉防汛,辉碧更不例外。

我回校后,接连几天参加防汛工作。有时,夜晚防汛,白天休整;有时,白天防汛,夜晚休整。只要听到《共青团员之歌》的广播讯号,同学们便立即整装出发,投入战斗。

几天后,我才挤出时间给辉碧去了信,含蓄地表达了我对她的感情。很快,我收到了她的回信,同样,回信中含蓄地表达了她对我的感情。她告诉我,全国人民支持武汉防汛,她与同班同学也在讨论如何支持武汉防汛,正在组织起来,付诸行动。她希望我在防汛一线,工作出色,用部队的话说,即"火线立功"。

信,你来我往。这真是,根深苗正,爱挚情深,瓜熟蒂落,水到渠成。我怎么也记不起,谁先表达了"我爱你"!可能就没有这么一个表达,双方自然而然地心许了终身大事。

辉碧在信中告诉我:她已将我们的关系告诉了她的家人,而且她用她转业费的一部分买了两块苏联的胜利(победа)牌手表,我一块她一块;转业费的一部分寄给了把她带大的外婆,因为她的生母在她很早的时候就去世了,她由外婆千辛万苦地抚养长大。她还给我寄来了一支小巧的派克钢笔,希望手表和钢笔伴着我学习,钢笔、手表后来都用坏了,但我舍不得丢,一直保留在身边。后来,几次搬家,特别是"文革"中与"文革"后的几次搬家,搬来搬去,它们与我十分珍贵的"红豆"也不知搬到什么地方去了。

辉碧不仅把她与我的关系告诉了她父亲和弟弟,还告诉了与她玩得最好的同学,包括大学同学与中学同学,其中一位就是她的中学同学郭日娴。她们俩一起"参干",一起考入北大化学系,直到今天,她与郭日娴联系还很密切,郭日娴在清华大学任教。她们两人无话不谈,真是知心之交,同欢乐,共忧患。

十九　在喻家山下攻读

武汉战胜了长江特大洪水,震撼了世界。

7月1日,我所在的班投入了防汛,奋战到9月初,武汉脱离了洪水的威胁,我们也准备上课了。三年级了,在自己的学校,可以说是新中国成立后新建的一所高等院校,终于可以上课了。

新中国成立后,因学习苏联的需要,我国高等学校的院系进行了大调整,建立了四所直属教育部的工科院校:大连工学院(现为大连理工大学)、南京工学院(现为东南大学)、华南工学院(现为华南理工大学)与华中工学院(后改称华中理工大学,现为华中科技大学)。可以说,在这四所工科院校中,华中工学院是水平最低、力量最弱的一所高校。但是,新生之犊不畏虎。朱九思同志当时对其他三所院校的有关领导讲:"将来我们要超过你们!"今天,当时的这四所工科院校已发展成为各有特色、互相媲美的综合性大学了。华中科技大学在世界一流大学的排名榜上也有着自己的位置。九思同志虽然不是华中工学院建校初始时的办学者,但在今天,校内校外只要是了解我校创建与发展历史的行家,没有人不承认他是我校创建者之一与真正的奠基者。所以我在写《往事钩沉》回忆录时,不能不特别强调这一点。我现在写这本回忆录时,他快满整整100周岁了。但遗憾的是,在我仍在写这本回忆录时,在2015年6月12日这一天,他竟溘然长逝了。全校上下无不极为悲恸。

建校之初,还没有现在的东一楼,东一楼是在"大跃进"期间所建的,有很多质量问题。机械系在现在的东三楼,东三楼名称一直未改,学生听课主要在现今的东二、东三、东四楼。学校办学条件很差,谈不上有什么投影仪,因此复杂的图表就用挂图,挂图全是教师或教学助理人员用笔画的。上课时将挂图带来,挂好,用时一张张往下取。教授、副教授有助教或教学助理人员帮忙挂图、取图,做好教学辅助工作。

武汉发大水的1954年至1955年的那个冬天,很冷,我们学生九个人一间房,摆了五张上下铺的床,清晨起床一看,寝室中的毛巾上全结了冰。有趣的是,那年冬天还下了雪,南方来的同学,特别是归国华侨子女、港澳同胞子女,第一次到内地,看到下雪,十分好奇。我们也与他们一起拍了很多照片。

我最难忘记的,是除夕之夜,开完联欢会后,我站在窗户旁,凝视着北方,深深怀念着辉碧,于是俯身桌上,给辉碧写着信,倾泻着相思。

二十　无限欢情在北京

1954年武汉大水,为我与辉碧带来了彼此确认的相互倾心的爱情。北京,在我心中又增加了特别的分量。

第二年,即1955年暑假,我所在的甲班,很幸运地分到北京第一机床厂进行第一次生产实习。那时候北京第一机床厂的厂房,就在安定门内大街方家胡同内。我们借住的中学就在机床厂附近。辉碧对这里十分熟悉。

那时,火车速度很低,加上我们实习的师生只能乘慢车,站站都停,所以从武昌上车到北京,头尾共走了三天。下车后,鼻子里都是黑的,因为那时坐的都是蒸汽火车。由于沿途的站都停,所以我们就去买特产吃。特产真的是价廉物美,特别是河南的烧鸡,又大又肥,回味无穷,这些特产大多都是车站附近的居民(多为农民)来卖的。另外,靠近北京的高碑店的特产千张丝,也特别爽口。

火车一到北京,我就看到了辉碧,她穿着洁白的短袖衬衫,跑上前来接我。同学还没弄清楚我们是什么关系,漆桂芬冲上来,与辉碧亲密地拥抱,她们曾是原南昌女中的老同学。同学至此才恍然大悟,明白了来接我的人与我是什么关系。他们引用武汉一句俚语："老杨是闷头鸡子啄白米，瞒了我们这么多年！"他们要我去陪辉碧，我的行李由他们来负责。

我与辉碧赶快乘公交到了我哥哥家，那时，哥哥与嫂嫂刚大学毕业不久，分配在中央广播事业局工作，住在天坛，所以还不满一岁的小侄儿，取名叫晓坛，以示纪念。在哥哥家吃了饭，辉碧就带我去看老同学。

老同学见面，分外话多。这次我见到了老同学程会保，四五年不见了，她身体仍不错，是新中国的第一个女坦克手。因为当时学习苏联，女兵大批转业了，程会保也不例外。但为了部队正规化，大家也能接受。当时，大家都有着美好的愿望，即学习苏联，早日建成社会主义。

二十一　浓烟笼罩的铁西区

1955年至1956年那个寒假，也就是大四上念完了的那个寒假，我们甲班到沈阳第一机床厂生产实习。我们的指导老师是比我高一级的同学，刚毕业留校，叫李德焕。这真是昨天还是同学，今天却成了老师；我叫他老师，我叫不习惯，他也听不习惯。这是那个时候的普遍现象，老师不够，有的学生毕业留校后立即直接任课。我知道他早已是党员，他也知道我刚被批准入党。

李德焕在学生时一直是学生干部，头脑很清楚，口齿很伶俐，看问题很深刻，讲话条理分明，他把我们的一切都安排得井井有条。何况，教育部与有关部门还直接过问我们的实习，一切有中央文件可循，我们学生只要好好实习就行。这比上两次实习就深入多了。有关的车间，有关的工段，一个一个都要认真地去看。

东北是我国工业集中的城市，尤其是沈阳，是工业中心，而沈阳的铁西区更是工厂高度集中区，烟囱条条高耸，直指高空，从冶炼到制造应有尽有，终日浓烟笼罩。我们实习时，正是大雪覆盖之时，而铁西区却只有灰雪没有白雪。我们住的地方，也在铁西区，离沈阳第一机床厂不远。

当时,我们青年学生的心情十分兴奋,认为这就是工业化的壮丽景色。因为我们看到的苏联电影,与工厂有关的镜头就是如此。在当时全面学苏时,就有这么一个信念:苏联的昨天就是我们的今天,何况苏联电影中反映出的工厂的景象,又何尝不是如此呢?!

那时,四年级的实习,都是在寒假之中,去实习的师生都要在工厂过春节。我们去实习的师生也正好抓住时机,去有关工人师傅与技术人员家中,祝贺春节。

这次实习,来去都路过北京。1955年父亲病故,哥哥把母亲接到了北京,中央广播事业局职工宿舍在广播事业局附近的复兴门外,离中央人民广播电台不远,宿舍楼刚刚盖好不久,哥哥一家在里面有一套住房。我来往经过北京,辉碧都到车站接送,还同我一起去哥哥家看了母亲,一起吃饭,母亲十分喜欢辉碧,她的儿女都有了不错的对象,她感到无比幸福。

二十二 "梦"想实现了!

1956年2月6日,是我入党的日子,我永远不会忘记。是的,如同吴运铎同志所讲,"把一切献给党"!

新中国成立以来,我逐渐认识了党,而且下定决心永远跟着党。由于历史原因、家庭出身、亲属关系的限制,在南昌一中时,孙紫云、魏民同志一再明确讲过:"小鬼!你要下决心当一生的党外的布尔什维克。"入大学后,我就是如此,相信党,跟着党,党要我干什么我就干什么,永不动摇。

1956年,在党中央号召下,向科学大进军。在加紧培养又红又专的高级专门人才建设中,高等院校占有关键地位,因此在师生中也要发展党员。按一般常规,在即将毕业的大学生中要发展一些党员,以应国防建设、重大项目建设的需要,在"向科学大进军"中自然更不例外。

1955年,党支部负责同志找我谈心,问我:你对党支部有什么要求?对自己有什么想法?我讲,我很想入党,但我知道我家庭复杂,出身不好。"出身不由己,道路可选择。"党的政策一贯是"有成分论,不唯成分论,重在政治表现"。他鼓励我:现在向科学大进军,党需要许多优秀的高级专门人才,你要为此而努力。

当然,我知道党支部找我谈话的用意。我讲:"我现在很想申请入党,这也是我多年心愿的集中表达;合格不合格,请组织审查!"

接着,我找了乙班的雷国璞与易德明做我的入党介绍人。他们欣然答应,并鼓励我,要做好两手准备,如果这次不行,就继续努力,党的大门永远向献身共产主义的人敞开。

接着,一切严格按照入党的手续办理。2月上旬,党支部开了支部大会,讨论通过,上报上级党组织审批。不久,党支部书记通知我,我已被批准,从2月6日支部大会通过的那天算起,候补期(后改称预备期)一年。我激动地写了一首七律,时间记为1956年2月6日,作为我人生道路上的一个关键标志:

  红阳万里碧空明,最好佳音最激情。

  一片丹心腾热血,满怀壮志请长缨。

  终生热爱毛主席,大海长明航塔灯。

  自此螺钉装配罢,无朝无夜奋奔腾。

当然,我很快把这一喜讯告诉了辉碧,告诉了我所有的亲人与好友。

第五章 教师生涯之一：1956年至1966年

一 "提前"毕业，提前留校

完全出乎我的意料，我原来希望能分到工厂、研究机关工作。还差一个学期毕业时，学校要我留校当教师。其实我的口才不适合做教师，一是讲话太快，二是也没那么好的表达才能。

上午返校，中午还在学生宿舍东三舍301室午睡，系秘书王静同志喊醒了我："杨叔子，下午去李如沆教授那里一下，学校有事找你！"我丈二金刚摸不着头脑，只能赶快回答："我一定去！"下午，我准时到了李如沆教授处，他高兴地对我讲，他受委托代表学校通知我：留校工作，就在他所在的机械系金属切削机床教研室任教。我一时无言以对，只能表示坚决服从。

当时，机械系有三个有关机械制造的专业教研室：机械制造工艺、金属切削原理与刀具、金属切削机床。这本质上就是职业教育，按苏联讲法是专业教育，培养高级专业人才。无怪乎当时我们所用的教材中，就有苏联高职用的教材。显然，这种培养模式，十分适应当时国家急需大批高级专业人才这一形势，但实行这样教育的后果即是人才业务基础狭窄，适应性不广，难有大的特别是创造性的发展。所以，这一改革，首先功劳巨大，功不可没；但也留下了严重的隐患，影响了进一步更大的发展。

与李教授谈话后，我才知道学校决定要在我们这届毕业生中，选拔一批留校任教。当时,大学毕业生全是统一分配工作。这次要从准备留校的毕业生中,选拔两个到哈尔滨工业大学去进修,教育部统一安排,这两人得马上动身。我是其中一人,所以,我提前留校,还是算作按时毕业,1956年7月毕业后,我去学金属切削机床设计。若干天后,再定了一人,就是乙班的钱祥生,也是武大来的,去学金属切削机床液压传动,钱祥生家在武汉。

我希望能在北京停一下,看看亲人,所以,我尽快动身了,能委托别人代办的事,就委托张君明同志代办了。我生怕影响同学学习,最后就让张君明悄悄送我到15路公汽站。离开宿舍时,宿舍前的松树还是小树,我们同学个子稍微高一些的,竟可跨过树顶。而今,这些松树已非常高了。60年一个甲子过去,我国远非那时的弱小面貌了,确是"敢教日月换新天"!

二 任教第一程

学校决定让我提前留校,我坚决服从,纵然这并非我所希望的、最适合的工作岗位。那时我写了一首诗,的确代表了我的内心世界:

> 唤醒犹疑梦,相言信是真。
> 程新需执教,任急作征人。
> 前进忠随党,辛劳总为民。
> 狂风旋恶浪,向日不眉颦。

狂风旋恶浪,表达了我在思想上已经做了足够的准备,去迎接困难。

当时,接教育部通知,华中工学院立即派两名青年教师赴哈工大进修一年,主要任务是学习苏联,完成一个毕业设计。我是第一个被选定的,第二个派谁, 时还定不下来,要迟几天。我就不等了,行李稍加收拾,要留下的物品,都拜托给张君明照顾了。

甲、乙两个大班,一个大班又分3个小班,一共6个小班,我是第1班,真巧,就住在301房间,从三年级开始就是如此。张君明一直与我不但是一个寝室,而且是同一个双人铺,我是上铺,他是下铺。毕业后他也留校了,教力学,我们不在一个教研室,后来在不同的系、院,但仍住在同一栋教职工宿舍同一寝室,即教三舍的309室,正对着厕所,一直住到后来"大跃进"岁月时,他到陕西三原一所军事院校去当力学教师为止。

我所在的小班1班的许多同学,同我依依不舍地告别,我们绕着宿舍和教学楼一起边散步,边谈天,那时东三舍旁边有一个池塘,塘中有座小山,山上还有几株松树,我们站在池边的松树旁,有着不少寄语。那时,教三舍正面的树还很小,而今天已十分高大了,远高出教三舍顶层(第三层)的屋顶了,它象征着学校建校的历史。

我把许多事情都拜托给张君明了。那时,他也不知道毕业后分至何处,但我们知道我们年级的大班、小班一定有同学留校。

第二天,我到院系去办了留校与赴哈工大进修的手续,又去办了将党组织关系转到哈工大的有关手续。第三天,我和张君明带着行李,到了公汽15路终点站,当时这个站设在现今档案馆的前面,这个终点站直到很久以后才挪到校外。近几年,还有15路公共汽车,但车次已经很少了,而且终点站早已不在校内了。

我与张君明在15路公汽站等了一会,15路车就到了终点站,人下空了,我拿着行李,上了车,车等了一会,到了时间就要开车了,"再见!""再见!"我们"相送情无限"地挥了挥手。15路车驰向了武昌城内的武昌南站。

三 哈尔滨美极了!

哈尔滨美极了!一派异域风光!

火车到站了。一出站,就是南岗区,这是哈尔滨较美的地方之一,举目一望,一片乳黄色的建筑,我从未见过;一片尖顶式的墙壁,童话中才有;一栋喇嘛台耸立在南岗广场的中心,全无其他城市的风味;楼房并不高大,看不出我所熟悉的任何一点的中国格调。是的,我感觉自己走进了童话世界,这里弥漫着十足的异域情调。美!的确美!然而却不像是中国城市,无怪乎我到哈尔滨之前,不少人告诉我:哈尔滨有东方莫斯科之称。加上街上俄国侨民不少,更为哈尔滨的异域风光添上了浓浓的一笔。更何况由于历史原因,哈尔滨有不少的常用语是俄文音译的:面包叫"列巴",火车叫"破页子",比比皆是。

赶到哈工大,在学校报到之后,就到了机械系。一切按苏联模式办学。机械系有好几个教研室,包括机械制造工艺教研室、金属切削机床教研室、金属切削原理与刀具教研室。这时,哈工大还有苏联专家,可我们这几个教研室已经没有苏联专家了。

指导我做毕业设计的老师是孙靖民,指导钱祥生的是刘庆和。我找到孙老师,他告诉我,毕业论文(毕业设计)是机床设计方面的,至于具体要做什么毕业论文题目,需要我自己去找,找好了来与他商量。我真不习惯!论文题目还得自己去找,这是我从没见过的事。至于到哪个工厂实习,去找题目,这点他指定了:去齐齐哈尔第一机床厂。到工厂怎么实习可没讲,自己到工厂后,去与工厂商量。整个设计过程,他只见了我三次:一次定题目,一次听工作汇报,一次审查论文。我真没想过,次数这么少!事后我仔细想,孙老师的指导方式是完全正确的,不是抱着学生走,而是锻炼学生独立工作的能力,何况这个学生还是一个刚成为教师的而自己还没有完成过毕业设计、又即将指导毕业设计的年轻教师。

过了几天,钱祥生同志也来了,他的指导老师对他的安排过程与我十分类似,这就是哈工大办学的水平,我在日后的教学生涯中,越来越有体会,这种培养独立工作能力的教学方式也是美妙的。

四 独立嫩江之滨

"独立寒秋,湘江北去,橘子洲头。"这是毛泽东同志在他的名篇《沁园春·长沙》中开始的几句。读过毛泽东同志这首词的诗词爱好者,都会知道这一小节标题中的"独立"两字,是从这句名句中引申出来的。

我留校工作一开始,就奔赴哈尔滨进修,接受毕业设计(毕业论文)的任务后,就独自来到了嫩江之滨的齐齐哈尔,到工厂,确定题目,开展工作,这一切全靠自己独立完成,哪还有什么指导老师在身旁亲自指点?!

那时,齐齐哈尔城区还不大,短短时间就可以把城区走遍。齐齐哈尔第一机床厂,生产小型立式车床,齐齐哈尔第二机床厂,生产升降台铣床,都属于我国当时的骨干机床厂,这类机床厂在当时共有18个(在相当长的时期被称为机床厂中的十八"罗汉"),都直接得到了苏联相应机床厂的支援。那时,第一机床厂生产的就叫作1531,第二机床厂生产的就叫作6H82。这都是苏联机床的型号,连标志也无更改。我国工厂的任务就是学好抄好。这也就是我国在改革开放与引入欧美技术后,大家讲我国机床产品,同苏联产品一样有傻、大、笨、粗毛病的缘故。

在嫩江之滨三年,经历了冬、夏、春、秋,欣赏了冰天雪地世界中白雪皑皑的冰雪景象;倾听了齐齐哈尔人的议论,认为它南面的沈阳低于30℃的夏天是酷暑逼人;眼见了遍野遍城一夜之间,霎时绿化的春天的到来;切身感受了"万山红遍,层林尽染"的金色秋天是何等短暂,特别是秋之晨不久之后却又是秋之黄昏的景象。我凝视着无限好的美景,心想如果辉碧也在这里,该是多么美好的事情!

晚上从工厂回职工宿舍,就在宿舍附近小吃店里吃上一碗物美价廉的"油茶",热腾腾、甜美美,不但可充饥,又极富可口的滋味,往往是一天中的一大享受。"油茶"就是高级炒面吧!这时,我不禁会想到我们抗美援朝的志愿军英雄们,往往在冰天雪地中一口炒面,一口冰雪,同饥饿搏斗。魏巍的《谁是最可爱的人》这篇脍炙人口的文章,就自然地涌上了心头。是的,今天到工厂实习有这么好的条件,是何等珍贵!何等来之不易!我经常凝视着无限好的夕阳,下定决心要实习好,把论文写好!

五　立　式　车　床

说来也奇妙，当《往事钩沉》这本回忆录快要写到在齐齐哈尔第一机床厂实习时，有天晚上做了一个梦，梦中清清楚楚想到了"立式车床"的俄文名称，"карү"，这个立式机床俄文词汇的词头突然冒了出来，令我内心翻腾不已。因为我从到齐齐哈尔第一机床厂开始，直到"四人帮"垮台，这段时间一直都与立式车床打交道，当然也经常与立式车床的俄文名称，尤其是该俄文单词的词头"карү"打交道。

我的毕业论文就与立式车床有关，但是关键的创新之处远非限于立式车床，而是包含了金属切削机床采用齿轮调整主轴转速范围时一些基本理论性的问题；我所得出的结论同后来我所看到的莫斯科国立鲍曼技术大学从事这方面研究工作的学者所得的结论，不但一样，而且涉及面更广一些。有关结论不但在当时《华中工学院学报》的专辑上发表，而且在全国有关机械制造学术会议上做了宣读。

当时十八"罗汉"厂中，一个十分重要的机床厂——武汉重型机床厂正在建设中，很多技术骨干还在相应的兄弟厂进行培训。从事立式车床工作的一批刚毕业的学生，也到了齐齐哈尔第一机床厂，另有浙江大学刚毕业的王建华等，还有北京机械制造学校刚毕业的商耀崑等，他们都和我一起住在齐齐哈尔第一机床厂职工宿舍中，甚至有的与我一起在设计科。我们这批人都是刚从学校毕业的，又都从事机床科技工作，而且将来又都在武汉，所以大家十分亲热。直到今天，我们都80岁左右了，有些人之间还有不少的联系。这个特殊的关系与友谊，对我们大家的工作"善莫大焉"。

我的毕业论文，在孙靖民老师正确思想指导下，按期优质完成，在机床传动系统有关的运动设计方面，还颇具特色，学校与工厂评价都很高。哈工大机械系还特地制作了好些硬封面的精装品，用作珍藏。那时，我久久沉思，望着武汉，凝视北京，希望同辉碧共同分享成功后的喜悦。

当然,我知道,这不是紧张的结束,而是更紧张的开始。"三十而立",关于立式车床的毕业论文胜利完成了,但离"立",离真正的"而立"还有很大的差距,下一步在大学为人师的任务已经到来了。

六 真当大学教师了

真当大学教师了。一年前,我叫李德焕老师,他刚留校,也不好意思。他和我讲:"当着学生的面,你叫我老师,我们两个在一起时,照老样,你还叫李德焕。"我与李德焕上下差一个年级,又都是学生干部,很熟;现在,我面对的学生上下也只差两个年级,同专业的同学也还熟;好在我是机制专业"转行"搞机床的,机床刀具专业的学生我不熟,认识的主要是李振民、朱启述等几位学生干部,所以没有李德焕刚开始时候那么尴尬。

我负责指导齐齐哈尔第一机床厂的毕业实习,另一位教师负责第二机床厂的毕业实习。学生食宿都统一联系,实习计划也做了安排。来一厂实习的学生中,有一位我比较熟悉,是学生干部,叫李振民,本来应与我同一届毕业。由于"半脱产"之故,推迟一年毕业,但仍按原届对待。这一政策十分适合当时的形势,对加强学生的政治思想工作,极为有利。

齐齐哈尔的冬季是冰天雪地的,十分寒冷。那时,不仅在齐齐哈尔,可能在东北,都沿袭了一个规矩,即到电影院看电影,有所谓的"清场制"与"不清场制"。后者指看完上一场后,不清场,可以继续看。我们有位姓刘的同学,上午出去,竟然到晚餐也没回来,大家着急了,到处找他,也没找着。我这位指导老师当然更着急。晚上,他高高兴兴地回来了,大家赶快去问他怎么一天不见了。他哈哈大笑,说:"我这么大一个人,念大学了,快毕业了,怎么会出事?! 我看了一天的电影,《天仙配》,真过瘾!"

当时的黄梅戏名演员严凤英因主演《天仙配》,一举成名,《天仙配》的曲调与歌词,的确不错,一直脍炙人口,至今不衰。何况,50 年代中期,文艺正开始繁荣,"百花齐放"的方针正得到贯彻,一批好的电影也纷纷上映。

我与同学们打成一片,一心扑在实习上。1957年的"鸣放"、"反右"还没有在工厂开展,学校只有个通知,即要我们开个座谈会,给学校提点建议。工厂丝毫没有"鸣放"的气氛,我们一心想把毕业实习搞好,为第一届因学习苏联而办的机床刀具专业的毕业实习质量做出贡献,取得经验。我真是一心一意要把大学教师当好。

有趣的是,我还对李振民同志讲:"我们向李德焕学习,当着学生的面,你叫我老师,我叫你名字。"他也只得点头"答应"。其实,这个"答应",从未实现,他一直喊我老师。到今天,我们都过80岁了,他也没改口。是的,从那时起,我真当大学教师了。

七 校厂互助,既亲且真

在新中国成立初期,大批北方政工干部南下,同时大批南方科技人员北上,这是当时形势所决定的,不以人的意志为转移。正因为如此,后来大批北方政工干部,在南方创业成家,立下不朽功勋。大批南方科技人员成了北方经济乃至社会建设的骨干。

在齐齐哈尔第一机床厂的主要技术人员,我所接触的,几乎都是由南方北上的。设计科的技术第一把手,叫徐宇杰,是湖北襄阳一带的人,他还有一个重要助手,叫刘士安,也是湖北人。我们师生都亲切喊他徐工程师。改革开放后,他退休了,也回了襄阳,但仍继续在技术上做贡献。几年前,在我与襄阳一家工厂合作中,我们偶然见了面,大家不胜感慨。

我在齐齐哈尔第一机床厂实习时,与设计科的关系很好,好到设计科的人员将设计科的房门与资料柜的钥匙交给我保管。我每天一早去,就把设计科的房间打扫得干干净净,开水瓶也灌得满满的。然而,我绝不会去动我不该动的资料,要用的、要动的资料头一天我也会向徐工和有关技术人员讲清楚。我本着"我既是主人,又不是主人,只能增加方便,不可添上麻烦"的信念来行事。学生到厂以后,我也一再叮嘱他们:作为实习人员,必须如此办事。

我们来实习的学生对待在厂实习的武汉重型机床厂在此代培的人员也是如此。我们的学生都十分恭敬地对待工厂与来厂实习的外厂技术人员,大家和谐相处。

当时,根据中央指示,工厂不搞"鸣放",学校在大鸣大放,贴大字报,而工厂安安静静,生产一切如常,我们实习也就安安心心了。所以,实习按预定计划进行,学生认真学习,教师集中精力指导。

由于是毕业班,正处于紧张的毕业实习阶段,工厂又不"鸣放",我们都在工厂,从而没有被卷入"鸣放"活动中,最终圆满地完成了毕业实习任务。

八 走个过场

我国有个讲法,叫"走个过场"或"走过场",晓得一些京剧基本知识的人都知道"走过场"原含义是指什么。

1957年6月8日《人民日报》发表社论《这是为什么?》后,全国开始开展"反右"斗争,要反击"右派"的"猖狂进攻"。高等学校无疑是"反右"的重点之一。由于党的整风,5月初,情况未出现什么要特别关注之处,到了5月中旬,马寅初先生等人对当时的"鸣放"就提出了"目前有些批评不够实事求是,有否定一切现象"的问题。他还以北京大学为例,指出对北大的批评,坏的地方说得很详细,好的地方却一点也不说,这是无法令人心服的。不仅如此,后来的言论与报道,都给人一种强烈的感觉,即中国共产党似乎出现了严重的问题,快混不下去了。有的人在大学演讲,攻击党,煽动学生游行、工人罢工,正如中央所讲,事情正在起变化。但是,估计过分了,导致后来"反右"的严重扩大化。

我校机械系的毕业年级,"鸣放"过程中全在工厂进行毕业实习,按照指示,全力搞毕业实习,谈不上什么鸣放。现在按照学校要求,回校参加"反右"运动,但是"反右"的重点不在学生中,更不在外出在工厂实习的学生中。所以学生回校后,就是听听报告,参加"反右"的批判或斗争会,喊喊口号,举举拳头,表示全民愤怒声讨"右派"而已。的确,当时的大学生与大学教师,多数是绝对拥护共产党的。直到今天,基本情况也没有什么变化。新旧中国情况的对比,高等学校师生看得清清楚楚。事实永远胜于雄辩。

从工厂回到学校,我就住进了教三舍307室,在厕所的对面,我从来没什么意见。我与张君明又同住一起了,两人一间,两张单人铺,两套家具,学校按标准配给。有趣的是,一套家具有几件,会根据教师级别的不同,家具件数、规格、形式等也有所不同。我们年轻教师安之若素,从未计较,一心只想把工作搞好。特别令人感动的是,归国的侨胞、来内地的港澳同胞,都十分热爱新中国,与我们一样生活、工作,没有任何特殊要求。在教三舍中,我们就有许多这样的同事,从不分彼此,同舟共济,充分显示了中华儿女的爱国传统与情怀。

九　鼓劲"大跃进"

"鼓足干劲,力争上游,多快好省地建设社会主义。"这是当时"大跃进"岁月中,极为鼓舞人心的战斗口号。

1958年,是实施第二个五年计划的第一年,也是当时决心以八年时间赶超英国、以十五年时间赶超美国的第一年。我查了一下资料,1958年元旦,《人民日报》发表了社论,题为《乘风破浪》,提出了"鼓足干劲,力争上游",强调了"多、快、好、省",学校传达上级有关指示,湖北省委书记工任重同志也到学校鼓劲,同大家联欢共乐。在我记忆中,王任重同志京剧唱得不错,他也在我校露天电影场上登台表演,赢得广大师生的阵阵掌声。

或许就是这天晚上,在师生欢聚在电影场,欢呼我国"大跃进"大好形势,同时誓言要以行动与全国人民一起"大跃进"时,我心中涌出了似诗非诗的顺口溜,大体是:巨灯红,彩旗涌,欢声动心,喻家山下六千心激动。那时,全校人员可能是六千多吧?!当场表演了"放卫星",显示我校"火箭"发射技术从无到有的"大跃进"。一支"火箭"腾空而起,直冲天空,"火箭"飞到一定高度,坠落了下来,掉在喻家山上,山上的枯枝枯草迅速燃烧了起来,有力气的人立即直奔喻家山,迅速将火扑灭。这一显示豪情壮志的动人情景,实不能忘。我国八年超英,十五年超美,万众一心,定能做到!

不久,我和段正澄、林奕鸿等几位老师带了几个毕业班的学生来到了株洲一家航空发动机厂,该工厂要开发数控钻床,用于航空发动机的孔加工。因为此时清华大学成功研制数控铣床,达到了世界上第一台数控铣床的水平,而第一台数控机床也刚在美国麻省理工学院(MIT)被开发出来,标志着机床制造跨入了一个崭新的领域。

清华大学的这一胜利,鼓舞了全国,也鼓舞了我们。清华研究了数控铣床,我们就钻研数控车床,以此来显示我们的特色。当时,在工厂完成我们的设计后,我写了一首小诗,开始两句是:"杜鹃开初至,荷花映日辞。"表示我们到厂大约是三四月,杜鹃刚开,返校大约是六七月,荷花盛放。

十 劲足心齐攀高峰

全国热火朝天,八年超英,十五年超美,希望可以早点实现中国人民的宏愿。

在我从事的专业领域,数控机床是一个刚出现的新领域,MIT领先,清华大学正紧步其后,奋力追上。当时的真实情况是,我国在许多科技领域,并不落后于当时的日本,在数控机床方面,亦是如此。按当时的情况,只要脚踏实地,鼓足干劲,坚持不懈,通力合作,我国数控技术与数控机床的发展绝不会落后于日本。

清华大学向MIT学习,在最典型的数控技术与数控机床上选择了数控铣床。我校该怎么做?学校领导与有关院系研究再三,决定由当时机械系机制专业与电气系工业企业自动化(简称"工企")专业这两个专业负主要责任,由机械制造专业教师杨叔子、胡庆超与工企专业教师林奕鸿、涂健负责主要工作,我与林奕鸿牵头。

我们选定的目标是数控车床。之所以如此选择,是为了发挥我校已有的优势。对于数控系统本身来说,数控铣床无疑更复杂些、典型些,但在驱动的步进电机方面,没有多大区别;而在机床技术方面,胡庆超所主导的液压仿型刀架的科研工作,在国内外都不落后,从而在液压随动系统方面我校颇具特色,有所公认。加上液压仿型车床在当时也是机床行业中突起的异军之一,我们决定从液压仿型的数控车床打开缺口。当时还请了我所在机床教研室的钱祥生参与研制工作。

在学校与两个系领导的直接关心下,研制工作进展很快。MIT研制第一台数控铣床时,还是用电子管,我们研制工作开始不久以后,就出现了晶体管。我们发动学校有关人员设法购买晶体管,能买到几个就买几个,虽然奋斗艰苦,但决心在国庆十周年前研制出来,作为献礼。"人心齐,泰山移。"在国庆十周年前,第一台数控车床终于研制成功了,而且被选中参加在北京举办的全国"大跃进"成果展览活动。应该说,工作是一步一步干出来的,没什么虚夸。干一台,可以;干两台,也可以;但是多干几台,问题就多了,这也就留下了隐患。

科研成果经过评选,被选送北京参加全国"大跃进"成果展览活动。我校终于迈出了第一步。

十一　第一次登上庐山

毛泽东同志在1959年7月1日写下了既极为令人鼓舞、又极为让人深思的《登庐山》七律诗篇。诗一开始,就是气势磅礴的诗句:"一山飞峙大江边,跃上葱茏四百旋。"而诗又以"陶令不知何处去,桃花源里可耕田"收尾,上下1000多年来我国人民的美好憧憬,正在逐步成为现实。

但讲来实在令人难以置信的是,我在庐山脚下的湖口长大,直到1958年8月底,25岁的我才第一次登上庐山,在"大跃进"的岁月,我才"跃上葱茏四百旋"。

学校为了总结"大跃进"的经验,做好更好"跃进"的准备。6月底,在庐山召开了工作会议。彭天琦、朱九思等校领导,有关系、室的负责人与学术骨干都上了庐山。

上庐山是有道理的,"文武之道,亦张亦弛",学校处在"云横九派浮黄鹤"的武汉,离庐山又较近,正好让处于"大跃进"紧张氛围中的骨干,稍事休整,以利再战。学校领导除了系、室负责人与学术骨干外,还专门带了三位年轻教师,即毕业留校不久的叶鲁卿、叶佩琼(女)与我。看来,这是在嘉奖我们三人在"大跃进"中的表现:拼搏、有见解、有成绩,当然,更是在培养我们。叶鲁卿同志很不错,后来还获得了法国的骑士勋章,这是国家级的勋章,奖励他对中法文化交流做出的突出贡献。可惜,叶鲁卿同志前几年因病去世了。后来叶佩琼调到了广东的五邑大学,现在也去世了。当时登上庐山的学校多数老领导现在也先后去世了!60多年过去了,而我们三位青年教师"跃上"庐山的情景,依旧历历在目。

在庐山上,我们参观与游览了许多地方,包括"仙人洞"。1961年9月9日毛泽东同志的名句,"天生一个仙人洞,无限风光在险峰",就是为此洞而写的。

这次登上庐山,对于正处在"大跃进"中的我校既是必要的,又是及时的,十分符合后来我们所熟悉的毛泽东同志所讲的"在战略上要藐视敌人,在战术上要重视敌人"的思想,学校的"大跃进"在当时还是比较务实的。

十二 "我知道你一定会来"

1959年国庆,是十周年大庆,刚好又处于"大跃进"高峰期,全国捷报频传,"卫星"连放,人心振奋。中央决定要在国庆之际,举办一个大规模的"大跃进"成果展览会,从各部委、各省市选拔"卫星"成果,参加展览。

我校评选上了一大批"卫星"成果,数控车床自不例外,毫无争议地入选了。学校决定让我与有关人员一起负责数控车床展出,这个决定是临时做的,我当然服从,立即与有关人员一起,赶往北京。当时,我校负责展出的学校领导是洪德铭教务长,他是新四军的干部,在"皖南事变"中腿部负伤,走路有些瘸。学校科研工作归他管。

全国参展人员都要赴京,我校的人员住在北京华侨大厦。我真没想到,一到北京住下,辉碧就来找我了。一见面,我惊讶地问她:"你怎么知道我来了?"她笑了笑讲:"我知道你一定会来!"洪德铭知道有位女同志找我,问了我几句,笑着说:"小杨,今天晚上给你放假,陪徐辉碧去!"

我们两年多没见面了!北京九月底的秋夜,还不冷,在外面还很爽快。我们沿着西长安街,出了安定门,向北,向她所在的工作单位走去。

两年多一点儿,我知道她分配在化工部化工研究院,从事国防科研。我还是老习惯,凡不该我知道的绝不去问,更不去打听。毕业分配后,我知道她下厂锻炼,实际上是从事科研,继续毕业论文的重水的科研。去到大连某工厂,也是为此。我没想到的是,在工厂时她左膝盖不幸受伤,粉碎性骨折,在医院治疗了一段时间。这件事她一直瞒着我,这次我才知道,心疼得不得了。在病中,试验做不了,她便与同研究组的同事桂纯(女)合作翻译一本名为《水的同位素分析》的俄文专著,后经北京大学指导教授张青莲推荐由科学出版社出版。我们互相详细地谈了这两年多的情况,我一直把她送到她的宿舍——安定门外小黄庄,化工研究院宿舍所在地,我才一个人极为兴奋地赶回了华侨大厦。

"我知道你一定会来!"这一情深似海的声音就一直在我心头激荡。

十三 从此鹣鹣终比翼

"惊鸿一舞十年思,圆缺阴晴无间时。此夕鹣鹣终比翼,同心同结永同枝。"鹡鸰,古称比翼鸟。

不用多解释了。第一句就是指在南昌一中时辉碧表演《朱大嫂送鸡蛋》一事,但第三句的"终"字,浸透了我的深情与坚执,饱含了"风波挫折"也不能阻挡信念的深情,我的心愿终于实现!

国庆十年大庆"卫星"成果展览会后,"我知道你一定会来"这句话还在我心中激荡,不久,我收到辉碧来信,她问:我们什么时候结婚?她还讲,她向化工研究院党委孙书记报告了这件事。

当然,我喜出望外,就连忙向我所在的党支部负责人、我的老同学李德焕汇报,他十分高兴,他说,早该如此了!他还讲,地点时间都好,你恰好在北京第一机床厂带毕业实习。李德焕对于我与辉碧的恋爱早已一清二楚,而且一直关心我这个老同学的终身大事。有时我对他讲,也对一些熟悉的人讲,恋爱、婚姻是终身第二大事,终身第一大事是革命工作、人民需要、国家利益。

北京第一机床厂那时还在安定门内方家胡同十三条,学生实习住的地方也离厂不远,它们离化工研究院都不算远,都在同一区位上。辉碧在化工研究院借了一小间临时职工住房,作为新婚之用。当时,国家经济形势不好,供应十分紧张,许多食品用品已凭票证供应了,首都北京还算好,水果糖之类的食品基本上还敞开供应。

结婚那天是1960年1月23日,农历腊月廿五,我还在带毕业实习,直到晚上才回到辉碧所借用的临时住房中。那天很不巧,北京停电,没有人来闹洞房。她的几位同事送了纪念册、书、床上用品之类的礼物表达祝贺之意。后来过了几天,他们来了,表示了衷心的祝福。当然,在此之前,我们到化工研究院所在的派出所交了我们两人所在单位的正式证明,办了手续,领了结婚证。除此之外,还有件十分重要的事,也是必不可少的事,即我们到王府井著名的照相馆,拍了庄重、简朴而又相亲相依的结婚照,作为永久的纪念。

这篇开头的那首诗,原稿就是结婚之日写下的,历经修改,才形成今天的这首。是的,"同心同结永同枝",近60年的风雨岁月,就是这么坚定地走过来的。

十四 "蜜旬"的几首诗

1960年1月23日,我与辉碧结婚,2月4日我们就各自奔上战斗岗位了,没度蜜月,只度了"蜜旬"多3天。

这13天,写了七首诗,可作为永久的纪念。现摘录如下。第一首诗是《七绝·婚日感怀》,上一篇已有便不再重复了。

> 七绝·偕辉碧重游颐和园
> 雕梁画栋焕然新,雪岭冰湖亦满春。
> 五载重登香阁寺,如今跃进最堪勋。

第三句,指1955年暑假我到北京实习,欢逢辉碧一事。《往事钩沉·无限欢情在北京》写了这次欢逢。

> 七绝·偕辉碧去槐树岭访旧友
> 同志情深最可珍,欢逢感慨十年身。
> 夕阳岭照风姿健,月隐云移惜暂分。

第二句中的"十年"指1949年冬至1951年春那次"参干"的事,这在《往事钩沉·南昌一中》已写了。

> 七绝·辉碧将去农村劳动一年
> 不恋温柔乐壮行,碧空彩凤奋长鸣。
> 栉风沐雨来天地,健翅丹心万里程。

> 七律·偕辉碧晨过人民英雄纪念碑
> 耸立蓝空灿世辉,凌云标格笑天低。
> 百年痛史心犹恨,千载丰功册永垂。
> 日出韶山环宇亮,旗扬遵义凯歌飞。
> 忠魂化作东风劲,凉热环球必共齐。

卜算子·题在西郊溪畔同辉碧合影

雪失又冰融,笑溅溪流涌。耸立危杨舞碧空,日暖新春送。

锐志贯飞虹,梅竹情深重。一片红心向日迎,苦乐长相共。

七绝·临别前夕赠辉碧

南水滋苗北土栽,人民热望记衷怀。

离情万种成心祝,愿奠红专础石来。

诗中,有我的欢欣,也有她的喜悦,有对她的嘱托,也有我的期望。

十五　新婚"蜜旬"　情天爱海

"三年困难",即1960年至1962年我国经济十分困难、人民生活十分艰苦的时期。然而,大家的精神状态很好,上下同心,共度时艰。

北京作为首都城市,供应比一般城市好多了,不定量供应的商品多了很多,在餐馆中多花些钱还可吃到一些肉,肉量虽不多,但毕竟还是有肉。我工作很紧张,还得完成毕业实习的指导工作,好在毕业实习还是在我进行过生产实习的北京第一机床厂,在安定门方家胡同内,离化工研究院不远。白天工作结束后,晚上就回"家"了,"家"就是辉碧借用的化工研究院职工宿舍的那间小房。"家"虽然很小,却十分温馨,使我们精神上得到了异常的满足。

在春节假日期间,我们去了哥哥家,哥哥为我与辉碧举行了贺"宴",有葡萄酒,还特地炒了一大盘堆得满满的肉丝炒粉丝,可以放开量吃。当然,我与辉碧都知道,粮食定量了,在哥哥家吃饭,也不能白吃,得付粮票。然而,她总是设法让我多吃一些。她比过去瘦了不少,我一清二楚,好在大家在心理上与生理上还十分健康。

我们还去了一些中学老同学家,去了与她一起"参干"后来又转业出来的老同学家。还到了我们的好朋友程会保家,前文有提到,她曾是中国第一个女坦克手。老同学都热烈而真挚地祝贺我们。

的确,不管是老同学还是新朋友,他们的祝贺都十分真挚,归结起来,如同《老残游记》最后一回标题中的一句话:愿天下有情人终成眷属。是的,我与辉碧都是有心人,绝没有失去良机,错过好姻缘。半个世纪的风风雨雨,证明了我们两人的选择是正确的。在 2010 年 1 月 23 日,我们结婚 50 周年的那天,我们将孩子聚在一起,谈了我们的体会:要互尊、互敬、互信、互重、互助。首先要互尊,这是一切的前提,只有如此,才有可能"执子之手,与子偕老"。

1960 年春节,面对严峻的困难,我与辉碧沐浴在新婚蜜旬、情天爱海之中,开始了人生新的征程。

十六 "蜜旬"在母亲身边

母亲喜欢我,我成了家,与辉碧又在北京,在她身边,她笑逐颜开,完成了她的一大心愿。

我哥哥的一儿一女只有五六岁,哥哥嫂嫂工作又忙,1955 年父亲在南昌病故后,哥哥把她接到北京来,当然也希望能帮帮忙,照管照管两个孩子,这是应有之情,也是应有之理。那时,母亲才 50 岁吧!不过,由于各种原因,头发已白了不少。

母亲从南昌来到北京,又无须照顾长期患病的父亲,自然也是一种解脱,而北京生活又与南昌大不相同。帮自己的儿媳照顾年纪还很小的子女,也是她义不容辞的责任,但我哥哥是我大母一手带大的,与自己亲生母亲接触不多,感情远不及我姐姐、妹妹与我同她日夜相处的感情。我刚结婚,又在北京,辉碧待她很亲,她当然异常欣慰,心中也是十分甘甜的。

那时,我在北京还有指导学生毕业实习的教学任务,学生又在北京,我得关照,还得陪学生去拜访工厂的有关工人师傅与技术人员,加深友谊,以便扎实地完成实习任务。这是作为指导教师必须做的本职工作。

哥哥的两个孩子对我与辉碧异常亲热,叔叔婶婶叫个不停。我们带他们到我们所谓的家,带他们去食堂吃饭。孩子到了新的地方,又是叔叔婶婶的家,高兴得很。记得有次大风雪,雪很深,他们走得跌跌撞撞,不但不叫苦,反而在大风雪中玩得十分高兴。我与辉碧十分心痛,但他们的的确确还是乐呵呵的。对于五六岁的孩子来说,初接触的一切都是有趣的,都是乐呵呵的。

孩子到了我们住的地方,在食堂吃了饭,他们吃得津津有味,玩得痛痛快快,在风雪中跌跌撞撞也是乐趣,这就是孩子的本能与特点吧。但作为成年人的我们,又是他们的叔叔婶婶,怎能不操心?! 玩到下午回到哥哥家,他们还是劲头十足,可能他们从来没玩得这么痛快过。

我们四个人晚饭前回到了哥哥家,全家一起又美美地吃了一顿晚餐。这样在母亲身边,对她而言,是多么大的一件乐事。

十七 两斤粮票

我与辉碧刚结婚就碰上了我国三年经济困难时期。

粮票,对现在十几二十岁的青少年而言,可能不知是什么,甚至对其中一些孩子来说,几斤十几斤粮食也算不了什么。殊不知,在我国"大跃进"岁月中,在蒙受了极其严重的天灾人祸且外患也十分严重时,粮食是极度缺乏的。粮食为民生之本,在三年经济困难时期,在我记忆中,几乎所有物资,几乎所有城市,除了盐以外,什么都得凭"票"定量供应。

粮食是首先实行按人定量分配的。那时,学校男性教职员每人每月27斤,女性25斤。在国家机关、事业单位,也都差不多。男性,如果月小,30天,平均每天九两;月大,31天,还不到九两。那个时候,食用油、肉类奇缺,脂肪极度不够。

那时有句话,叫"瓜菜代",即以瓜类、蔬菜类、豆类、薯类、植物的根茎等来代替粮食。所以,很多单位就自己动手,种菜、种瓜、种薯、种根茎可吃的植物,为职工谋福利。那时,坐火车、乘轮船,凭车船票定量供应餐点,可以不付粮票。所以,那个时候总是希望多出些差,以便省些粮票。

男性,每天九两,早餐吃二两,剩下七两,怎样吃?午四暮三,还是午三暮四?还得仔细想想。现在看来,简直难以想象。

辉碧还在北京,每月定量也是25斤,她铁了心,做了个决定,每个月节省两斤粮票,挂号邮寄给我,她讲我的身体不好,她顶得住。就这样,一个月多两斤粮食,作为加餐,也可以加几次餐。这意味着,她就有20多餐,每餐要少吃一两。但是,感情因素的力量,更难以估量。每到我吃饭"加餐"、增加饭量时,心情就难以平静。这绝无丝毫锦上添花的作用,而恰如雪中送炭带来的无比温暖。

从1960年春到1962年春,即到她调来我校工作为止,如不能面交粮票,就按月挂号邮寄,没有间断。

两斤粮票绝非两斤粮票本身,这粮食我吃进口也绝非粮食本身,《诗经》中的两句话,就自然而然涌上心头:"匪女之为美,美人之贻。"爱情的力量是伟大的。

(原载《长江日报》2000年"人生百味"栏,本文做了较大修改。)

十八　理想执还痴

"天下没有不散的筵席",这是《红楼梦》中的一句话。"蜜旬"结束,我回到学校。遵循中央做出的决定,国家干部要下放农村,与农民同吃、同住、同劳动一年。辉碧去了张家口怀安县左卫公社劳动锻炼。

我回到学校,立即与毕业班的同学奔赴工厂,进行毕业实习、毕业设计。"真刀真枪",发扬"大跃进"中紧密结合生产实践的经验,我与段正澄、林奕鸿、涂健同志带了机制、工企专业的一批应届毕业生来到了株洲制造航空发动机的工厂,进行数控钻床设计。在数控系统中,这属于点位控制,是比较简单的;但在机械上,涉及卸刀具、装刀具、更换刀具等一系列问题,并不是那么容易解决的。

我们在工厂,与学生在一起,斗志昂扬地奋战,甚至我还与一位喜爱

写格律诗的同学彼此写诗唱和,他叫潘长春,可惜他写的诗我没有留下,我写的诗还留了几首,其中有这样的两首:

七绝·在株奋战设计赠同学

1960.4.23 株洲

壮志凌云动九霄,龙潭闯入缚潜蛟。
战酣午夜寻常事,大好宏图着意描。

五律·将偕同学离株返校有感

1960.6.24 株洲

鹃赤山初至,荷红水欲辞。
青春光与热,理想执还痴。
鏖战驱长夜,高歌胜力疲,
深情何所达,纵笔赋新诗。

由诗可见,我们在厂中工作了两个月以上。诗中所讲的"战酣午夜寻常事",并非夸大其词,实际情况正是如此。重要原因之一是加班加到深夜与晚班工人同时在一起工作时,就会有一顿晚餐,纯粹的红烧肉可买到一份。在那时,这多贵重! 其实,这反映了国家对军工产业的高度重视。

工厂交给我们的任务,我们如期完成了,但下一步如何安排,我们返校后就不知道了。

十九　婚后即别的思念

久恋12年,新婚13天,因工作需要,又分别了。刚分别后的异常思念,持续了相当长的一段时间,至少远超过我在株洲"鏖战驱长夜"的两个多月。

我从南昌一中毕业留校不久,就开始记日记,从无间断,一直写到十年"文革"开始一段时间后才停笔,这个时候不停笔不行,我倒不是怕有人来查我写了什么,因为的确有很多问题,我越想越糊涂了:昨天不对,今天改对了;到明天,今天又错了;到后天,明天也错了。用"文革"中的一句话:老是站"错"了队。何为对,何为错,实在弄不明白,日记就停记了。

婚后分手,我就干脆把日记当作思念她的信来写,一举几得:既是日记,又是信;既记了工作、学习、思想,又记了对她的思念;既是生活历程的记载,又是爱情绵绵的细录……

辉碧与她所在小组的同事冯蕴华、郑湘琴等人同住在一户农民家中,与贫苦农民同吃、同住、同劳动,以求做到"三同"。可以想到,在全国粮食奇缺的日子,那里的贫苦农民吃的是用玉米芯磨成的粉再掺进野菜而揉成的粑粑,再配上所谓的泡菜(有的泡菜坛中的水甚至长了蛆),用以充饥。

下放劳动,实行"三同",生活极为艰苦,然而大家无怨无悔,精神状态良好。我们之间的信件来往,定期、准时,几乎无误。什么是新婚即别,什么是新婚即别后的思念,是难以讲清的。

李商隐有句诗为"只是当时已惘然"。"惘然"两字用得准确!别后心头"惘然"若失。忙时好些,一稍闲,心头就是一种讲不出的心酸滋味,似乎一种忘情迷惘的深深眷思占据着思想感情。

二十 "双革"荣归

新婚别后,我与机床教研室教师一起,指导毕业班学生,结合"双革"实际,进行毕业实习、毕业设计,真刀真枪,不搞假题假作。

1960年的6月底7月初,应届毕业生在生产一线,真刀真枪地干了下来,快毕业了,要总结了,要交毕业设计了。大家情绪高涨,我们带的株洲厂的学生当然不会例外。

其实"真理过头一步,就是谬误"。"大跃进"过头,特别是农村的政策失误,带来了严重的浮夸人祸和经济困难,我那时还不知道。现抄录两首那时写的诗,就是佐证。

七绝·师生参加"技术革命"后纷纷返校,喜赋

1960.6.30 武汉

"双革"荣归报捷频,惊人奇迹喜纷纷。

月儿不独西方亮,穷白宜描遍地春。

七绝·路遇宣传队演出

1960.6.30 武汉

龙舟轻荡扇摇忙,妙舞高歌公社强。

勇竞上游齐奋力,彩旗锣鼓共飞扬。

第一首,为当时一些产业部门浮夸虚报唱了赞歌,而没有加以任何的分析。的确,在"大跃进"岁月,不少部门做出了很大成绩,甚至是历史性的杰出贡献,然而,负面问题也不少。第二首,就肯定了"人民公社","人民公社"的概念确实是太超前了,像乌托邦一样,搞错了后果便会很严重。

的确,自己不知道"大跃进"过了头,就同当时报纸上"正面"的报道与宣传一样:"大跃进"、人民公社是正确的,关键是要抓阶级斗争。这时,我还写了一首七律:

七律·夏夜感赋(词韵)

1960.7.2 武汉

浩瀚星空夜色清,瑜珈巍立爽风轻。

青春永葆征顽敌,炎夏何妨奋杰英。

万里翱翔鹏雁翅,千秋灿烂斗牛星。

京华号令神州动,阶级还存必斗争。

现在看来,那时的我把对党的信念与对党在当时政策失误的认识这两者弄混淆了,而且在相当长的一段时期内,就是如此。

二十一　首先要讲好课

农民首先要种好田,工人首先要制造出合格的产品,教师首先要讲出符合要求的课,在"大跃进"的大起大落中,这点我总算弄清楚了。

自己是教师,首先就要把课讲好。把课讲好,是一位教师最为基本的职责。韩愈《师说》是关于教育、教学的千古名篇,至今仍熠熠生辉。在我的教师生涯中,在我获得全国优秀教师的荣誉中,《师说》一文有着极大的作用。

"古之学者必有师。师者,所以传道受(即"授",下同)业解惑也。"第一,教师要能授业,传授知识;第二,在传授知识中,要能解惑,解决学生学习知识中的疑难问题与困惑所在;第三,最终是要能传道,启迪学生与引导学生如何做人。显然,不可越的雷池,就是授业,即把课讲好,把知识授好。要把教师当好,这点必须做到。

然而,一开始,我把讲课特别是把讲好课,看得太容易了。我一正式登台讲课,就连续两次彻底砸锅。那时,与我同时讲同一门机床课的还有一位1953年毕业的刘宣藩老师。我多次听过他的课,他还把他讲课的讲稿借给我看,而且给我讲了他讲课中的一些体会,真心诚意帮助我。而我呢?自以为是,认为他谈的体会没什么了不起。我讲课前,也试讲过,听试讲的教师也提了不少意见。我口头上做了答复,表示感谢。

实践是检验真理的唯一标准,使用是最重要的学习。我一登台讲课,就连续两次砸锅,由于讲话太快,一节课讲了三节课的内容,我在台上流汗,学生在台下流汗。第二次课,学生都去听刘宣藩老师的课了。学生反应极为强烈,教研室没办法,只好把我这位在"大跃进"中表现不错的红人拉了下来,派去上业余班的课了。现今我已80多岁了,事情也已过去50多年了,但这严重的教训,我仍铭记于心。

"前事不忘,后事之师。"我没气馁,更没有倒下,我下定决心,总结经验与教训,排除所有困难,一定要把课讲好。因为我知道,传授知识的规律与知识本身的逻辑规律并不完全一致,作为教师,这两方面的规律都必须知道。我深信,我的课一定能讲好。的确,后来,除了语速稍快外,其他方面应该说还是够得上 A 或 A－标准的,A＋就够不上了。

二十二　焕彩霞,最堪夸

在三年经济困难时期,中国人民有志气,坚信党,挺了过来。的确,许多卓越成果也创造了出来。

1961 年 4 月上、中旬,国家机械工业部门在无锡召开了一次关于机械行业专题的会议,人不多,不超过 30 人。会议期间传来了十分鼓舞人心的胜利捷报——容国团夺得乒乓球男子单打世界冠军,这是中国人占领乒乓球领域绝对优势的第一声春雷,这也是中国走向体育大国、体育强国的第一声春雷。

我清楚记得,当容国团在进行男子单打决赛时,会议停了下来,参加会议的全体人员,聚精会神地收听决赛实况转播。播音员激动地呼叫:"第 4 大板,接住了,第 5 大板,接住了……第 18 大板,接住了!容国团反抽,成功了!"容国团夺得了冠军!中国人夺得了冠军!我们在会场的人,全都在欢呼!剩下的会议还有没有开下去?我也记不得了。

我十分兴奋,在游太湖畔风景点鼋头渚时,感慨地写了一首七绝。

七绝·游太湖畔鼋头渚

1961.4.14 无锡

万顷烟波焕彩霞,红飞绿舞孰堪夸?
湖山信是东南丽,况复春风拂麦花。

喜爱中华诗词的人都知道,诗中第三句是从苏轼词"湖山信是东南美,一望弥千里"抄来的,只改了一个字。

其实,在乘轮船赴无锡的途中,面对滔滔江水,我反复思索这几年我所走的路、我们国家所经历的艰苦历程与中国人民不屈不挠的奋斗精神,并为此写下了一首七绝。

> 七绝·赴无锡开会
>
> 　　　　　　　　　　1961.4.8 长江航线上
>
> 大江东去浪滔天,文采风流几度迁。
> 今日人民成主宰,凯歌处处复年年。

　　我们一边开会,一边抽时间游览了无锡许多景点,品尝了无锡许多地方美味。当然,粮票还得按个人定量标准付一些,其实,还是照顾了我们,但这都在当时地方政策允许之内。

　　那时,第一机械工业部十八"罗汉"厂之一的无锡机床厂,毫无疑问,对这次会议做出了很大的贡献,会议也给了无锡厂有关方面的回报。这次会议也算圆满成功,作为凯歌之一吧!

二十三　分离九年故乡亲

　　从三年经济困难时期起,我便将主要精力甚至全部时间都投入了教学。

　　1961年4月上、中旬到无锡开会,主要同科研有关,但同时还到了无锡有关工厂,联系或落实有关学生实习、设计事宜。6月上半月,为教学到南昌有关工厂,特别是江西拖拉机厂进行实习落实工作。当然,学校、系、教研室也知道我是南昌一中毕业的,是高才生;辉碧也是南昌一中出色的校友,于1949年冬至1950年春带头"参干"。1961年6月上旬,我回到一别九年的南昌,到了有关工厂落实学生实习安排与实习期间食宿问题,又去拜会与探访了许多老师、老朋友、老领导,游览了分别九年的南昌市容。从6月8日到10日,我写了三首诗,现录如下:

> 七绝·到南昌
>
> 　　　　　　　　　　1961.6.8 南昌
>
> 挥毫难写故乡亲,瞬息分离九度春。
> 激把南昌揽怀抱,倾闻笑语恋行人。

　　离开南昌9年了,我基本上不再讲南昌话,讲的是夹杂着湖口口音、南昌口音、武汉口音的所谓的普通话了。

七绝·八一大道

1961.6.10 南昌

广厦高楼傲碧空,红花绿树映辉中。

荒原砾野今何在?大道宽宏"八一"风。

我离开南昌时,"八一"大道还是刚开出的一条宽大的沙子马路,"八一"广场还与昔日的"老虎山"这一枪毙人的地方连在一起,这时已是今胜往昔了。但要与今天的"八一"大道、"八一"广场相比,那就更是今非昔比了!这是现在十几、二十几乃至三十几岁的一直生活在南昌的人都无法想象的了。

七律·喜访魏民同志

1961.6.10 南昌

"小鬼"惊呼泪眼噙,临行切望慰成真。

名城指点新移旧,赣水奔腾后越今。

女跃儿欢忙款客,心坚血沸永酬君。

为家四海寻常事,明日征程只暂分!

那时,供应十分困难,几乎一切定量供应。魏民同志亲切地讲:"在我家吃一餐饭,放开吃,什么票都不要,我供得起,你一定放心!放心!"她又高兴地讲:"我全家今天加餐,什么限制都没有,我家供得起这一餐!"她爱人也是南下干部。五六年还是六七年前,我去过南昌一次,她已是癌症晚期,但仍谈笑自如,还是老样子,她对我讲:"'小鬼'!别多想什么,我不是好好的吗?!"面对死亡,她毫无惧色,一生不失共产党员本色!我永远怀念这位南下的女共产党员。那时,我心中充满着一种难言的激动。

二十四 牺牲不怕难何惧

由于天灾人祸,国内面临着严重的经济困难,几乎什么都是定量供应。有人讲,除了盐之外,物资奇缺,其他物品几乎都是凭票凭证才能拿到。

另外就是苏联正在逼债,而抗美援朝的经费都是我国出的,苏联几乎是一毛不拔,所有军事物资都得算钱,都得要我国支付。据说,用以抵债的商品,苏联挑选得极为严格,就是故意在整我们。苹果要用卡尺去量,大小尺寸都限定了范围,不合格,就不要。苏联当时的领导做得真的是太过分了。但毛泽东同志早就引用过《老子》的名言:"民不畏死,奈何以死惧之。"死都不怕,逼债算什么?!还!按他们的要求还!所以,1962年元旦,有感于中国人的硬骨头气节、共产党员的坚贞信念,我写下了七绝两首。

七绝·元旦感赋

1962.1.1 武汉

其一

生活原来是斗争,献身共产向阳照。

牺牲不怕难何惧,提笔新年赋赤诚。

其二

新年奋发更图强,自力更生好战场。

革命紧跟毛主席,反修反帝最荣光。

当时,供应极为匮乏,营养高度不足,在我校患浮肿和肝炎的人不在少数。各单位纷纷开展"瓜菜代"工作,组织群众设法开荒种地,种蚕豆、种蔬菜,种红薯类根茎植物,以补粮食不足。学校还养猪、做豆腐,并利用学校拥有的湖养鱼,每逢重要日子,给大家分些鱼、肉,对年老、体弱、有病者和知名学者等,学校还有特别补贴。上下一心,共度时艰。

北京供应虽比武汉稍好,但无显著差别,一样困难。然而,辉碧仍然每月节省两斤粮票,定期寄来。

物资如此奇缺,自然就有黑市,其实,黑市就是"白"市。农民利用自留地种出的食品,利用家庭副业养的猪羊,纷纷出售,但价格贵得吓人,一个鸡蛋可喊到1元。1元是什么概念?按当时牌价,一个一般大小的鸡蛋,几分钱就足够了。

纵然物资如此奇缺,农产品价格如此昂贵,但人心整体是稳定的,对共产党是坚信的,对前途是充满希望的。"自力更生好战场",当然,后来我们也知道,三年经济困难,我国付出的代价也是十分巨大的。

二十五　首聚喻园

1961年至1962年那个春节,辉碧来到学校欢度春节。那时,她的组织关系还在北京,化工研究院还没有决定是否让她调到我校,我校还在力争。

我记得十分清楚,1960年冬或是1961年春,我校人事部门科长吴光宇突然让我去人事部门一下,一去他立即问我:"你想不想徐辉碧调来?""当然十分想!""想,那么你赶快打个报告给学校,请组织照顾,务必将徐辉碧调来！要讲得急切些！讲你身体不好,讲你无法调离华中工学院！理由要讲足,言辞要急切。要快！"我喜出望外,我做梦也没想到要把辉碧调来,而且要快。

我回到系里,告诉李德焕,他当时已是机械系的负责人之一,他已清楚这是怎么一回事,不过没有跟我讲。他告诉我,报告要怎么写,而且叮嘱我报告要尽快交上去。于是我赶快将报告写好、上交。

我还赶紧写信告诉辉碧这件事,希望她也请求调来照顾我的身体,同时表示我们学校十分希望她能调来,因为工作关系我无法离开我校。不久我就清楚了,在"大跃进"中,我校开办了工程物理系,搞原子能,这涉及同位素问题,而辉碧恰是从事有关研究的,学校已了解得清清楚楚。学校为什么这么能下定决心？因为当时我们学校,尤其我校工程物理系正急需辉碧这方面的人才。学校主要负责人之一的朱九思同志直接抓此事,他爱才如命,事情一抓到底。九思同志为什么知道辉碧的情况？后来我想,原因大概有二。一是李德焕对我与辉碧的关系、对辉碧的工作十分清楚,于公于私,他都关心此事。另一是学校当时负责人事工作的领导是孙盛海,他一直负责人事工作,直到他离休。

孙盛海同志是山东人,抗战时期干部,南下后在江西的公安、民政、人事部门工作。华中工学院建立后,他于1953年调任学校人事部门负责人事工作。他在江西民政部门工作时,认识了我的侄女杨似男,恋爱成家。从而,他对我的情况十分清楚。

当时,不仅人事部门积极推动将辉碧调过来的事情,李德焕也曾经亲自去北京化工研究院谈徐辉碧的调动,接待他的一位负责同志说,等徐辉碧的接班人培养出来了再说。李德焕回答说:徐辉碧才工作三年,哪有接班人的问题!

我十分感谢学校,感谢系党总支,感谢德焕同志,感谢九思同志,据说,九思同志告诉我校人事部门:"徐辉碧调不来,你们派到北京去调人的人,就留在北京,不要回来。"

1962年2月5日,是农历春节正月初一,在这之前几天,辉碧第一次到学校,受到朋友、亲戚的热烈欢迎。那时,我还住在教三舍二楼,张君明已调到陕西三原一所军事院校任教去了,与我同住的是政治老师毛求识,当然,他只得暂时到教三舍另一间房间去住了。我与辉碧走亲访友,特别是到似男家,首次欢聚在喻园。

二十六　江南大好春,征鸿今南归

这一天,终于盼到了。北京化工研究院终于同意将辉碧调来我校,这既要感谢我校的坚定努力,感谢九思同志的高度关注,也要感谢化工研究院的真挚关怀,感谢化工院孙书记等人的深情爱护。我真没想到,从结婚到调动还不到两年,感激之情镌刻心头。

1962年3月18日,我到武昌火车站南站去接辉碧。真乎?梦乎?我当时高兴得难以置信。这种高兴,同时还伴随着一种无比坚贞的信念与决心,一直支持着我们并肩携手并进。那天,我写下了一首诗:

七绝·喜迎辉碧由京调我院工作

1962.3.18 武汉

归车激笛报欢欣,正是江南大好春。

比翼长空朝共产，梅操竹节永坚贞。

辉碧调来了，我们还住在教三舍，还住在二楼，不过，不住在南面，而住在北面，不住在东头，而住在西头，从最西头数过来的第三间，吃饭全在当时的教工一食堂，即今天教工俱乐部一楼。食堂西头买饭买菜，也有餐桌，东头就全是餐桌。东头楼上就是理发店。值得写一笔的是，到2015年暑假，全校没有变的地方可能就是这个理发店，60多年了！

辉碧来后，我们买了一个手提搪瓷饭盒，一共四层，最下层是最大（最高）的，用来盛饭，中间两层盛菜盛汤，上面一个小碟盛腌菜之类的小菜，再就是覆碗形的盖子，手提铁片架将它们组装在一起。我们能聚在食堂吃，就在食堂吃，若不能，我就带回来，在家吃。

她分在当时的工程物理系，搞原子能原料化学。她所在的教研室称为703教研室，专业称703专业，负责教师是王海龙。在全国执行八字方针"调整、巩固、充实、提高"中，华中工学院所有新办的专业几乎都下马了，工程物理专业自然不例外。

703专业下马了，但招的学生还是读到了毕业。703专业只招了一届学生，这届学生质量不错，有力支援了国防建设，其中有一位毕业生很优秀，叫李定凡，为我国核工业的发展做出了很大贡献，后成为核工业部门的主要领导之一。

二十七　转战三千里，飞驰只七天

父亲在抗日战争期间，在黎川作了好些诗，其中一首七律中的两句我一直记得："一生苦作长途马，万载哀鸣大泽鸿。"

我呢？在新中国成立后，认定了共产党，跟定了共产党，就把父亲那两句的上句改为"一生乐作长途马"，用雷锋的话讲："做一个永不生锈的螺丝钉。"我的确在努力去实践这一心愿。

1962年末，我接到学校交给我的一个临时而紧急的任务，到北京代学校买书，把年终学校还有的钱花完。我到了北京，与有关人员一起，去有关书店选书买书。到 12 月 25 日,突然接到紧急任务,要去工厂安排实习,特别是落实师生实习期间的食宿事项。

从 12 月 25 日到 12 月 31 日,头尾只用了七天,我到了 4 个城市约 10 个工厂,妥善地安排了师生食宿,同有关工厂落实了有关实习事宜。我记得的工厂有北京第一机床厂、北京第二机床厂、天津机床厂、沈阳第一机床厂、沈阳第二机床厂、沈阳第三机床厂、洛阳拖拉机厂、洛阳轴承厂。

当时,还是严冬之际,沈阳之冷可想而知。我的衣服显然带得不够,学校与辉碧十分着急。我可谓"奋不顾身",在我记忆中,只有沈阳是在澡堂旅馆睡了一夜,睡在澡池临时架上木板的大通铺上,其他夜晚全在火车上度过。因为当时我想,这样既省时,又省钱,晚上在火车上,还可在一节车厢车头车尾的电灯下读书,我确实就如此做了。辉碧托她在天津的熟人到天津机床厂找我,在天津火车站寻人,但都没成功。但是,正如同在最后奔向洛阳途中所写的两首诗所表达的心情一样,就是"一生乐作长途马"。

   七绝·离济偶感

1962.12.28 陇海线上

不问垂杨不问泉,晨来午去半天间。
一生乐作长途马,尽瘁奔腾总笑颜。

  五律·在外临时受命,赴四市安排毕业实习,事毕,归途书怀

1962.12.28 陇海线上

   转战三千里,飞驰只七天。
   茫郊风雪浴,闹市步车连。
   心有红阳照,行遵宝卷言。
   劳筋骨何惧?为革命心甜!

回到学校是阳历 12 月 31 日,任务完成了,大家很高兴,辉碧倾诉了她的思念之情与焦急之心,并告诉我,她托天津一位朋友多次到天津站

找过我,想要送棉衣给我到沈阳御寒,生怕我在沈阳冻病了。我听了深为感动,也很内疚。然而,总的是,高高兴兴地首次在自己家中迎接新年元旦。

二十八　在家首次一起过春节

在家首次过春节,这是我自己领悟最深的幸福之家。这个家,是我"成家立业"的家,是我多年梦寐以求的家,是我新航程的启航、导航、护航、续航的家。自此之后,我的人生航程就充分说明了这点。

我常讲,我有三个故乡:第一个是湖口,这是我出生的地方,还是我度过少年时期的地方,也可以说,是一般意义上的故乡;第二个是南昌,是我走上革命道路的地方;第三个是武汉,是我成长与成熟的地方。我一生四分之三以上的岁月就是在武汉度过的,而这个"四分之三以上"的岁月,绝大部分又是与辉碧一起度过的。其实,那四分之一也远没有四分之一那么多,10岁以下的岁月,儿时岁月,能记住多少?!

这个"四分之三以上"的岁月,第一个春节就是在1962年。是的,我与辉碧还有亲戚在我们学校,我的侄女杨似男一家,辉碧的表弟王运赣也在我校。事情就是如此凑巧!这就是哲学所讲的必然寓于偶然之中。我与辉碧只两人,而他们两家,每家都远超过两人,王运赣一家那时已经是三代人了。

王运赣成家后,爱人在膳食部门工作,刚好管理第一教工食堂财务。王运赣与抚养他成长的外婆、舅舅一家住在一起,是一大家人。似男的爱人孙盛海,是南下干部,负责学校人事工作,一直到他离休。到我当选为院士的消息公布不久,也就是1992年,他不幸中风去世。

到似男家,最大特色是包饺子、吃饺子,这是北方人过春节的特色。孙盛海做最难的事——擀面做饺子皮,擀完面,做好饺子皮,他就参与包饺子。那时,似男已有5个孩子了,最小的刚学走路。

到运赣家,则是典型的南方风味,红烧、清炖,当然还有湖北武汉的特色菜——"藕煨汤"。煨汤的藕一定要粉藕,野藕瘦长,一定粉;粗胖的藕,外表好看,但不一定粉,不粉就甜脆,做炒藕片、炒藕丁、凉拌藕片,妙不可言。

辉碧是她外婆一手带大的,她的外婆与运赣的外婆是妯娌,关系很亲,可以说,似男一家与我有血缘关系,运赣一家与辉碧也很亲。的确,这是我与辉碧在家首次过春节,当然乐在其中!

二十九 微恙无碍

"向雷锋同志学习!"毛泽东赞扬雷锋,号召全国人民向雷锋同志学习,是在 1963 年 3 月。

1963 年 3 月至 4 月,我正在沈阳指导毕业实习,主要精力还是在沈阳第一机床厂,兼顾沈阳第二、第三机床厂,生活在浓烟滚滚的铁西区。在那次实习中,我病了一场,尽管病不算重,但也不是"微恙",咳嗽浓痰不止,衣袋里放了纸、手帕用来对付吐出的痰。给家中的信,给学校的信,信的内容都是唐代岑参的一句诗的写法,"凭君传语报平安"。凭理性,凭感情,只能如此,必须如此;更何况,正在学习雷锋。

在病中,我很有感触,心中涌出一首七绝:

七绝 · 病中书怀

1963.4 沈阳

丹心向日映云天,共产新兵意志坚。

南雁北来双翼健,岂教微恙碍高骞!

原诗最后一句是"风波曲折不能圆"。这个世纪初,我在修改存稿时,杭州孔汝煌教授对原诗做了加工,并将末句改成现在这句,行文更为雅达。孔教授对我在这世纪初至今的诗稿给了很多指导、修改与帮助,在这篇"钩沉"中写下这几笔,以表深深感激之情。

"向雷锋同志学习"的号召,震动了一大批要求为人民服务的同志的心灵。雷锋是湖南人,但使他成为永垂不朽新时代的典范,与之有关的地方就是沈阳。他是在沈阳牺牲的。毛泽东同志为他题词,中央领导也为他题词,后来国家规定了3月5日为"学雷锋日",以他身为普通一兵而牺牲的这一天为学雷锋日,作为对他永远的怀念与真诚的尊敬。

雷锋牺牲时,我正在沈阳带毕业实习。有关雷锋事迹的报道,我们师生都在认真学习。读了中央领导的题词,特别是读了周恩来同志长长的四句题词,我十分感动,从这一题词出发,作了一首七律:

七律·赞雷锋精神

1963.3 沈阳

> 中华儿女竞雄风,灿烂螺钉亮九重;
> 有限敢教无限化,小河奋汇大河宏;
> 言行一致无朝夜,爱憎分明胜夏冬。
> 映日征旗红别样,汗青长照此心同。

"汗青长照此心同",就是我学习雷锋的情感与决心。

三十　似"回"跃进中,景色不全同

三年天灾人祸给国民经济带来了巨大困难。经过三年"调整、巩固、充实、提高"八字方针的坚决贯彻,严重困难的岁月已经过去,形势正在迅速好转。

喻家山下也反映出全国形势,而且八字方针在继续贯彻,最终落实到提高教学质量上。现在看来,学校在继续贯彻八字方针中,提高教学质量还没受到当时"反右倾"的影响。当时写的几首诗可以反映这一点。

七绝·除夕前夜同机六同学联欢

1963.12.30 武汉

> 欢歌曼舞满琳琅,送旧迎新祝愿长。
> 形势蒸蒸朝气勃,天高海阔任鹏翔。

当时本科生是五年制,机制专业有一批本科生是由中专考进来的,

"大跃进"中成为主力,耽误了不少课,现在得补课,多念一年书,就成为"六"年级了,所以这个班也称为"机六"班。

七绝·除夕喜赋

1963.12.31 武汉

乍似重回"五八"中,者番景色不全同。

红旗更舞东风劲,怒卷摧修换世风。

中苏关系还没有破裂时,在莫斯科庆祝十月革命的大会上,毛泽东同志引用了《红楼梦》中"东风压倒西风"这一俗语,时至1963年,这个东风就是指反对修正主义的东风了。

七绝·教研室同志元旦欢聚

1964.1.1 武汉

微雨寒风怎敌春?儿童歌舞乐津津。

满房共话同心语,势必惊人创绩新。

这里的儿童,有的今天还在喻家山下,也已是五六十岁的人了。

七绝·为贺年画片配诗(三首)

1964.1.3-4 武汉

其一

东风盛作万花红,瑰丽山河笑映中。

振翅齐飞云水阔,雄心直指九霄重。

其二

斜笛轻舟月戏波,低眉微笑意如何?

欢吹今日阳春曲,激奏神州跃进多。

其三

屹立擎天柱至珍,何愁大地起妖尘。

雄文四卷光辉射,瑞气氤京有北辰。

我真心相信,国内外情况与1958年已不相同了,但排除万难、力争上游的雄心朝气,依然勃勃。

三十一　喜读毛泽东诗词十首

1964年上旬,报刊上发表了毛泽东同志诗词十首。

我一贯挚爱中华诗词,特别是唐宋诗词。毛泽东的诗词,公开发表过的,没公开发表过的,我全念了。这次发表的十首,有的就是第一次发表的。显然,这次发表是针对当时形势的,有的放矢。念了这十首诗词,我心潮澎湃,当即写下七律一首。

　　七律·喜读新发表毛主席诗词十首

　　　　　　　　　　1964.1.6 武汉

　　序属寒冬世是春,祥光万里荡妖尘。
　　梅香雪地骄飞雪,松劲云峰藐乱云。
　　慧启金睛察鬼蜮,雄挥铁帚扫虫麇。
　　神州日出风雷激,四海欢呼绝妙文!

读过毛泽东诗词的人,都可以从这些诗词中找到与本首诗有关的诗句与词汇。

"风雨送春归,飞雪迎春到,已是悬崖百丈冰,犹有花枝俏。"

"暮色苍茫看劲松,乱云飞渡仍从容。"

"僧是愚氓犹可训,妖为鬼蜮必成灾。"

"金猴奋起千钧棒,玉宇澄清万里埃。"

"四海翻腾云水怒,五洲震荡风雷激。"

……

在这十首诗中,有的是第一次发表的,有的创作于"围剿"之时。当时红军正处在被"围剿"之际,被国民党军队追逼,国民党妄图彻底围歼与剿灭红军,从而一举杀尽共产党,甚至喊出了"宁可错杀一千,不可放走一个"这样极为恶毒的口号,而且确实在如此实行,用"白骨遍郊野,百里无鸡鸣"来形容当时的惨状,一点儿也不过分。毛泽东不但胜利地指挥了反"围剿",粉碎了敌人的"围剿"之梦,而且以浪漫的文采,写下了四首词:

《清平乐·蒋桂战争》1929年秋

《减字木兰花·广昌路上》1930年2月

《蝶恋花·从汀州向长沙》1930年9月

《渔家傲·反第一次大"围剿"》1931年早春

这四首词,就是在极为艰难的时候创作的,这个时期毛泽东成功地领导了革命,粉碎了敌人妄图一举消灭红军的白日梦。张辉瓒被红军活捉了,"齐声唤,前头捉了张辉瓒";何应钦当帅,失败了;蒋介石坐镇南昌,亲自指挥战斗,也失败了。德国军事高参的军事策略也无济于事。毛泽东豪迈地写下了"有人泣,为营步步嗟何及"的慷慨诗句,这个人指的就是当时心狠手毒的蒋介石。

到了1964年,赫鲁晓夫一样心狠手毒,誓要将中国共产党置之死地而后快。但他们都失败了!中国人民终于站起来了!

三十二　莫道异乡为异客

"文革"前,专业教师的寒假,都是在工厂带毕业实习。何况,"大跃进"对高校有严重教训:千万不要把基本教学环节、基本教学内容、基本教学方法搞坏,下厂实习这一基本环节要抓严抓紧。

济南第一机床厂也算是我的老朋友了,那时的山东工学院机制专业的教师与我很熟,特别是艾兴教授与我联系特别多,他是江西抚州(临川)人,讲着我十分熟悉的抚州话,让我倍感亲切。抚州(临川)在宋朝是才子之乡,在唐初,王勃在其名篇《滕王阁序》中就有"光照临川之笔"这一对抚州的赞誉之词。每次到济南,我一定会去山东工学院看老朋友。

济南第一机床厂有不少熟人,这次实习中,借着雅兴,我给三车间的一位张师傅送了一首诗:

五绝·赠济南第一机床厂三车间张师傅

语是他乡语,恩唯阶级恩。

内心同凤愿,永举赤旗吟。

山东工学院机制专业的老师陪我同游名胜古迹时,我也写了几首诗,内有:

七绝·游趵突泉

翻空突地趵飞泉,热气氤蒸数九天。

漱石应难清冷句,雄词已告换人间。

第三句就是在讲李清照这位宋代杰出女诗人了,她有一首气壮山河的诗篇:生当作人杰,死亦为鬼雄。至今思项羽,不肯过江东。展现出最宝贵的爱国本色。

七绝·游大明湖

群山素裹灿晶湖,山涌泉飞壮此都。

可叹老残无奈辈,书成意寄为谁呼?!

第三四句,显然是对刘鹗《老残游记》的评价。

这一年在济南过春节。三年经济困难已过,一切正在欣欣向荣,我在大家高高兴兴过春节期间,怎能没有感慨?

七绝·春节感赠同学

新春欢聚赞泉城,祝酒黎民福满倾。

莫道异乡为异客,相逢无不暖亲声。

《七绝·春节感赠同学》中的第三句显然是在与王维的"独在异乡为异客"唱反调了。

三十三 此日展程新,洪炉好炼人

长江万载朝东湃,红心百岁唯阳爱。此日展程新,洪炉好炼人。

船头凝目立,欢涌心潮急。白浪接蓝天,飞航直向前。

这是1964年6月6日我在去上海的轮船上填的词——《菩萨蛮·赴上海机床厂劳动锻炼,船上长江寄语》。

1964年2月中旬至3月上半月初,我在济南带毕业实习,但实习还没带完,学校就突然要我回校,我只能把带实习的任务交给其他老师,

3月12日,我离开济南。离开时,仍觉依依不舍,写下一首七绝:

　　七绝·离济赠前来送别的同学

　　心潮激沸语频频,共产同奔战谊纯。

　　岂止依依来惜别,万花齐放织阳春。

我还记得学生中有两位女学生,一位叫何蕙芬,一位叫任淑英,其他学生的姓名我记不起来了。

回校后,我才知道,教育部根据实际情况,决定选派年轻优秀教师,到工厂农村参加劳动锻炼一年,目的是培养理论联系实际的骨干教师。我十分愿意去,为了感谢组织的培养与关心,我激动地写下了七绝一首:

　　七绝·春归

　　遍地东风遍地茵,嫣红姹紫舞香尘。

　　万条杨柳系春住,不怕寒流肆入频。

不久以后,我又写了一首七绝,表明我深知干部参加劳动,与劳动人民心贴心、同呼吸、共命运的重要意义。作为一名共产党员,做不到在情感上与第一线的工人大众打成一片,那怎么行?!

　　七绝·报载各地干部纷纷参加劳动

　　斩绝锄清万恶根,风雷激荡净癌尘。

　　为民公仆亲劳作,漫地红梅报晓春。

我从济南回到学校,知道了要去上海机床厂劳动锻炼一年的事情。教育部决心很大,各校选派的教师都是骨干教师,到上海机床厂的有西安交大屈梁生、天津大学彭商贤、华南工学院苏树珊、合肥机械学院黄翀夫妇等各院校的一批中青年教师,而且青年教师居多。

我从来没有深入接触过磨削加工、磨床,也就没有深入涉及过上海主要机床产品的问题,而上海机床厂是机械部十八"罗汉"厂中较关键的机床厂之一,并紧密关系着军工生产,从而在业务上我也得认真准备一下了。辉碧与似男夫妇当然十分关心我的准备工作。

"此日展程新,洪炉好炼人。"这诗句就是我的认识与我的决心!

三十四　耕耘哪问田何处

酒美肴珍意更长，新春共度好时光。
耕耘哪问田何处，应是他乡亦我乡！

这是1965年春节2月1日我赠给王时正同志的一首诗。王时正是上海机床厂高级技师，在设计科工作，地道工人出身，是技术方面的负责人，大家既尊重他，又亲热地喊他王师傅。遵照教育部的指示，一批高校的中青年骨干教师到工厂对口参加实践锻炼，我到了上海机床厂，分到设计科王时正师傅的手下，王师傅又联系与安排我参加磨床试验研究工作。试验的对象是一台刚进口的日本生产的平面磨床，这台平面磨床采用了很多新技术，自动化程度也很高，上海厂决心吃透它。

上海工业产品优质，机床也优质，何况是机械部十八"罗汉"厂的老大——上海机床厂的产品。上海机床厂极其重视产品质量，谈一个"题内话"的"题外"例子，那时上海机床厂还附带生产刮胡须的双面刀片，每天在我们到厂参加锻炼的这批教师的寝室前面，倾倒了许多废刀片。我们到废刀片的垃圾中找一找，天啦，我们认为还大可使用的刀片真不少！这不是浪费，而是质量要求极严。真是一丝不苟，让人极为感慨！

从我到厂至写下本文开头的这首诗，满打满算，还不够10个月，时间不长，但我同厂内的有关部门、有关人员的关系处理得还算不错。我想，我到厂是老老实实来学习的，一是要学习，二是绝不要增加麻烦。来学习，就不可能不增加麻烦，因此，就要为厂的有关单位、人员做更多的事，做这些事不但要抵得上增加的麻烦，同时也绝无"我做得够了"这一心态。从心灵深处，就要认为必须这样做，才睡得香，吃得安。

我们到厂锻炼的教师与工厂的有关人员相处得都不错，王时正师傅经常关心我的工作，到1965年5月底，我们期满快离开上海机床厂时，机床厂同志特地邀请我们到上海城隍庙的豫园欢聚，我十分有感触地写了一首诗。

七绝·豫园欢聚

1965.5.29 上海

上海机床厂同志送别在厂教师,欢游豫园。

九曲栏桥水映天,叠山折径榭廊连。

襟怀日月长相嘱,情在把杯谈笑间。

后来,也可说,从那时一直至今,我都把在上海机床厂实践的那一年,作为我一生旅程的重要一站,也是思想业务的加油站。

三十五　水银灯下情深

在上海机床厂的一年,可以说,就是与赵民孚同志在水银灯下度过的一年。

上海机床厂的同志在哲学的"两点论"上做得很不错。在机床行业中,对待先进科技上,既在战略上敢于蔑视困难,又在战术上高度重视困难;在技术干部选拔上,既重视高校培育出的优秀人才,又大胆培养从生产一线涌现出的杰出工人技术干部。王时正技师的放手培养就是一例,与我一起工作的赵民孚同志的破格提拔又是一例。赵民孚是地道工人出身,而当时是技术骨干。我在上海的一年,就是同他一起,在试验室中,在日光灯下,对一台刚从日本进口的先进的磨床进行试验研究、吃透消化的一年。最后,我们向上海厂交了一份满意的答卷。当然,高度关心这一试验的还有厂的技术第一、二把手:总工程师李良同,技术负责人周勤之(现在是工程院院士)。科研部门负责人也一直在抓这件事,我清楚记得的两位科研技术骨干,一位可能叫曹婉倩(女),是留苏回国的副博士,在改革开放后期,我国承认可作为我国博士学位对待;另一位是我国一所名校毕业的优秀本科生曹葆牛。此外,还有其他技术人员,如万彦民等。他们都一直在关注着我与赵民孚的试验工作,同我们一起研讨有关技术问题。对这台平面磨床的试验研究,我们写了大量实验报告,数据曲线一大堆,结论得出了不少。

有次,这台磨床不知什么地方出了问题,突然停机不动了,瘫在那里,大家找来找去,不知毛病出在何处。我就待在机床旁边,反复琢磨,对着机床有关技术图纸,一条条进行可能性分析。最终,我恍然大悟,认为很可能是在电气线路上有处弹簧松了,电线断了,导致机床停了。我赶紧去一查,果不其然,确系如此。弹簧一拧紧,一切正常了。赵民孚来看,大为高兴,他感动地讲:"杨老师真不错,不但能文,而且能武,真是文武结合!我们就是要这样的知识分子!"是的,"分析好,大有益",没有对这台磨床的实践,怎么能有基础来解决这一问题呢?离开上海时,我写了一首诗,表达了自己的感激之情。

七律·谢赵民孚等同志

1965.6.26 黄浦江上

掀江沸海激深情,超美抛苏越朽英。
指点精醇怀热切,言行模范见丹诚。
水银灯下经寒暑,鼙鼓声中伏鲦鲲。
风雨归舟珍惜别,海天明月共潮生。

三十六　几件大事几首诗

先要解题。题目不是讲,一首诗对应一件大事,发生了几件大事,就对应写了几首诗。题目是讲,我在上海机床厂期间,的确发生了几件大事,有的对全国乃至对世界都是大事,对我来说当然也是大事,而有的只对我是大事,而且我写了诗的也不算什么大事,只是有感而发,或用孔子的话讲,是用以"兴、观、群、怨"而已。

七绝·船离吴淞口感赋
惊涛万顷出吴淞,劈浪迎风气势雄。
别了申江归去也,新程已始不言中。

七绝·感忆上海机床厂劳动锻炼

巨轮急转火花披,汗透衣衫志不疲。
要学青松历风雨,永迎红日举红旗。

七绝·参观万吨水压机喜赋(两首)

其一

宝卷光芒破雾迷,危峰险道任扬蹄。
万斤顽铁庞然样,把汝轻揉作软泥。

其二

东风劲势压西风,伏虎降龙夺化工。
拔类超群歌"万吨",向隅何处哭途穷。

七律·欣感

无限春光绿尽昂,奇花竞地吐奇香。
英雄叱咤风云怒,宵小唏嘘昼夜慌。
碧血丹心垂简册,海胸炬目辟梯航。
红云戈壁摧权霸,万里江山赖武装。

七绝·观夹竹桃感赋

繁花怒放又凝眸,浦水情飞汉水头。
竹马青梅春永驻,一枝聊赠志同俦。

三十七　语寄大江

"愿寄大江相与语",这是我于1965年6月28日写的一首诗中的一句。根据教育部指示,我与兄弟院校一批中青年骨干教师,到工厂实践学习了一年,即 1964 年 6 月上旬至 1965 年 6 月上旬,期满后我乘轮船自沪返汉,这些诗就是在轮船即将抵汉时写下的。

七绝·船离吴淞口感赋

惊涛万顷出吴淞,劈浪迎风气势雄。
别了申江归去也,新程已始不言中。

七绝·感忆上海机床厂劳动锻炼

巨轮急转火花披,汗透衣衫志不疲。
要学青松历风雨,永迎红日举红旗。

七绝·船抵芜湖

健勇江鸥掠细波,夕阳身碎灿金河;
白帆点点悠扬笛,应答山川起颂歌。

七绝·船过湖口

泪眼钟山五度过,新颜焕发耀天河。
楼房栉比田园好,灯火万家乡思多。

七绝·船将抵汉感赋(三首)

其一

强欲微休寐不成,船栏斜倚听江声。
洪波淘尽残渣滓,历历晴川照眼明。

其二

瑜珈碧绿叩心声,强欲微休寐不成。
愿寄大江相与语,光辉赤帜手中擎。

其三

隔岁归航更一兵,追来谏往继长征。

闯关越岭新程始,强欲微休寐不成。

6月28日到了学校,还是辉碧在汉口江汉关来接我。中国有句名谚:"久别远别胜新婚。"诚然!信然!一回到学校里的家中,我当天写下诗一首:

七律·抵校

树海楼林大道平,蝉鸣雀跃万花明。

千寻斗志山奔舞,一派豪情海直倾。

路石田泥羞昨末,闯关越险勇今兴。

忠魂应慰来人赤,宝剑倚天照世明。

三十八　首次参加学术会议

现在,高校许多新老领导与学者,特别是我校朱九思同志,在"四人帮"垮台后,在高校中即明确提出了"科研要走在教学前面"这一办学思路。其实,早在"文革"前,他就在这么做了。

当时,在他直接指示与支持下,机械系同机械部及其直属的北京机床研究所在我校合办了"中南机床研究所"。这个研究所,不仅有"名",有"中南机床研究所"这一响当当的名称,而且有"实",有专人来进行研究,以我校知名教授路亚衡先生为首的一批教师、研究生组成了一个专门的研究团队,均属学校编制。那时,我国少数高校刚开始招收研究生,没有博士、硕士这些学位称呼,只称为"研究生"。这个研究所是一个地地道道的实体研究所。

在1965年下半年,可能是八九月,以我校名义由中南机床研究所举办了一次高校校际学术研讨会,会议名称我记不起了。而我报告的主题与内容我都记得清清楚楚。主题是关于对磨床刚度(动刚度、静刚度、热刚度及其稳定性）的研究。这就对机床的"动态"性能有了较为完整的认识。

正因为经过三年的"调整、巩固、充实、提高"，对高校应如何办，大家有了较为深入的认识，举行的这次学术研讨会，也深入人心。地方政府也大力支持。我记得，讨论会在现在的洪山宾馆举行，我的报告是以我与上海机床厂赵民孚、曹葆生、曹婉倩等名义共同发表，其实就是我在上海机床厂与赵民孚共同劳动一年的精华的表达，因为所有结论与数据都是科学试验或实验所得出的。这些结论中，特别是这些数据（包括相应的曲线与表格）中蕴含了客观真实与规律。要提高水平，必须有科研。

那时，机械系有两位全国知名教授，机械制造行业与各校都知道他们。一位是前面讲的路亚衡教授，他紧密结合机床制造行业中一个极为关键的元件"精密蜗轮"的加工开展试验研究，长期同有关制造厂合作，提出了不少宝贵创见，其中不少成了国家制造精密蜗轮的标准，成绩卓越。再一位就是机械系主任陈日曜教授，是"薄切削"的知名专家。要知道，建校之初，甚至到我刚留校任教时，教研室要我搞的第一个研究项目就是立式车床侧刀架的"平衡锤"应该有多重。现在看来，这算什么研究？！然而，这确是当时的现实。

科研，对于一个人，对于一所高校，必不可少！

三十九　首览长安古都

1965年我国高校仍在全力贯彻"调整、巩固、充实、提高"八字方针。10月上半月，教育部在西安交通大学召开了一次会议。我校由我与李德焕参加。

这是我第一次来到祖国大西北，当然也是第一次踏上中华民族的千年古都，多少历史故事似乎在我这个刚过"而立"之年不久的年轻教师眼前一幕幕重演。当时写的两首诗多少可以表达我的心情。

登上大雁塔,我就想到唐代诗人岑参的名诗《与高适、薛据同登慈恩寺浮图》。浮屠(图),梵音,塔也。"救人一命,胜造七级浮屠。"这首诗我至今仍能背诵:"塔势如涌出,孤高耸天空。登临出世界,磴道盘虚空。突兀压神州,峥嵘如鬼工。……净理了可悟,胜因夙所宗。誓将挂冠去,觉道资无穷。"在60年代,大雁塔已不算高了;在今天,那就更渺乎其小了!当时,我写下了绝句一首:

七绝·登大雁塔

1965.10.5 西安

登临拔地欲摩天,凤鸟翩翩美渭川。
未必西天经独好,东方大道永无边。

"凤鸟"就是指历史上的"凤鸣岐山",即周朝兴起的传说。

骊山,是在雨中游览的,更别有一番风味。唐明皇与杨贵妃爱情的传说早已脍炙人口,至于褒乎贬乎,那就仁者见仁、智者见智了,但带来的个人悲剧特别是国家的悲剧,历史早有定论了。至于在国家悲剧中,李杨二人爱情有着多大作用,我也不好过多评论。在雨游骊山时,我也写了七绝一首:

七绝·雨游骊山

长消烽火暖泉流,大雨倾盆为洗羞。
骊跃龙腾昂首啸,开云破雾碧霄游。

后两句,当然是指新中国的时代了。

游览西安,自然就会想到《黄河大合唱》中的一句歌词:"多少英雄的故事,在你的身边扮演。"今日,这个故事还在继续,而且正开始进入又一个更新的高潮。

四十 毕业设计要结合实际

毕业设计,一定要结合实际;工程专业,就必须结合工程实际。这是西安会议上一致的结论。

会议由当时教育部部长杨秀峰主持,我记得会议主要采取座谈会形式。会议快开始时,西安交通大学校长彭康进入会议室,会场起立鼓掌,杨秀峰也不例外。我有点奇怪,一个是部长,一个是校长,怎会这样?后来别人告诉我,彭康的级别比杨秀峰的高,那这就不奇怪了。职别、级别不一,甚至区别很大,这是革命时期乃至新中国成立时期特有的又是必然的现象。这是中国自古以来就有的而且又发展了的必然现象。"贵贵、尊贤,其义一也。"这也是一种优秀的传统。

在会议上,彭康同志致了欢迎辞,欢迎辞不只是一般礼节上的欢迎辞,而且是办教育的内行的讲话,有理论,有实际。杨秀峰同志当然是做主题报告,他代表教育部讲话,系统地阐述了当前如何有效地贯彻党的教育方针,详细讲解了目前应采取的具体措施。有关高校代表也讲了话,李德焕同志代表我校也做了发言,会议开得很活跃,有讨论,有见解。我记得中心之点在于如何解决真题真做与打好基础之间的矛盾。对于所谓的"假题真做",大家认为实际上不能存在,既是"假"题,那么如何来做才算真?!当然,要真题真做,既要慎重选题,又必须有保证措施,教育部还得出台具体政策。总之,大家坚决拥护毕业设计一定要结合实际,这是关键,不能动摇。

在这里不能不提到我们华中工学院首任党委书记彭天琦同志。这时他早已调到西安,是市委负责人之一,可能是第二把手,不过不主管文教。他的夫人鲁奇也同时调到西安市工作,她原在华中工学院担任过机械系的党委负责人。李德焕与我同她很熟,他们夫妇对我与李德焕也十分熟悉。我们去拜访了他们夫妇,老朋友见面分外亲热。虽然,他们都不在文教界工作了,但他们对华中工学院仍旧很有深情,对我们仍然热情款待,老朋友之间倾情交谈。

四十一 调到机械原理教研室

"革命一心良种作。"从上海机床厂回到学校后,我就决定一心一意要做革命良种,播在哪里,就在哪里生根、发芽、开花、结果。

那时,全国正在宣传焦裕禄、王杰这两个光辉典范。学校与系为了加强专业基础课的教学,决定从专业课教研室中的金属切削与刀具教研室抽调饶国定同志(留苏副博士)到专业基础课教研室(机械原理教研室)担任主任,从金属切削机床教研室抽调我担任支部书记。我们两人心甘情愿地服从组织调遣,没有二话就到了机械原理教研室。

在全国学习焦裕禄、王杰时,我写过两首诗,可以代表我当时的思想状态。

五律·赞焦裕禄同志

内心何存己,钟情独及人!

沙狂驱百里,雨猛察千村。

无惧膏肓恶,唯怜骨肉亲。

沛乎苍昊碧,兰考铸忠魂。

七律·赞王杰同志

讴歌王杰继雷锋,东北西南遍伟雄。

革命一心良种作,从军三载宝书忠。

勇洇猛水危何在,争扑燃雷爱满充。

东海泰山相激啸,红阳普照育青松。

我一到机械原理教研室,就逐家逐户登门拜访,与大家打成一片。当时,教研室中年龄最大的是陈敏卿,1952年或1953年大学毕业的,可惜前几年去世了。教研室年龄小又业务好的是肖利民,当时已是培养重点,在"文革"开始后调往外地了。

至今还在喻家山校园内的包括我在内的还有4人。一个是廖道训,当时在教研室中业务几乎是最好的,湖南人,1957年干本校毕业。一个是曾昭华(女),广西人,与廖道训同届,她的爱人就是我入党介绍人之一的雷国璞,两口子现在都很健康。还有一个是杨元山,南昌人,大学一年级与我同入武汉大学,如今,我们都已年过80岁了,他们夫妻健在,子女都争气,也都有孙辈了。

四十二　革命一心良种作

服从革命需要,执行组织决定,1965年底1966年初,学校为了加强基础课建设,将饶国定与我调到机械原理教研室,我们坚决服从,向焦裕禄、王杰同志学习,学好毛主席著作,学好毛主席语录,一定如同雷锋、焦裕禄、王杰同志他们那样,按毛主席的教导办事。

1966年3月,我第一次读到了《毛主席语录》,高兴地写下了一首五律:

五律·自题《毛主席语录》

得《毛主席语录》,内心欣喜,难以言喻,内心幸福,难以表达;然察自己的过去,对之毛主席的教导,又不胜羞愧。遥望北京,誓坚终身之愿:永远忠于毛主席,全心全意为人民服务,志不稍移;纵抛头洒血,即赴汤蹈火,亦心甘情愿。

威力无边大,光辉照万年。

奋身摧旧世,妙手换新天。

愧恨深知少,驱驰始向前。

甘为铺路石,筑上碧峰巅。

的的确确,我更加坚定了"路石田泥,梦寐也甘"的做人做事的信念与决心。直到今天,依然如此。正因为有这么一种心情,眼前的事物与景色都更加美好,以物抒情,以景抒情:

七绝·迎春花

长条披拂灿骄黄,赢得东风换地妆。

堪笑寒潮频袭入,蓬蓬新绿总春光。

七绝·紫荆花

干满枝盈着意开,紫霞簇簇舞飞来。

欢腾悄与东君语,春色神州胜锦裁!

这的确是当时的心情,我不是没有能力去搞自己的业务,也不是没有时间去搞自己的业务,而是要全力支持教研室教师把业务搞上去,把生活安排好。

肖利民是教研室重点培养的青年教师,做空间啮合原理的研究,以及做数学上的空间变换研究,这些我没学过,也不懂。其实对于我来说,我只要花些时间就可学懂弄懂,但我一点也没去学,而是与饶国定同志合作,挑起党支部书记的任务,逐家逐人,了解困难,帮助解决困难。我力求机械原理教研室思想业务双丰收,任何困难、任何寒潮也挡不住蓬蓬春色,机械原理教研室的确在蓬勃发展。

四十三 服务到家 支持到人

在1965年底1966年初,我与饶国定同志调到机械原理教研室后,我们两人合作得很好,教研室同志也很齐心,面貌天天新,表扬常常见,心情舒畅,劲头十足。

教研室中,年龄最长的陈敏卿同志工作特别积极。他家有具体困难,组织上一一帮忙解决。他爱人在校外工作,下班才能回家,家中有两三个小孩,有不少家务事要做。我就常去他家,甚至帮忙打扫垃圾、擦桌椅、抹窗户,诚心诚意,绝无做作。他家孩子同我十分亲热,直到后来还想念着我。

对于青年教师肖利民,我们则千方百计创造条件,让他快点冲上去。可惜在"文革"中,他调往湖南,不过"文革"后我们还保持了联系。

调到机械原理教研室时,正是全国学习毛主席著作的高潮,也是学习焦裕禄、王杰、欧阳海、麦贤得等英雄模范的高潮,一句话,即是学习他们怎么学习毛主席著作的高潮。4月,我拿到了《毛主席语录》,除了前面讲的所写的五律一首外,我还写了两首七绝。

七绝·再自题《毛主席语录》

人间若个最堪斟?灿烂春阳永暖心。

漫道雄关等闲越,改天换地莫逡巡。

七绝·又自题《毛主席语录》
俗庸似沐脱凡身,服务人民境界新!
教诲朝朝勤践诵,中华崛起净妖尘。

这种学习,绝非停留在纸面上,口头上,而是联系实际,见诸行动,一心一意要把教研室搞上去。至今还在机械原理教研室的同志们,都会赞同用毛泽东同志词中的"忆往昔峥嵘岁月稠"来表达今天对那时的认识与感情。

第六章 教师生涯之二:1966年至1976年

一 日记中断了

我写日记,由来已久。在我记忆中,抗日胜利回湖口念初二时,我可能就写日记了。为什么写?孔子的接班人曾子讲:"吾日三省吾身。为人谋而不忠乎?与朋友交而不信乎?传不习乎?"后来由于时局变动,时代变换,日记也没写下去了。

直到我留在南昌参加工作,工作中又获得上级团组织奖励,奖励中有一本红色封面的纪念本,约32开那么大,很美,用作什么好?应该作为一件永久的纪念。我决定用它做日记本,再写日记。这应该是1951年7月至1952年初的事情了!到"文革"开始,已写了15年之久了!

"文革"一开始,我在日记中还在"斗私批修","三省吾身",用当时的话讲,"狠斗私字一闪念";然而,事远不如人愿,天天斗,天天改,还在天天错,老是错,老是挨批评;那么,这个日记怎么写?说透些,写真的,如同以往一样,坚持真理,修正错误,那么什么是正确?什么是错误?我从来耻于讲假话,从来没有讲过假话,"人无信不立",扪心自问,我一生从未讲过假话。那只能不写了!

日记中断十分可惜。后来,我多次想恢复,但没有多大劲头了,何况要写的内容远没有过去多了,又总不能重写所回忆的往事。

日记本,我找了多次,没找到。十几本日记我绝没有毁掉,"平生不做亏心事,夜半敲门心不惊",我想,一定还在! 多次搬家,搬来搬去,搬到何处去了,要好好想想了。如果日记本还在,这《往事钩沉》,就好写多了,甚至篇章基本上都可以照搬。

日记本虽没找到,但所幸的是我喜读爱写的中华诗词,当时写下的诗词,在2014年我生病前,还记得十分清楚,又与一些朋友交流过;后来又收集整理,拟交付出版,杭州的孔汝煌教授为了诗集的出版,从改稿到排序,都付出了大量心血。这些诗词多少可以一补日记失去之缺。在这篇"钩沉"中,再次多谢孔教授。中国古谚云:"受人之惠,不忘于心。"

二 村春来了

1968年1月,村春到了我与辉碧的身边,我们这个家才完美地成为一个家。

1968年,我与辉碧都35岁了,我们也不想生孩子了。我与辉碧两人的同胞兄弟姐妹中,所生的孩子各有4个了。我与辉碧反复商量,一致同意把她弟弟最小的女儿接过来,作为亲女儿,改名叫"杨村春"。村春,即是农村的春天。重要原因之一,是因为要执行中央决定,下农村去斗、批、改。尽管去农村斗、批、改是第二年的事,但大家都有思想准备,而且在生活上也做好了准备。

往事历历如潮,清楚在目。1968年1月,辉碧以化学老师的身份,在上海指导无线电材料专业学生实习,抽空到她弟弟工作的江西玉山县,把她弟弟最小的女儿带来,先带到上海,放在化学教研室教师于翰卿家中,托于翰卿的母亲照顾几天。村春十分好带,同我们都很亲热。实习结束,就从上海带回了武汉。

我去汉口码头接到她们,一回房间,我就把带蓝宽条的长形(可能是"立式")大帆布旅行袋放到房间内,村春高兴得很,拍着手,踮起足尖,绕着旅行袋跳舞,实际上是芭蕾舞姿,唱着毛主席语录歌:"我们应该相信群众,我们应该相信党,这是两条根本的原理。如果怀疑这两条原理,那就什么事情也做不成了。"当时的语录歌,不少谱得都十分好听,而且与语录的内容、精神极为一致。

村春一来,就十分适应,与我们所住东四舍三楼的小朋友玩得十分和谐,走东家,到西家,一天到晚乐呵呵的。而且,我们吃住的条件,比她在玉山由阿姨带,住吃都在阿姨家时的卫生条件与饮食质量都大有改善。她一来,就服了打蛔虫的药,打出了大量蛔虫,来到后长得也很快,我们十分高兴。

村春跳舞颇有天赋,可惜我一点也不会跳,辉碧无空也无兴趣去跳。现在回想,当时若能如今天的孩子一样来培养,很可能去学舞蹈了。每当我谈到王安石《伤仲永》一文时,就会发出类似的感叹!

村春来后,我教她识字写字,最早的五个字就是"毛主席万岁"。她坐在我怀里,我一笔一画、手把手教她写。这都是我们真挚的感情。送她上幼儿园,幼儿园大门左右两根砖砌的方柱上,题有"工人阶级必须领导一切,工人阶级能够领导一切"字样的对联,刚进幼儿园的大门,我就教她念,她至今记得清清楚楚,一切情景,历历在目。

三　学大庆,学大寨,学解放军

"文革"开始了。

在我的思想上,一方面,确实混乱。但另一方面,我又很清楚。但总的方面,从未动摇过我的理想,从未动摇过我永远跟着中国共产党走的决心,从未动摇过在党的领导下我们最终必将走向胜利的信心。

下面几首诗词就是一个明证:

　　七律·赞 32111 英雄钻井队

集体英雄谱赞歌,天钦地佩感山河。

翻腾火海冲霄赤,咆哮烟流劈岭过。

死重泰山皆慷慨,心悬明镜岂蹉跎。

血融脑刻身行健,化作中华壮志多。

这是歌颂大庆的,而歌颂解放军的就更多了。

七律·赞蔡永祥同志

风呼海啸壮歌讴,热爱人民壮志道。
四十米弘山岳重,青春火炽愿心酬。
朝巡夕护天安望,秒夺分争共产求。
红日当空万方暖,新人一代灿春秋。

七律·欢呼我国核导弹成功发射

猛似春雷落九天,彩虹万里动心弦。
长空喜舞真雄屹,大地惊摇恶霸颠。
自力更生凭斗志,终除封锁赖科研。
帝修狗崽凄惶吠,美梦南柯泣幻烟。

不但"文革"开始时如此,在"文革"中,也是如此!一个共产党员的坚定信仰从未被动摇过。

四 破雾穿云劈怒风

1968年1月,村春来到我与辉碧的身边,这个家真像个家了。村春又十分亲我们,爸爸、妈妈喊个不停。我们带她看过长江,看过大桥,我还特别抱着她,步行过长江大桥,还停在桥上,靠着桥上栏杆,欣赏长江壮丽景色。

这年10月上旬,南京长江大桥通车。我抱着村春步行过武汉长江大桥时,凭栏眺望。长江在武汉,基本上是由南流向北,向下游看去,就是向北看去,浩瀚的水面向北而下,而向上游看去,就是向南看去,大江以澎湃气势奔流由南而来。"孤帆远影碧空尽,唯见长江天际流"这一名句便涌上心头。这个"天际"是指下游,是指北;但是,有一种解释,讲唐诗中的"天际"是指上游。而在李白的《黄鹤楼送孟浩然之广陵》这首千古名篇中"天际"是指上游,指南面,还是指下游,指北面?自是公说公有理、婆说婆有理了。

在当时,我想到现实,但在现实中,在"是非"当时尚未分清时,我该怎么办?现实中大是大非总得分清!南京长江大桥通车,总是一件大好事,我们国家还在前进。这次带村春游长江大桥是10月初。在大桥上,我浮想联翩,写下了七律一首:

> 七律·喜闻南京长江大桥铁路桥通车
>
> 裁钢剪铁织飞虹,破雾穿云劈怒风。
> 脚踩长江千里浪,胸滔大海万重峰。
> 金陵虎踞真新貌,天堑鞭投非旧容。
> 天堑通途今又是,等闲飞越看征鸿。

尽管当时是非难分,皂白难辨,但我坚信,总有一天,是非皂白,一定分得清楚。

当时,我背着、抱着、牵着村春走过长江大桥,她"爸爸"叫个不停,问题提个不断,我深感她会比我们这一代幸福。她来武汉前,连电影也没看过。第一次看电影,是看动画片《半夜鸡叫》,她老是不停地跟我说:"爸爸,周扒皮是坏人!坏人怎么上电影?""爸爸,叫人把周扒皮抓起来!"

电影看多了,孩子慢慢地也就懂了!但在那个岁月,电影就只有几部——《地雷战》、《地道战》、《南征北战》。这些电影的台词,孩子们都背得出来。到后来,看电影的孩子几乎可以和电影中同时讲出接下来的台词了!

五　雪舞冰封,凛冽狂飙作

时间进入1969年初,我依然被"搁置"在一旁。至于是否真正被"搁置",今天也大可不必追究了解了。

这个冬天,很冷,雪特别大,真是"千里冰封,万里雪飘",我哪真正有心去欣赏这武汉少有的大雪美景?!"诗言志,歌咏言。"我以物抒情,当时写下了词一首,词牌用了《苏幕遮》,这个词牌下有首著名的词,是范仲淹写的:"碧云天,黄叶地。秋色连波,波上寒烟翠。……明月楼高休独倚。酒入愁肠,化作相思泪。"

  苏幕遮·春节观雪景

  灿银妆,辉玉琢。雪舞冰封,凛冽狂飙作。骨傲姿英松劲搏,出世横空,星斗雄枝托。　　太阳升,生意着。春暖神州,冷失寒消却。烈火燎原天地阔。力着东风,要烬假丑恶。

尽管当时,身处无可奈何之中,然而,心向太阳,心向共产党,心向毛主席,从未动摇,更无改变。我深信"冬天到了,春天难道还远吗?"一定很快会"春暖神州,冷失寒消却"!

同时,报刊电台频频报道解放军英雄模范事迹,与自己自新中国成立以来所见所闻所感,那么吻合,那么一致!那时,又有大量有关边防战士的报道,更深有感触,就写下了七律一首:

  七律·献给我国人民解放军边防战士

  导师缔造创奇勋,中国人民解放军!

  历史千年颠倒正,边疆万里警严巡;

  披星沐雨征寒暑,伏浪降峰破乌云。

  钢铁长城屹然立,光同日月耀乾坤。

诗中第三句,就是毛泽东同志在延安观看歌颂造反英雄的评剧时所讲的一段话,把过去被颠倒的历史颠倒了过来。新中国的成立,就是将中国被颠倒了的历史颠倒了过来,"中国人民站起来了!"大风大浪并不可怕,人类就是在大风大浪中走过来的。当时,我就认为"文化大革命"不过就是中国人民又在经历一次大风大浪而已。

六　孩童应晓春秋

　　1968年1月,村春来到了我们身边。1969年8月上半月,我的侄儿杨晓坛,十五六岁了,也从北京哥哥处到武汉来玩,玩了10余天。当然,是让他自己自由自主地去玩,但我这个做叔叔的,免不了要陪他玩一玩武汉,何况,这时我个人还是十分自由自在的,没有什么限制。当然,要离开学校,我还是得按规矩请假。晓坛的妹妹杨小珠、表妹黄农红也先后来武汉玩过。我对他们这些小孩,都是同样的喜欢,同样的接待。

　　我带着村春,陪晓坛走过长江大桥,乘轮渡过长江,一起去逛了东湖风景区,可惜的是,一张照片也没有留下。晓坛现在也过60岁了,在北京退休了。他在武汉10多天中,我有感而写了诗词五首。

　　　　临江仙·携晓坛、村春游长江大桥(两首)

　　　　　　其一

　　天际奔来天际去,波澜壮阔神州。桥飞天险胜虹浮。深情通粤海,厚意接燕幽。　　宏亮钟声江汉绕,钢花直上云头。风吹浪打砥中流。龟蛇凭使唤,鹦鹤任遨游。

　　　　　　其二

　　指点江山名胜地,孩童应晓春秋。滔滔涤尽旧王侯。今朝欢幸笑,昔日苦悲愁。　　辟地开天毛主席,群英砥柱中流。风吹浪打等闲悠。引吭歌水调,挥手纵飞舟。

　　　　临江仙·携晓坛、村春登乘轮渡江(两首)

　　　　　　其一

　　万笛千帆争疾驶,横空劲卧苍龙。大江东去势无穷。心神驰五老,魂梦绕双钟①。　　爽气西来楼傲笀,钢花喜映晴空。鹦飞鹤舞赞歌中。三吴烟浪去,心与九江同。

---

① "五老"指庐山五老峰,"双钟"指家乡湖口的上、下石钟山。

其二

不羡王侯羡雅士,当歌对酒心雄,灰飞樯橹哭曹公;清词留赤壁,遗响托悲风。　解放炮声长夜尽,顿教天堑途通。春秋二十展图宏;来朝三峡改,指日九州同。

五律·携晓坛、村春游东湖风景区

十载非常过,携儿畅此游。
登楼烟水阔,拍岸浪涛逑。
竹树千层静,风云万里流。
东湖高爽好,前日已新秋。

10年前,即1959年毕业不久,曾来东湖一游,当时东湖岂能谓风景区,远待开发,那时至我写下这首诗时,瞬间10年了。而今,我到武汉已60年了!"逝者如斯,不舍昼夜。"一个甲子了!

七　去咸宁,立志宏

1969年11月,学校去到咸宁。下旬,机械系(大队)到高寨(当时称为"大队",机械系称为"一大队"),学校指挥部到马桥(当时称指挥部,即"工人、解放军毛泽东思想宣传队"指挥部,指挥部是学校最高领导机关),指挥长是武汉空军司令部的一位师级干部,叫刘崑山。

当时,我十分渴望到农村去劳动,去"斗、批、改"。系(大队)决定让我与有关同志到咸宁打前站,系所在地点为咸宁高寨大队,离指挥部所在的马桥不算太远,走路不到1个小时吧!

11月下旬,得知我将去咸宁高寨打前站,我十分高兴,辉碧连夜为我做出发的准备,当下填了《忆王孙》词两首。

忆王孙·因夜深辉碧为我即将赴咸宁斗、批、改赶制衣着有感(两首)

其一

月寒星冷意融浓,万线千针密密缝。此去咸宁斗志红。感无穷,试看书生敢立功。

其二

廿年岁月竞峥嵘,舞剧英姿喜与逢①。漫道雄关几险重!?两心同,携手长征永向东。

七律·将赴咸宁、嘱女

殷殷嘱女向阳红,常仰英雄报国衷。

莫谓今朝年幼小,要知来日任宏崇。

青松劲健苗须正,赤县辉煌志应雄。

此日我行明汝去,终生奋斗为工农。

"舞剧英姿",我在"钩沉"中已多次讲了,指1949年12月一次会上,见到辉碧在小歌舞剧中的演出,永不会忘。

八 咸宁"序曲"

这篇"钩沉"的题目取为《咸宁"序曲"》,第一是讲地点在咸宁,第二是"序曲",序曲还打了个引号,个中滋味大可体会。这个序曲,祸耶?福耶?非耶?是耶?一分为二,有祸有福,有非有是。问题在于怎么去看。应该说,咸宁的岁月,高寨的光阴,"文革"的历史,在于如何认识,在于如何对待,在于如何化害为利。"不怨天,不尤人,下学而上达",鉴古而利今。

这个"序曲"开始是兴奋、赞扬的,有诗为证:

五绝·争接先遣急任,明午即赴咸宁马桥

急任争先闻,马桥飞马缰。

当空红日照,苦累亦情长!

---

① 1949年12月一次入团宣誓仪式会上,辉碧在小歌舞剧《朱大嫂送鸡蛋》中扮演朱大嫂,我一见印象极深。

七绝·乘车离武汉赴咸宁途中

蓝天谁写彩云章,唤我华年欲引吭。
回首廿年多少事,心潮澎湃胜春江。

七绝·到咸宁县马桥区

水绕峰回到马桥,崭新战斗始今朝。
先遣应即先锋作,振鬣扬鞭自奋豪。

七绝·救火

冲霄烈焰夜空沦,步急心焦伟示徇。
何惧纷纷砖瓦下,飞身火海救亲人。

七绝·渡淦河

往复飞舟渡淦河,晶莹碧透映情多。
青山两岸多深意,击水中流慷慨歌。

诗中"击水中流"显然既出于我国故典,又是毛泽东同志的"到中流击水,浪遏飞舟"的引用,以抒当时的决心与豪情。

"文革"以后,过了相当长的一段时间,我才知道,实际上,由于家庭复杂社会关系的原因,且侄儿又在台湾,所以在1969年我已被列为"审查对象"。

九 "岂信乌云能蔽日"

"岂信乌云能蔽日,晴空万里噪昏鸦。"

从1969年12月初至1970年5月10日的这段时间,我在咸宁高寨大队受隔离审查,审查我是否为"潜伏特务",可以说,审之有因,查无实据,人身自由得以恢复,"案情"疑点直到"四人帮"垮台后,方得以彻底消除。

3月,仍在审查期间,我作为一个共产党员,襟怀坦荡,从无悲观,感而成诗一首。

七律·突蒙"潜伏特务"之嫌而遭隔离感书

"莫须有"罪突然加,白璧无端辱大瑕。
盟誓坚贞无垢隐,献身奋搏可清查。①
心忠不必玩虚伪,骨硬何容计怨嗟。
岂信乌云能蔽日,晴空万里噪昏鸦。

我扪心自问,入党以来,甚至自从我认识党、宁愿一生做一个党外布尔什维克以来,言行无愧于党,至于言行是否真的对,对多少,是否事与愿违,那是另一回事了。

"实事求是",这是毛泽东同志为中央党校题的校训,是毛泽东思想的精髓,是马克思主义基本原理同中国实际的成功结合。作为一个共产党员,绝对不能为了什么而对党讲假话。"心忠不必玩虚伪。"何况,从幼时懂事以来,汉代"四知"太守杨震的故事,就深深刻在我心坎中,"天知,地知,你知,我知",古人尚明"四知",以弄虚作假为耻,今天一个共产党员为什么反而不能?!

在隔离受审查期间,群众对我的真挚关心,不能不使我由衷感动。当时,我一切行动,都有人做伴,实为"监视",以防种种意外。教研室中的教师当然得轮流值班。我记得极其清楚,当我外出放牛时,陈敏卿经常值班。当无他人时,他经常问我:"你需要什么?你想做什么?告诉我,我会去做。我完全了解你的为人。"我经常为之感动落泪,"昏鸦"能有几只?

十 为农学圃是洪炉

1970年初春,大地已解冻,而我正值受隔离审查高潮期,止被"冻"

---

① 献身,指1949年5月解放,献身革命至今整21年;盟誓,指1956年2月入党,宣誓为党至此时整14年。

着,然而我内心毫无"冻"味,甚至也无寒意,而认为世界上一般从无绝对的好,也无绝对的坏,我正在承受锻炼。

我清楚记得,4月中旬,春色始展,一切欣欣向荣。我特地查了一下手头材料,那是4月14日,上午还是要我"好好思考,认真交代",陈敏卿同志又在陪着我。我们拿着小木凳,坐在田间空地上,春阳照遍大地,嫩绿娇黄打扮着田野,农民正忙着犁田,送肥至田间者络绎不绝,一切都那么富有活力,上面要我"交代",我没有什么上面所希望的可以交代的东西,然而,无边春色却凝成了一首七律。

七律·春景

红黄蓝紫白毡铺,绿野青山饰彩图。

日暖风和播玉种,眉飞色舞落银锄;

鞭牛吆喝惊雷似,担粪飞奔闪电如。

锻铁成钢无限力,为农学圃是洪炉。

诗中的"为农学圃"确是当时的心愿。至于写"交代",要我写违背事实、违背心愿、合乎某些人旨意的"交代",那绝不可能。然而,这也正好可以锻炼一个人的意志,检验一个人的信念。

4月下旬,我国成功发射第一颗人造地球卫星,4月25日晚至4月26日一天,我从收音机中一再倾听这一特大喜讯,又一次"心潮澎湃胜春江",写下七律两首。

七律·欢呼我国成功发射第一颗人造地球卫星(两首)

其一

《东方红》曲最宏雄,此日龙腾撼太空。

绕地卫星姿曼丽,巡天火箭势豪雄。

奇光灿烂民欢仰,妙乐铿锵世喜崇。

喜满春风今更告:炎黄此日访鸿濛。

其二

四海翻腾换旧容,《东方红》更送东风。

宏思伟力真无敌,壮志奇勋昔未逢。

遨游广宇微观渺,邃觅群科造化穷。

"万寿无疆毛主席!"人民永祝此心同。

这确是我当时的认识与心愿。

十一　翻疑梦里逢

"还作江南会,翻疑梦里逢。"这是唐代诗人戴叔伦一首名诗《江乡故人偶集客舍》中的两句。把这两句修改为"还作今朝会,翻疑梦里逢",表达 1970 年 5 月 10 日我在马桥见到辉碧的心情,真是恰当。

1970 年初,我因"潜伏特务"之嫌,隔离审查,时时被"启发",处处遭"监视",丧失了人身自由。今日看来,事情似出有因,确查无任何实据。

约在 5 月 8 日或 9 日,指挥长刘崐山同志到各系(当时称"大队")检查"斗、批、改"进展情况。到了高寨,了解机一系("一大队")情况:所有遭审查的人,只要承认审查得对,肯认错或肯"服罪",都从宽处理,即使是外部矛盾(即敌我矛盾),也按内部矛盾处理,"一大队"几乎全部都处理了,没有被隔离、被审查的人了。唯一例外的是我,因为我什么都不肯承认,何况要我承认我是潜伏很深的特务。

刘指挥长问是怎么查出来的,答复是分析出来的;又问有什么确切的事实为依据,答复是没有。从武汉查到北京,从我成长的地方武汉查到我的老家湖口,可以说,与我有关的地方,不惜代价,都派人去查了,但结论就是没有实据。刘指挥长一听,立即果断决定:一定要立即放出来,一定要立即恢复人身自由。

我认真记下了:5 月 10 日上午,他们告诉我,我可以自由行动,不需有人跟着了,问我想不想去马桥,要去现在就可以去;还讲要先去理个发,换换衣服。这在当时太突然了,简直是喜出望外了。早餐后,我理发、换衣完毕,一口气赶到马桥,见到了 3 个多月未见的辉碧。那天回来后我写下了一首诗,诗前还有一段长长的感想。

五律·马桥喜晤辉碧书怀

今年初,突加"潜伏特务"之嫌之帽。3月初,开始隔离,严加审查,面对非实材料,襟怀坦然,绝不妄语。至于所谓马桥也已揭发,心知这系指所谓的辉碧也已交代,更不值一顾,我们俩人,志同共产,情融事业,对党忠诚,绝无虚伪,坚信我的问题必将查清。5月10日上午告我,可自由行动,可至马桥探亲;午后至马桥,与辉碧晤,相见情无限,有感于怀,赋此。

深恋十年后,于飞又十年。

风波诚考验,情感更贞坚。

三月音书绝,两心魂梦牵。

烟云一回首,脉脉复绵绵。

十二　誓为一线美庖厨

1970年9月,机械系(即当时的"一大队")由高寨迁至学校的向阳湖农场。这实际上,标志着下乡"斗、批、改"告一阶段。

所谓告一阶段,即"斗、批、改"不在校外、不在农民居住的农村搞了,而是在校内搞,不只是斗与批,而且要结合高校实际,要改革、要实践。军宣队、工宣队也陆续撤出了学校,学校许多原来的党政领导也逐步回到原工作岗位上工作了,学校工作逐步恢复正常。

至于"文革"中的"斗、批、改"对象,按五类处理,一、二类回学校,搞科研、教学,三类留在咸宁办的学校农场,四类下放到省五七干校劳动,五类下放到湖北潜江安家落户,做农民。但学校有一条很有远见的规定:工资关系一律不转,一律由学校发给。这是一条大有见识的举措。工资关系不转,就意味着拿工资的人的关系还属于学校。正因为如此,"九一三"事件后,所有下放人员统统回到了学校,下放到潜江当农民的,后来也全部都是教学、科研骨干,而且几乎都成了学术带头人。历史的颠倒又颠倒了过来。真令人深思。

由于完全可以理解、也无须再去寻思的原因,辉碧作为骨干,回了学校,从事科研、教学,还负责化学教研室的一部分领导工作。她所在的九大队(基础课部)的军宣队负责人张宝淑(女)、工宣队负责人夏锦庆(劳动模范,身负工伤)十分相信辉碧。我呢?政策上不许把一个家庭拆开,我个人又不够条件回校,只能留在学校的农场了,至少每10天可回校一次。留在农场的,不能全是第三类的人,还得掺入一些可依靠的骨干。总负责人就是后来没回工厂、留校从事人事后勤领导工作的夏锦庆师傅,至今,逢春节过新年我还会给他打电话祝贺节日。

对于我的情况,审查、审查、再审查,事似出有因,而查来查去,确无实据,就要我负责机械系食堂工作,名曰"食堂管理员",有职有权,实在显示出对我的信任,我也十分感动,愿尽全力办好食堂。1971年10月,为此,我填词一首可以为证。

临江仙·学校向阳湖农场劳动书怀

去年9月由高寨迁至学校向阳湖农场,至今一年多了。先在农场一线劳动,后调入一大队食堂,任管理员。

清碧向阳湖水醉,天然境色宽余。为农学圃醒醍醐:砍柴知岭险,披雨识途污。　　受命膳房充统领,同心聚智谋图:誓为一线美庖厨!众人端碗笑,对月也心舒。

十三　同心聚智,绝不谋私

"誓为一线美庖厨!"这是我与食堂全体管理人员的心愿。不谋私,不为己,一心为"五七"战士。常言道,常在河边走,哪能不湿鞋。我们全体管理人员可以无愧地讲:人在厨房内,绝无多吃多占之事!至今回首,仍可丝毫无愧!

当时食堂管理人员一共5个:管理员我、会计周庆丽、出纳邓秀儒(已病故),采购李标荣、傅明辉。我们5人有个自觉的约定:绝不多吃多占。而且,我们这5个人绝不比"五七"战士吃得好。

吃饭顺序是:开饭前,厨房师傅先吃,他们就那么几个人,他们爱怎么吃,就怎么吃,我们不管;开饭,我们帮忙开饭;"五七"战士吃完后,我们管理人员再吃,吃的质量决不能超过"五七"战士的标准。这是绝对要办到的。厨房师傅要照顾我们,我们也婉言谢绝。是的,我们管理人员当时就是如此,雷锋、王杰就在我们心头。今天讲起来,似乎是神话。然而,当时确是实际情况。

当时我们食堂养了一头猪,大家叫它"高寨猪",是从高寨带来的,来时有二三十斤,养了一年多,长到了四五百斤,我们舍不得吃。据说,1972年1月初我们一返校,来农场劳动锻炼的学校人员,就把猪杀掉吃了。我们听了真有说不出的滋味。

"文革"后,李标荣、傅明辉才告诉我,我到食堂时,上面有人向他们打了招呼,说我不是没有问题的,所以几天要开一次会,帮助我认识问题,如若可能,要我进一步交代问题,有情况,要及时汇报。他们两人讲:"从你来开始,直到今天的一贯表现,清清楚楚表明,你会有什么问题?!"他们还讲:"到了让我们开你的会的时间,我们就讲:'没有空!''要去采购!''要去买小猪!'"因为那时食堂有泔水,泔水养猪,一举两得。总而言之,他们对上面来的那些有关要我开会、检查的指示,一概巧妙拒绝,因为民生第一,"五七"战士吃饭问题第一。

李标荣同志虽然是学电的,但其心灵手巧,木工活、钳工活、家务活、一切动手的活,都干得好。他唯一的一个女儿李誉,与我家的关系很好,至今她还在照顾瘫在床上难以动弹的爸爸。

我们5人,同心聚智,绝不谋私,风格高尚,成绩斐然,经得起历史与现实的任何检验!

十四 往事宜尘瘗

"往事宜尘瘗。"这是1971年12月31日我由农场回到学校的感受。从1969年11月30日赴咸宁,到我这次返校,实际上是第一次返校,也是在这期间的唯一一次返回学校,已有两年零一个月了。其间,变化诸多,有什么样的感受,万言难以讲尽,万字也难写清。

难讲尽,难写清,但也得表达,好在"诗言志"。当即写了一首五律。

五律·农场返校书怀

1969年11月30日由学校赴咸宁马桥参加学校的"斗、批、改",昨日,即1971年12月31日,由咸宁向阳湖学校农场返校。其间,两年零一个月,变化诸多,不胜感慨。

> 昨日还家乐,今朝岁又新。
>
> 恍然如隔世,悟罢实销魂。
>
> 往事宜尘瘗,新程应骥奔。
>
> 抚心无愧作,岂负党员身。

新程者,实际上可说是老程中断后的继续,因为我返校前已被告知,返校后要回到机械制造专业教研室,不再在机械原理教研室了。我记得,机械原理教研室当时也不存在了,同有关教研室合并为机械设计基础教研室了。

当时,高等学校"招"生了,是推荐形式的,即地方政府推荐工农兵学员"上大学,管大学,用毛泽东思想改造大学"。学制三年。系的组织是师生混编,教师与学生编在一起,统一组织领导。我记得十分清楚,我到系报到后,就找到党支部的宣传委员问我要做什么,要写什么,她还没毕业,十分客气地讲:"杨老师,你认为写什么好,就写什么吧!"她叫刘玉华,后来她的爱人是她同班同学,叫杜润生,他们都留校了,杜润生"能文"、"能武",对己要求极严,从不争名争利;我们一直在一起工作。他是我后来工作中的有力支柱。刘玉华成了我所在院、系党组织领导人之一,全心全意为师生服务。至今我们来往十分密切。我十分赞成我们学校的做法,没有将留校的工农兵学员以各种方式不加分析地统统调离学校。当然,朱儿思同志起了很大的作用。

12月31日上午,我回到学校,立即到幼儿园去接我的女儿村春,她刚下课,上厕所去了,我站在走廊上等她。她从厕所中走出来,我立刻喊她:"村春! 村春!"她转过身,开始一见我,瞪着眼望着我,呆呆地站着,过了一会,立刻惊喜地扑到我怀中,喊道:"爸爸!爸爸!"我讲:"爸爸回来了!向老师请个假,回家去!"

我抱着村春回家,她一路喊着:"爸爸!爸爸!"我沉思着,想到两年多以前,我兴高采烈、斗志昂扬地在学校汽车间乘车赴咸宁打前站时的情景,辉碧抱着她来送我,她不让我走,一直喊着:"我要我的爸爸!我要我的爸爸!"现在爸爸终于又能和她在一起了!

十五 何日欢歌动地

1973年,邓小平同志复出,在邓小平同志的直接领导下,全国各行业各部门开始了整顿,全国"动乱"成了一个烂摊子,整顿哪有那么容易?!但不整顿,那绝对不行了!当时,武汉的工厂流行一个段子,"七上八下九走光,下午去喝酸梅汤"。工厂无人干活,单位松松垮垮,上午7点"上"一下班,报个到,8点就下班了,下午呢?到工厂喝酸梅汤去,享受劳保待遇。这样,只有消费,没有生产,这个社会怎么能延续下去?!

作为一个共产党员,我怎不忧心忡忡。中秋那天,即9月11日那天,天下着雨,云遮雨盖,到了第三天,明月高照,对月诵读苏轼著名词作《水调歌头》,感而和之。

水调歌头·书赠仲兄

前日中秋雨,今宵碧空长。清辉万里凉彻,丹桂溢奇香。何日欢歌动地?直入婵娟宫里,也教换新妆。邀得素娥舞,人世已沧桑。　　钟山下,黎水岸,是儿乡。年华四十,风风雨雨健而康。会有天高海阔,任凭鹰飞鱼跃,大地尽文章。寄语京城去,对月共壶觞。

是的,最后两句就是苏轼的诗句"但愿人长久,千里共婵娟"的翻版。

"何日欢歌动地?"1971年年底返校,1972年在学校,熟人遇到熟人,往往是谁也不知谁受了什么审查,有了什么问题,得了什么处理,目前情况又是如何,因此往往只能带着漠然一笑,擦身而过。

我们在咸宁期间,村春一直寄宿住在幼儿园,似男常去探望一下。

而似男也遭审查,因为新中国成立前她是地下党,亲哥哥又是蒋经国亲信,在台湾定居。她到底是什么问题?如此等等"莫须有"的问题,弄得人们从咸宁回来后,哪敢彼此直接接触?!这一切不能不令我有着"何日欢歌动地"之叹!

农历八月十七日,中秋后两日的夜里,"清辉万里凉彻,丹桂溢奇香",我望月怎能不思潮如涌,抚今思昔,展望未来,在东四舍外,漫步很久,国事家事,齐上心头。北京哥哥处,樟树姐姐处,还有甘肃西峰妹妹处,又是如何呢?

反复沉思,结论只有一个:"会有天高海阔,任凭鹰飞鱼跃,大地尽文章。"历史就是如此!现实还是如此!

十六 直接受"整顿"之惠

1973年,是值得大书特书的一年。就是这一年,邓小平同志复出,直接领导全国经济工作,对经济工作进行整顿,经济形势有了重大变化。

经济工作全国整顿,机械工业不会例外,机床工业不会例外,机床的各个行业当然也不会例外。这年春,我受命赴沈阳中捷友谊机床厂(即沈阳第二机床厂)参加国内外卧式镗床技术水平分析。从1965年冬我到沈阳参加机械加工方面的学术会议至这时,已近8年了。怎能没有感慨?!当即写下七绝一首:

七绝·沈阳工作感赋

今年春,为卧式镗床技术的发展做好准备,受命赴沈阳中捷友谊机床厂参加国内外卧式镗床技术水平分析。从1965年冬到沈阳参加学术会议至今,近八年了。

一别沈阳忽八年,今来参汇谱新篇。

水平分析宏献献,卧式镗床勇率先。

当时参加这一工作的同志有5位,大多数来自工厂、研究所,来自学校的在我记忆中只有我一个,幸而我保存了当时的一张照片,照片横顶上写的是，"钻镗所领导和镗床水平分析组全体合影"。中间坐着9人，前排蹲有6人，后排站着11人，唯一的女同志在后排左侧，时间为1973年11月，这是十分珍贵的一份资料。

到来的专家除中捷床的同志与我以外，我清楚记得有一位是南京机床厂的张工程师，他很聪明，思维十分灵敏，讲话极为风趣。他讲，他有两个女儿，是双胞胎，长得极相像，除了他爱人能迅速分辨外，外人分不出，他一时也分不清，平时靠不同衣服来区别。还有一位姓董，我们都叫他小董，是专家组中最年轻的，在合肥还是在安庆一家工厂工作。其他人我记不起了。

除了沈阳外，我们这个专家组到了上海、北京、南京、合肥、芜湖、武汉等地进行考察，其中有制造厂，还有使用厂。当时，工厂都不景气，只有合肥（或是芜湖）一家劳改厂除外，这家工厂，工作紧张，秩序井然，环境清洁，效率很高。当时我们专家组讲，要是全国工厂工作都如此，就好了！我们到过的工厂，哪家能如此？！这种情况不整顿怎么行？！

我负责的工作，是结合调查得来的资料，大量阅读近若干年俄文有关文献摘录，那时，我的俄文专业资料阅读能力完全同"文革"开始前一样，我尽量阅读，尽量汇集，尽量分析，任务完成得很出色，各方面关系也处理得很好，心情十分舒畅，因为没白花时间。

工作结束后，大家依依惜别。

十七　此身乐与兴三线

"浩劫"十年，我扪心自问，除了涉及要我个人"交代"、"检查"、"表态"等"莫须有"的浪费时光外，我作为一个共产党员，没有浪费时光去谋私利，就是在病中，我仍在努力"俯首甘为孺子牛"。

从沈阳回校后不久，即1973年底，我碰到了大学一年级同学、汽车专业的季峻，他原名季福生，他到我们学校找朱九思同志，请求支持二汽办学，派教师去讲课，九思同志就派了我们一批有关的教师去。

二汽在"文革"时期经历了艰难的岁月。毛泽东同志从战略着眼,要在三线建厂,建国防工业有关的厂,听说他讲过,建好后,即使没钱,他也要骑着驴子去看一看。二汽是同国防密切相关的工厂,主要完成国防生产任务,生产军用卡车,有能力,就再生产些货车,但也军用。我大学一年级的同学季峻、他的爱人严令山(同班同学),还有我们一年级的同学黄立昌都从一汽调到十堰,来建二汽。黄立昌的爱人马克定,也是她同班同学,是院系调整中调整到一起的。他们都是原长春汽车拖拉机学院本科毕业生,季峻留校,其他人均在一汽工作。为了支援二汽,他们都从长春到鄂西北大山区投身三线建设,季峻心甘情愿地随严令山南下,从事工厂职业教育。

二汽高度重视教育。建厂一开始,就抓紧职工业余教育。季峻也乐意献身工厂业余教育,何况是他所熟悉的汽车制造行业。

11月,我在二汽写了一首诗,表达了当时的心情。

七律·在第二汽车制造厂为其职工大学授课感怀

万壑群山作战场,朝朝授业不辞忙。

高瞻领导精筹划,密意朋生[①]问健康。

"十怪"[②]何奇艰建厂,千难哪怕勇肩梁。

此身乐与兴"三线",好伴"东风"绿四方。[③]

我为季峻献身教育事业、为大型企业的教育事业而献身的精神所感动,为他为二汽(今天称为东风公司)的教育事业奉献而高兴。据我所知,今天的湖北汽车工业学院即是由一个企业办的一所职工业余教育学校,发展成为今天国家正式承认的学校,可以在全国招生,毕业有正规本科文凭,而且在向更高水平攀登,这十分难得,再也找不出第二个例子了。而如今,季峻早已病瘫了,应该说,早已累瘫了。他是由湖北省任命

[①] 朋,指大学同年级同学季峻、严令山、黄立昌等老朋友,他们分别在二汽职工大学、二汽技术中心等单位任有领导职务。生,指职工大学的在职工人、职员学员。

[②] "十怪",指二汽在十堰建厂,极其艰苦,暂时出现的所谓"十怪"现象。

[③] 二汽建设属"三线"重点建设。"东风"为二汽所设计与制造的汽车牌号,寓"东风压倒西风"之意。

的校长,且一再获得国家级、省级劳模的称号。应该说,季峻的家庭尤其是严令山对他的支持功不可没,他瘫痪后只能靠轮椅代步,讲话极其不清,必须由严令山代为翻译,才能同外界交流。我写上这一段,是"为了不能忘却的纪念"。

十八　　好伴"东风"绿四方

"好伴'东风'绿四方。"这确是我当时兴奋之情的真实写照。

二汽首先是军工企业,按当时的指导思想,建设在鄂西北的大山沟里。我一到二汽,见到每个分厂都建有很完善的排水沟道系统,我就讲:"厂厂都有沟道!"与我一起到二汽的章崇义讲:"老杨,你讲颠倒了,应该是沟中有厂,才会有厂中有沟!"我一怔,恍然大悟,瞪着眼对章崇义讲:"还是你会讲话,因为沟中有厂,才出现厂中有沟,因果不能颠倒啊!"

二汽非常重视教育。当时二汽第一把手黄正夏同志就是在职学习,在我校学习。当时有关重点高校都依照中央安排,重点培养一批关键企业的骨干,每一个人都有专门的具体培养安排,从基础课到专业课,从理论教学到实践实习,措施可行,并一一落实。这些骨干都是来自一线的工农兵出身的优秀人才。他们都经历了一个系统的培养,几乎全成了大型企业的领导骨干。二汽也不例外,据我所知,黄正夏同志就极为拔尖,是我校负责培养的,而后来他的继任者,如李东波同志也不例外。

正因为如此,二汽自建厂起,就重视教育,不仅有专人,而且有专门机构,办职工大学,抓职工教育,李东波同志亲自找到朱九思同志请求给予大力支持,而九思同志也认真支持,从基础课到专业课的教学都大力支持。我与章崇义同志到来时,已是上最后的专业课了,课程结束,就要结合工厂实际进入毕业实践的环节了。

上课地点有两个:一在张湾,是二汽党政领导机关与二汽技术中心所在处;一在花果,相隔很远。所以,我们两人如同前面已来过的教师一样,住在张湾二汽招待所中。

我们两人分了工,星期一、三、五,一个人在张湾授课,星期二、四、五,一个人在花果授课。工厂业余教育必须以服从生产大局为第一位,何况,二汽给在学习的学员许多优惠条件,已非易事。章崇义讲机械制造工艺学,我讲机床设计。就是说,每个上午都有课,另外,还有两个下午,在车间现场教学,约2个小时,这就是讲了28节课。最累的是下午在现场的教学,上午讲了4节,下午还要扯开嗓子讲2节,嗓子都嘶哑了;季峻一家很关心我们,招待所的服务员也关心,告知"胖大海"这味中药泡水喝有用。我们尝试了一下,果然生效,几乎可谓是"立竿见影"。

工作的确累,但心情实在好。星期天,季峻家就经常请吃饭,似乎从无什么粮食定量供应之虑。黄立昌家住得较远,去得很少。

"好伴'东风'绿四方"的心情一直激励着我。

十九　宏图绘,车流望接天

"此身乐与兴'三线'",第一次赴二汽职工大学授课时的亲身经历与感受,听到的、看到的、感受到的一切,使我深深体会到什么叫创业,什么叫战天斗地,我在诗中写下的"'十怪'何奇艰建厂,千难哪怕勇肩梁",就是二汽给我的震撼与我内心的共鸣。一个人,一个革命者,一个共产党员,就该这么活着。

到二汽职工大学授课,星期一至星期六,一周上28节课,其中有两个下午4个小时在车间的现场教学,够累了;然而,人际关系那么令人鼓舞,可谓"身累不知疲"。职工大学学员对我们的关心,嘘寒问暖,绝无一点做作。我清楚记得,有一次一位学员拿了一件他的军大衣,披在我身上,讲:"杨老师,您穿着,您暖在身上,我就喜在心上。"其中有一位个子较高大的学员,叫赵百代,他今天还在二汽教育口,还在湖北汽车工业学院工作,我们还有来往。像赵百代这样致力于教育事业的同志绝非一个,应该说不少,而这与二汽领导真心实意重视教育,与以季峻为代表的骨干认真办教育,是分不开的。

我记得,在全国学雷锋时,报道了一个县一级的基层干部,叫杨水才,他有一句名言,叫作"小车不倒只管推"。我之所以引用杨水才同志这一句名言,不仅有其一般的意义,而且有特殊含义。因为在二汽职工大学办学之始,几乎一无所有,一切都得靠自己,季峻原是教机械制图课的,在二汽职工大学重操旧业,他不但是职工大学重要领导核心之一(另一位是黄正平),而且管教学业务,还教机械制图课,推着小车,到二汽分厂,去寻找、去选择、去运回有关的机械零部件,从未闲过,这不正是"小车不倒只管推"吗?!

1974年11月27日,我结束教学任务,返回学校,那时,汽车必须经过郧县(今十堰市郧阳区),乘长途车还得在郧县中转,方能到达武汉。路上时间较长,在返校途中感而赋得七律。

七律·离十堰返武昌途中有感书寄立昌、令山、季峻同志

澎湃奔流廿二年,深情长忆珞珈巅。

凭阑纵目烟波阔,举桨飞舟景色妍。

昔日欢逢歌伟业,今朝乐聚盼新篇。

千峰万壑宏图绘,来日车流望接天。

二十　小病常有,健康报家

"风寒感冒寻常事,写入家书总健康。"

父亲追随孙中山先生远离家乡从事革命活动时,写下了一系列诗篇。其中有一首七绝,末两句就是上面两句,这两句写得真实、情深、动人,我一直记得。

1975年上半年,我第二次到二汽,继续教学工作。其间恰好碰上了二汽全厂上上下下集中力量攻关,要攻下当时的技术难点、生产难点。职工大学也停了课,师生共同参加攻关,而且职工大学学员中不少是有经验的师傅、技术能手,我就同大家一起参加攻关,学员中能手汇聚,也的确攻下了一些难关,解决了一些难题。后来看来,这在当时是个必然

现象,因为"只争朝夕",许多"带病"进厂的设备,甚至还未掌握相关技术,就直接投入使用了,使用中不出问题才怪。此时,我不慎生病,咳嗽不停,浓痰不断,只能服药治疗,二汽职大领导与学员,特别是季峻夫妇非常关心我,病中想到父亲那首诗,便模仿着写了一首七绝。

七绝·病中感怀

凌云壮志在征途,爱把丹心作路铺。

小病微伤常有事,唯将康健报家书。

是的,咬咬牙,身上多带些手绢与废纸,也可以对付过去。教学工作依然坚持下去,绝不能影响教学的进度。

在攻关中,一不小心,手指破了些皮,有个伤口,为了防止感染,用酒精将伤口消了消毒,擦了一些碘酒,没想到却很快过敏了,我突然"昏"倒。当时,外界的一切我都听得清清楚楚,就是眼睛睁不开,嘴巴张不开,四肢无力,身不由己。只听见周围的同志忧心忡忡的声音:"怎么搞的?晕过去了!"大家把我放在担架上,准备抬走抢救。然而,十几分钟后,我醒过来了,连忙坐了起来,告诉大家:"我没事!我没事!继续攻关!"攻关继续了下去。一直到今天,在住院打针前的所有"试敏"中,我从无"过敏"现象,连"试敏"处也无较为明显的"过敏"现象,更未在任何场合发生过因"过敏"而休克的事情。

在攻关后,为纪念这次"休克事件",写了一首七律。

七律·二汽职工大学学院暂停课,共同参加全厂技术攻关书怀

暂把车间作课堂,攻关昼夜只平常。

师生勠力纡筹策,技智交辉拓战场。

休克突临诚小恙,难题终解属真强。

大山沟里栖龙凤,绿染东风即故乡。

攻关一段时期,一切恢复正常,职大照常上课。

二十一　人世亦丹丘

1975年5月,我正在二汽职工大学参加学校师生停课与全厂职工合

力攻关,我因手指破了,敷药过敏,休克了十几分钟,接着我被强迫休息了几天,这惊动了不少朋友前来看我。其中有一位是谁,我怎么也记不起来了,问别人,也记不起来了,当时他带了一幅武当山的长卷画给我看。一列群峰,武当山也屹立其中,武当山顶的金顶也画了几笔,耸于山顶。

好一幅长卷!我这个人,爹妈给我的艺术素质太差,唱歌五音不全,对绘画好坏难辨,我也苦恼过,但有什么用呢?但是这幅长卷的气势不凡,我连忙讲:"不错!不错!"拿这幅长卷来的朋友问我:"你能否题首诗?我希望你题!"

我答应了,当即写了一首五律,后来又修改了一下,送给了这位朋友。不知道为什么,当时我没留底,但在我编诗集的时候,别人将此诗抄给了我。我为谁而写?谁又送给了我?愿将来有人告诉我。

五律·题武当山画

1975.5 十堰

一柱擎天立,千峰纵目收。

浮云藏玉带,飞壁托琼楼;

鎏顶万家血,开山几度秋?!

今朝歌胜迹,人世亦丹丘。

这首诗最后一句,原为"粪土旧王侯"。一位好朋友,也是一位多才多艺的诗人,建议改为"人世亦丹丘"。这一改,好!诗词爱好者都知道,"粪土旧王侯"是从毛泽东同志诗词中来的。

毛泽东同志1925年填的词《沁园春·长沙》中有:"指点江山,激扬文字,粪土当年万户侯。"毛泽东同志当时的情况与他所处的环境与我们大为不同了。这位朋友笑着讲,毛泽东同志在后来的诗词中,讲到秦皇、汉武、唐宗、宋祖、魏武、成吉思汗等时,只是有所批评,毫无"粪土"之意。"粪土"要改一改才好。

我完全同意他的看法,将"粪土旧王侯"改为"人世亦丹丘"。读过《唐诗三百首》的人都知道,韩翃的《同题仙游观》这首七律,最后两句是

"何用别寻方外去，人间亦自有丹丘"。

是改得好！大山沟中的二汽在那时何尝不是人间的丹丘呢？来到二汽的建设者何尝不是"观"中的高人呢？

二十二 合办班

"合办班"就是厂校合作办的大学班级。

在二汽与学校多年合作中，各展所长，各取其惠，在"开门办学"的思想指导下，就在原来合作的基础上，办了三个"合办班"，即机制、工企、铸造，学生大体是厂校各半，每个班大体是80人。学校的生源按当时工农兵学员的办班方式，由各地的政府部门推荐，二汽的生源由二汽自己在全二汽来选拔，师资基本上由学校选派。

为了加强学校与二汽的合作，学校赞同二汽的意见，将三个班分别办在设备制造厂（22厂）、铸造一厂和设备修造厂。设备制造厂这个班学校方面由我负责，工厂方面由22厂党委书记负责。

这位书记十分重视教育，他向22厂这个班的学生宣布："工人上班就生产，学生上班就读书，工人下班搞政治活动，学生课余搞政治活动，读书由杨叔子老师负责，他说了算，政治活动我负责，我说了算！"这样一来，我就放开抓学生的业务学习，而且22厂专门选了一位优秀的工人做工宣队员。

为了办好合办班，有关任课教师组成一个教学小组，组长是我，再就是理论力学教师尹肃秋、外语教师刘云程、制图教师刘新、刚毕业的工农兵学员宋龙亚（宋作为政治辅导员），我们四个老师都同学生一样，住在22厂职工集体宿舍。不过，我们老师四人一间，学员就不止四个人了。

为了加强政治工作，学生中有党团组织。同时，以学生力量为主，班上办了一个油印32开的刊物叫《高转速》。我与学生干部一起组稿，每隔2到3天出一次，多表彰好人好事，多激励大家好好学习，而且批评当时一种流行的说法，即讲工农兵学员是"麻袋绣花，底子太差"。这就是说,工农兵学员像麻袋一样,要绣出好花是不可能的,所以,我们工农兵学员一定要好好学习。

每周,除了星期六晚上与星期日上午以外,全都用来学习。而且,星期六白天和星期日晚上全部都是课程重点内容,有的课就由我来讲。可以讲,除外语外,所有的课,从数学到专业课,我都讲过。专业课,既讲课,又教动手。所以,这批学生既能动脑,又能动手,其中一些做法到今天仍有其借鉴意义。

二十三 破浪前进

1975年10月,我校与二汽合办的三个合办班开学。

当时,我们在外"开门办学"的老师并不知国内大形势,更不知趁毛主席病重,"四人帮"疯狂阴谋夺权,舆论工具几乎全部操纵在他们手中。学校来人同我们打招呼,别信报纸,一切听中央的直接指示,听学校的安排。当然,我们就集中精力把合办班办好。

一年级上学期,合办班在22厂;一年级下学期,即1976年上半年,在学校;二年级上学期,即1976年下半年,在二汽。1976年,热天来得特别早,学生到了武汉,热得不行了,在二汽所在的十堰、在鄂西北大山沟住惯了的学生深受炎热的折磨。然而,我们坚持了下来。我清楚记得,8月合办班回到二汽时,下了一场大雨,武汉天气也凉了下来。我们开玩笑讲:"老天在跟我们开玩笑!"

我们办学最大的困难是学生成绩相差太大,好的学生,当时的高中课程全学过,有的还很优秀。差的呢?连最基本的数学知识也没搞清! $1/2+1/3=2/5$! $3^2=?$ 不知道!连括弧也不知道!这些连基本的数学知识也没搞清楚的学生,几乎全部是学校招收的由各个基层推荐来的。应该说,这些学生基本人品不错,就是业务太差了!既来之,则安之,为了不让任何一个阶级兄弟掉队,老师同学尽力帮助,而且从各方面鼓舞他们。现在回头看来,我们的确尽了最大力气,对得起他们,他们也尽了最大的努力,对得起大家。"四人帮"垮台后的一年半,学校招的学生就留在学校,学完后一年半,二汽招的学生,二汽负责完成后一年半的学习。毕业证书都由双方盖印,同等对待。这批毕业生中,有的后来留校了,有的还考取了研究生,相当一部分回到原单位成了骨干,还有少数到了中央有关业务部门成了业务骨干或领导。这是在特定的历史时期特定条件下的"峥嵘岁月稠"吧!

我可以抚心自慰:自己无愧于这段岁月。

二十四　1976!!!

这篇"钩沉"应取什么题目,反过来,覆过去,就是没个主意。偶然,想起了一部苏联电影,我的确很难忘的苏联电影,《难忘的1917》,那么,这篇"钩沉"就取名为《1976!!!》,"难忘的"三个字可删去,三个惊叹号更为深刻。

第一个惊叹号,表示这年特大自然灾害、唐山地震与河南大水,损失惨重,死伤难计。第二个惊叹号,表示周总理、朱总司令、毛主席先后病逝,悲痛难言。第三个惊叹号,表示"四人帮"垮台,举国由衷同欢,中国历史开始出现转折。这充满了大悲大喜的一年,是我国历史上罕见的,"1976!!!"这一标题是合适的。

此外,这三个惊叹号分别还有具体的内涵:

第一个惊叹号表示特大自然灾害,中华大地永留痛迹,中国史册永载伤痕。

第二个惊叹号,即1月8日,周总理病逝,我为此填了一首词《水调歌头·沉痛哀悼周总理》。

水调歌头·沉痛哀悼周总理

风雨齐鸣咽,山水共凄凉,恸惊倾折梁木,噩耗震城乡。举国哀潮急涌,四海悲涛疾卷,别恨与天长。热泪黯然下,凝噎裂肝肠。　　深悼念,旗永举,志恒强,同舟共济,红歌一曲实难忘。飒爽英姿勃勃,锦绣宏图灿灿,代代永珍藏。莫不含悲誓:奋勇向前方!

周总理1967年7月16日晚亲临我校,在露天电影场会见全体师生员工,讲了话,并指挥大家合唱了《大海航行靠舵手》,全校为之振奋,至今深深刻在学校师生员工心中。

7月6日朱总司令病逝,7月23日,唐山大地震,几乎全城覆灭。

第三个惊叹号是9月9日毛主席病逝,那时我与合办班还在二汽,大家悲恸欲绝,无法言喻!当即写下七律一首:

　　七律·沉痛哀悼毛主席(词韵)
　　地恸天悲举国哀,裂心霾耗压长街。
　　丰功不朽铭中外,卓识长存照往来。
　　意厚千秋垂泪念,恩深万代感衷怀。
　　中华儿女承宏愿,玉宇澄清扫浊埃。

大悲不久,10月6日,"四人帮"垮台,举国欢呼,全民同庆,可谓"第二次解放"。不禁写下五律一首:

　　五律·"四人帮"垮台喜赋
　　　　　　　　　　　　　1976.10 十堰
　　打倒"四人帮",为民除祸殃。
　　人间盈正气,史页换新章。
　　背向人心在,疯狂"害"①命亡。
　　江山红不改,斗志永昂扬。

---

① "害",指"四害"、"四人帮"。

第七章 教师生涯之三:1976年至1992年

一 负责到底

从1976年10月6日"四人帮"垮台到1978年3月18日,这近一年半的时间,我一首诗词也没有写过,而且还是中间隔了一年的时间。我查了查手头有的资料,从1956年2月6日入党以来,还未出现过这样的情况。

原因何在?干什么去了?当然是全力对付75113班去了!我必须对这批推荐上大学的工农兵学员负责到底,而且对其中每一个学生我都应尽到我能尽的责任。

"四人帮"垮台后,学校负责招收的机制合办班的学生全部回到学校,班级正式编号为75113班。"75"表示1975年入学,第一个"1"表示机一系,第二个"1"表示机制专业,"3"表示是这个专业的第3个班。

为了负责到底,有关教学上、业务上的事情我能做的都做了。这就是:学校当时有能力办的学校去办,万一当时解决不了的,我就去办。

最为典型的是上业务课。在记忆中,除外语课外(因为我英文发音很不标准,我绝不能害学生,我不去教英文),其他课,我都去上。教力学的尹肃秋老师回他的教研室去了,留下的教学任务多,我就包了。我不仅包了,而且我清楚记得,力学课我一直讲到了"分析力学",超过本科专业要求的水平。75113班有位毕业生,叫张新亚(女),她工作后,很自豪地告诉我,她的力学水平绝对不会比分配到她所在的中科院武汉分院岩土力学研究所的本科毕业生的水平低。

我还是采用老办法,学生只在星期六晚上至星期日下午休息,星期日晚上上课,我亲自上,讲的内容很重要。在二汽22厂办学时,在22厂党委书记坚决支持下,考试照常,坚决抵制当时东北张铁生交白卷的"反潮流"模式。"四人帮"垮台后,我就更敢考试了。没有考试,没有检验,那怎么行?!学生作业,老师没时间改的,我来批改。我记得,75113班中不少学生讲:"杨老师!你真行!什么都懂!"

什么都懂?我实事求是地告诉他们:"不是我水平高,而是你们学的这些都是些ABC!你们学得太少了!"是的,"文革"带来的结果就是如此!

整整一年多,就是对学生负责。1981年开始招收研究生,这个班就有好几个学生考上了研究生。考研,是面对全国的,是全国性的竞争。

二 科学春天好

科学春天好,欣欣万物苏。

繁花生硕果,大笔绘宏图。

道路宽而远,情思美且舒。

回眸伤浩劫,策马莫踌躇。

这是1978年3月18日至3月31日全国科学大会召开时写的一首诗,我校获得多项大奖,我系的段正澄同志也捧回大奖,一对比才发现,"四人帮"横行时代,"万马齐喑究可哀",国运堪忧。而今看到全国欣欣向荣的大好局面,看到郭老的会议主题报告《科学的春天》,我极为振奋,要快马加鞭了!

这年7月,75113班毕业了,三年的朝夕与共、心心相印的情景永远活跃在眼前。毕业留影,并填词一首,永志三年朝夕共处的深情。

苏幕遮·75113班毕业感怀

75113班为我校与第二汽车制造厂合办的机械制造专业班。厂荐与校招的学生约各半。前两年,时间一半在厂,一半在校;后一年厂校各自分别授课。教学工作由我牵头负责。三年,师生情密,教学成绩斐然。毕业前夕,感而赋此。

瑜珈山,花果地,三度春秋,朝夕情相契。生爱师尊堪自慰。没让华年,虚度悲流水。　　课堂中,工厂里,动脑攻书,动手兼攻技。德美才真基础贵。一颗红心,砥柱中流冀。

词中的花果,即二汽的发动机厂所在地,在此就代表二汽。"德美才真基础贵",这是我在一生学习、研究、探索中悟到的前人强调的基础的重要性,这是一条真理。

"万丈高楼从地起。"我讲过,在中学,我待了8年,这8年,一直重视基础,课程上我重视数学。中学时代,那本《范式大代数》的课本我不知翻了多少遍,习题我不知做了多少次。数学是一级包含一级的,即高一级的数学蕴涵或概括低一级的数学,高一级的抽象包含了低一级的抽象。力学的有限元实质上含在研究泛函求极值的"变分法"中。

这年,已在全国开始招收研究生了,那时,招博士生要经国务院学位委员会专业学科组审批。我校机制专业能招博士生的老师只有两人,路亚衡教授与陈日曜教授,路教授用他的名义招的博士生王治藩就交给我指导。从而这年我所指导的研究生除了我招的两位硕士生汪大总与韦庆如(女)以外,还指导了王治藩这位博士生。王治藩是75113班出来的,很聪明,肯努力,在我所在的科研教学团队的发展中做出了重要贡献。科研春色已开始到来了。

三　飞越方知天地阔

所有原华中理工大学的教师与干部,莫不深深感谢朱九思同志。

改革开放以后,他想方设法派遣优秀教师出国当访问学者。第一批李再光、邹海明、徐则琨、叶能安、徐辉碧五人中,辉碧是其中唯一的女性,被送到美国加州大学圣迭戈分校(UCSD)一位美国教授G. N. Schrauzer的实验室当访问学者,而这也是九思同志结识了美籍华人教授冯元桢,经过冯的努力才做到的。而冯又是九思同志请到我校来访问过的。

辉碧到美国后,同这位美国教授研究,确定了她的研究方向为新兴的领域——生物无机化学,具体课题是研究钴的配位化合物。后来,由于Schrauzer教授在硒的生物无机化学方面取得新的进展,辉碧从中学习了不少,并将其带回国进行研究。

她于1979年11月5日离校,于1981年11月5日返校。她在美期间,在Schrauzer教授的指导下,开展了生物无机化学的研究,博得了他的赞扬。两年期间,辉碧在生物无机化学方面做了一些研究,还与合作者共同发表了三篇论文。在她回校后,她在化学系积极进行生物无机化学的学科建设,与苏嫦、廖宝凉、周井炎、黄开勋等老师共同努力,为该学科的发展打下了较好的基础。她在生命科学与技术学院工作时,与党总支书记耿建萍同志密切配合,为学院的发展奠定了良好的基础。对杨祥良老师负责的国家纳米药物工程技术研究中心的工作给予了积极的关心和支持。

在辉碧飞往美国那天,我怀着强烈的依依不舍和殷殷切望之情,写下七绝一首。

七绝·辉碧作为我校首批出国访问学者之一随团赴美,感赋

多情总是爱倾心,三十年来爱更深。

飞越方知天地阔,瑜园殷望报佳音。

辉碧去美国了,村春17岁了,要准备参加高考,我工作也很忙,家里确有困难。辉碧在美国的这两年,要感谢辉德弟弟的二女儿徐小英,她在江西玉山血防站停薪留职两年来武汉照顾我家。这是姐弟之间的无私援助。本来辉碧只有一年的访问期,但到了第二年11月,她在美国的访问期又延长了一年,当时是改革开放初期,赴美留学的人不多,访问学

者受到美国高校很高规格的接待,访问条件颇好。辉碧也干得很欢,从一年的访问期延长到两年。我们之间的思念之情也很强烈,当时我也只能以诗抒情了。

  五律·辉碧赴美一年望怀

1980.11 武汉

  圣地亚哥城,闻涛西岸声①;
  牵情方一载,入梦每三更。
  瞄准前沿热,攻臻基础精。
  两心同望切,无愧对归程。

这两年的访问,对她以后的工作,有着方向性的作用,即从事生物无机化学的研究。

四　一己锥量地,群贤力撼天

1980年,正是改革开放初期。朱九思同志1979年访美归来,富有远见卓识,大力破格提拔年轻教师,引进优秀人才,1980年我就在只任两年副教授后,破格晋升为教授。

我初听到这一消息时,几乎不能置信,教研室同志向我祝贺,我严肃地讲,别乱说,别开这个玩笑。教研室的领导与老教授讲:"不是开玩笑!我们都签字画押了的。"这就是指,当时学校来征求破格晋升我为教授的意见,他们均一致表示同意,可能还签了名。特别是,当时除了新中国成立前的留学归来的教师外,还没有教授,有的教过我课的老师,如杨荣柏、杨绪光老师等,都还是副教授。正教授怎么能轮到我呢?我内心实在忐忑不安,当即写下了一首五律。

---

 ①　辉碧在美国加州大学圣迭戈分校(UCSD),位于圣地亚哥城,圣地亚哥城坐落太平洋东岸岸边。

五律·闻破格晋升为教授　感赋

1980.10 武汉

惊传加重任，顿觉压双肩。

一己锥量地，群贤力撼天。

反思多愧矣，环顾始欣然。

誓践平生愿，同攀上绝巅。

是的，己锥量地，反思多愧；环顾欣然，群贤撼天。看自己，"渺沧海之一粟"；有团队，"人心齐，泰山移"。我回想起，无论是顺利，还是困难，都是靠大家的支持与谅解，有了这些，一切才都好办。

这时我正在为研究生开设现代工程控制课程，这门课程是从钱学森教授处、从西安交大阳含和教授处受到启发而来的，是从日本绪方胜彦专著《现代工程控制》而来的，但我没全部照搬，而是经过自己的消化，紧密结合专业实际而开设的。

这时，除了开设现代工程控制课外，我还面向研究生开设了变分法课。"变分法"是研究泛函极值问题，所谓"泛函"就指函数的函数，函数只是泛函的一个特例而已。我深深感到，学工科的要在基础技术上有所突破，必是要数学基础好，大学学的那些"微积分"或美其名曰的"数学分析"，只不过是基础中的 ABC 而已，远未接触到基础的要害，只能管些表面的应用而已。有感于此，我在学习与讲授"变分法"时，有感而作七律一首。

七律·"变分法"备课有感

"变分法"课欲承肩，来伴"工程控制"篇。[①]

极值探知应有术[②]，潜心事业却无边。

如荼似火求知者，破浪乘风济海贤。

浩劫十年荒谬极，今争朝夕百花妍。

[①] 指此时正在为研究生开设现代工程控制课。
[②] 指"变分法"是研究泛函极值问题。

五　走路：路还熟，步是初

"四人帮"垮台后，科学的春天就到了，1978年学校开始招收研究生了。起初，我只有资格指导硕士生，并协助路亚衡教授、陈日曜教授指导博士生，实际上，他们主张培养年轻人，所以放手让我指导他们的有关博士生，一切都交给了我，都由我做主，当时称之为副导师。

不久，我也有资格招收博士生了。那时，我校机械制造专业，只有4个人能招收博士生，专业课是路、陈与我，专业基础课是余俊教授。

博士生是真刀真枪地做科研，不只是纸上谈兵。当然，在当时情况下，做科研只能逐步实现。那时，计算机还少，个人台式计算机（PC机）也少，能上机做课题就不错了。那时，苹果Ⅱ在美国也不过刚出现。

1978年入学直接由我指导的有王治藩（后来硕博连读了）、汪大总与韦庆如（女）。王治藩没念完博士学位就去英国了，后在谢菲尔德大学任教，汪大总出国取得了美国博士学位，成为美国汽车界的技术权威，韦庆如后来在武汉工作。我要特别讲一下，汪大总虽然成了美籍华人，但他从来没有忘记他的河南故乡、他的湖北成长之地、他的中国根脉之所在。他在其位，尽一切谋中国汽车业之发展。

科学研究该怎么搞？研究生该怎么指导？两者该如何结合？更概括一点讲，教学与科研应该如何有机融为一体来培养高级人才？始终是我心中关注的问题。

1978年暑期，75113班毕业了，秋季，我招研究生了，王治藩也由我指导，没有考研而直接留校工作的吴雅，也直接在我的手下，还有杜润生同志也与我在一起。我从咸宁农场返校见到的我们专业第一位工农兵学员刘玉华同志，毕业后与杜润生成为夫妇了。杜润生同志一直和我在一起，一直到我这次生病前，也如此。他为人谦和，动手行，动脑也行，能文能武，是我有力的合作伙伴之一。

如何开展科研这条路我还是熟的，但研究生应该如何指导，那还是刚刚起步，还是初次。我是战战兢兢、小心谨慎的。我始终记得，《易》讲"二人同心，其利断金"。是的，团结就是力量。研究生的指导工作还算比较顺利。

当时，我系余俊教授找我，讲他的研究生中没有一个让他满意的，而我有两个比较强的：汪大总与王治藩。我心中掂量了一下，汪大总更强一些，我果断地将汪大总转给他指导，汪大总干得果然不错；但是，汪始终对外讲，他是我的研究生，我感谢他对我的信任与尊重。

六　准备赴美

1981年这年，我基本在为赴美做访问学者做准备。

辉碧在美期间，同与她一直有联系的南京大学的游效曾保持着联系。游是我们高中同学，是业务尖子，在大学是学化学的，工作后在化学方面很有成就。这时，他正在 Wisconsin（威斯康星）化学系做访问学者。而威斯康星大学麦迪逊分校机械系有位知名的美籍华人教授吴贤铭先生，吴在机械制造方面负有盛誉，招了不少中国学生，包括大陆与台湾的，其中也有访问学者。当时国家派出的访问学者中，有国家资助的，如辉碧等5人，有对方教授资助的，前者国家派难，后者国家派易，但都叫公派，只是经费来源不同而已。国家资助，一个标准；对方资助，就各不相同了。

我记得，游效曾把我的简历交给吴贤铭先生时，他欣然同意我去，给我每月资助500美元，当时国家资助的学生每月400美元。不管是400美元还是500美元，对国内工资标准而言是够高的了。我记得1980年我破格提升为教授时，就是"提职不提薪"，75元人民币一个月。当时，国家牌价是1美元相当于8元人民币，而在黑市上却远远高于8元。

以前我对出国留学一直没有什么兴趣。我认为，不出国，不留学，照样可以干出一番事业。这时，我认识上有些变化，我认识到，出国留学，至少有三大好处：交些朋友，长些见识，学些外语。有百利而无一害。

当时,学校连续不断聘请外籍英语教师,不断开设英语口语班,教我这个班的是一位美国女教师,她给班上每个人取了一个英文名字,我的是 Mark。她十分努力、十分友好,我到美国后,据说,她试图同我取得联系,但一直没联系上。我们这些访问学者或留学生,在美期间,不少也找了一些美国朋友,作为我们校外的英语老师,以利于更好地提高英语水平。

学校、系、教研室连同我的团队,把我一切的工作都免了,只要我为出国做好准备,特别是口语准备。1981年秋,我还招了一位硕士生秦争鸣,我什么也没管,就由我所在团队的杜润生他们来管。秦争鸣所做的课题,就是与四川汉中的汉江机床厂相关的。同这个厂研究精密丝杠加工的合作,就是从这时开始的。这方面后来持续下去了,到我被批准为院士(当时称"学部委员")时,还在持续下去。

当然,1980年7月,女儿高中毕业,由于辉碧在美国,对于女儿的毕业、升学问题,我自然要花费些精力,但因忙于工作,照顾她的精力有限。其实村春考大学时并没有家人的具体帮助。辉碧在美国,我工作又太忙,还要准备去美国的相关事宜,加上当时大学录取率只有8%,所以,对于她没能考上大学的事情,我们常常感到歉意,真是"可怜天下父母心"!

七 惟有学成归国愿

"腾空越海异乡行,不在金元不在名。惟有学成归国愿,人间总是梓桑情。"众所周知,在我国,桑梓就是指故乡。显然,在这里,就是指祖国。1981年12月22日,在北京起飞赴美时,心情就如在飞机上所作的此诗中所表达的一样。

这年11月6日,辉碧由美飞抵北京,这天我没到北京接她,因为去京,不但路上花时间,而且她在北京办回国手续,还得花时间,我相信她不但能理解,而且也不希望我赴京去接她。但是在当时,因赴美留学的人很少,一旦学成回国,家里一般都会赴京迎接。

在她即将回国前,可能是10月底或11月初,也就是在她回国前夕亦即我将赴美前不久,我的内心有百般感触,有很多话要向她倾诉,每周一信,但倾情有限。"两年相别不胜情,欲诉衷情诉不清。此日汝归明我去,后行总不负先行。"辉碧一回校,接着我就要去美国了。

飞机到达纽约,到使馆稍作休息,便转飞Wisconsin州首府Madison(麦迪逊)。比我早几个月到Madison的宾鸿赞同志到机场迎接我,他在此校另一美国教授手下当访问学者,比我早来了几个月。比我晚来几个月的有我校杨绪光、陈志祥、诸兴华等同志,比我先来的,有兄弟学校的黄仁(南京工学院)、陈继武(北农)、黄逸云(浙大)、李川奇(中科大)与陈克兴(北航)。这一下,可热闹了。来的人中多在吴贤铭手下当访问学者。

到Madison不久后,便是春节。我清楚记得,所有在Madison的我国留学人员欢聚一堂,大量地炸香卷、煮饺子、煎饺子,还特地准备了大量的中国荤菜、素菜,蛋炒饭按美国习惯是作为菜上桌子的。但我们这么多人,几乎一大厅,自然是自助餐了,更何况,我们还请了一批美国客人,包括华裔教授,吴贤铭教授夫妇自然也在内。吴夫人是图书馆馆长,据说,图书馆馆长的地位一般比教授要高。

12月24日,恰是圣诞节前一天,中国风俗最热闹的春节,欧美最隆重的圣诞节,时间也较为临近。所以,我们欢天喜地、开心惬意地过了一个不平常的节日之夜。"众头攒动戌年迎,异国风光本国情。饺子煮香春卷脆,欢言默祝学需成。"的确,在群情欢乐之时,我的确默默祝愿,希望出国留学任务能顺利完成。

在此要谢谢吴先生对我的尊重,他本想让我来主持一台机械设备的设计与制造,但很快,他发现这不是我的长处所在,陈继武他们也坚决反对我接这一任务。他们的看法与吴教授的进一步想法,是让我协助吴教授的研究与教学,为他手下的学者与研究生讲授有关课程,陈继武他们讲:"这就对了,应扬长避短嘛!"

八 学问朝朝做

美国 Wisconsin 首府是建在北美五大洲湖埂上的城市,处处美景,处处如画,四季各异,秋景尤美。有人讲:"到了美国,游了 Madison,美国其他城市的风景就可以不去看了!"这话固然是文学的夸张,但 Madison 的确很美。

的确,我称赞 Madison 城是"五湖埂市如图画"。1982 年秋天,我在赶写讲稿,一天傍晚,我外出散步,举目四望,枫叶似火,漫湖碧透,鸥鸟掠水,空气宜人,如此美景,我又自感肩负如此重任,吴贤铭教授夫妇待我不薄,不抓紧不学好,怎么行?"问苍茫大地,谁主沉浮?"毛泽东同志在年轻求学时,发出这么震撼人心的感慨,抒发自己的伟大抱负,不正是在秋天吗?

"枫叶经霜醉,层林染晚霞。他乡情纵厚,报国爱无涯。学问朝朝做,文章页页加。唯求心自慰,不欲待人夸。"这么难以言喻的良辰美景,不抓紧,何以自对!可以说,除了有组织地去了芝加哥参观一个机床博览会以外,其他地方的旅游,我都没去过。

吴贤铭教授指导的博士生 Pandit 的博士论文经过修改,与导师吴贤铭一起合作出了一本专业书,叫 *Time Series Analysis*(《时间序列分析》),我想,我能与吴先生合作写出一本比这本专著更好的学术专著。在美国时,我把这本专著的底稿,请吴教授过了目,他没有异议,带回国后,我按此稿给研究生开了时间序列分析与工程应用这门课程。同时,与从吴贤铭教授手下回国的访问学者一起,在校内外开展了这方面一系列的学术活动,不仅有学术研讨会,而且有一系列的科学研究项目、一系列的应用成果、一系列的学术论文(含论文集),在国内形成了一个时间分析及其应用的学术高潮,也解决了不少的实际问题。

在吴教授的支持下,我还为他门下的研究生与访问学者讲了数理统计及其工程应用这门课程,主要参考书就是我校知名教授林少宫先生关于数理统计及其应用的专著,也是教材,这也为时间序列分析的研究奠定了更好的基础。

我还要感谢吴教授,他放手让我用英文讲了好几节由他主讲的课程,为了讲好这些课,我做了充分的准备,进行了试讲,有时他也来听试讲。访问期满返国前,他与夫人还专门设了家宴欢送我,赠了可以保存的小礼品作为纪念。应该说,这一年的岁月就是最好的纪念礼物。

九　同行又共研

到 Wisconsin(Madison)不久,我系杨绪光、陈志祥、诸兴华老师也来了,先后到 Madison 的人不少,其中还有回国后与我联系、合作不少的徐元昌,他是西北轻工业学院的,这个学院原是北京轻工业学院。"文革"中有段时间,高校纷纷迁出北京,迁出重要的大城市。这所高校迁出后就没再回去了。

在 Madison 期间,宾鸿赞、陈志祥同志与我几乎朝夕相处,宾在美国待了两年,同他的美国指导者合作得非常好,颇有成效。他是湖南邵阳人,邵阳口音很重,一般听起来吃力,但一讲英文就没什么问题了。我之所以对邵阳印象深,是因为秦观这位宋代大词人,曾被贬在邵阳,郴江流过邵阳,"郴江幸自绕郴山,为谁流下潇湘去",秦观这一名句还感动了大诗人、大文学家苏轼。

在 Madison,我依靠着这个集体,又得到吴教授的大力支持,一年过得十分充实又十分紧迫,其间我只去过芝加哥一次,这是学校为了参观一个国际机床博览会,选了一批人派专车送过去的。其他城市我都没去过。

休息时,我在湖边静静地站过很久,看着鸥鸟掠过平静湖面捕食;在 Madison 城街上漫步,特别是到一些小店中购买各种用过了的外国邮票。我还特地到邮局购买刚刚发行的美国五十州州花的邮票,一周一张寄航空平信回家,一年有 54 周,可以把这套纪念邮票用完。我还与其他留学人员一起去购买那些抛售的低价商品，特别是混纺品、人造纤维织品，有时还有丝制品。那时，国内人造纤维才刚刚面世不久，很贵，而在美国这是穷人、侍者穿的。我们出国时，特地用"涤卡"做了笔挺的西服，美国上层社会则讲究穿棉制品之类的衣物。至于吃肉，在国内拣肥的吃，吃菜选荤的吃，美国则相反，拣瘦的吃，选素的吃。还有，国内爱吃人工培养的，美国人则喜欢吃天然的。一句话，国内与美国的消费观念差别太大了。在今天我写这本《往事钩沉》回忆录时，看看国内的现状，吃穿的挑选，与当时在美国的情况，又有什么差别呢？"不胜感慨"这四个字不禁涌上心头。

我有首七律诗，是送给留美同志的，实际上是送给宾鸿赞同志的，也是送给在 Madison 大学与我相处的那些朋友的："感君厚意薄云慷，接送关情在异乡。购物同行求俭费，攻关共研探骊章。五湖埂市如图画，一岁'时文'有秘藏。待了飞归重话聚，友情共叙醉歌长。"诗中的"时文"，就是指在 Madison 所攻研的"时间序列分析"的理论、应用及其相关的资料。诗中的"接送"是指送我走的宾鸿赞同志。今天，他也近80岁了，这本《往事钩沉》出版时，他肯定过80岁了。可谓"历尽风云情意在，相逢一笑话沧桑"。

十　回校第一课

学校发展到今天，我一再认为，一靠国家，二靠朋友，首先是靠校友，三是靠自己。靠自己就是靠内因，内因中的第一位重要人物是朱九思同志。

"回校第一课"是朱九思同志以他的言行给我上的。1982年底，我由美国返校。1983年1月4日，他按例会见了我。那时，每一位回国人员他都要亲自会见，了解情况，尽量满足回国人员的要求，主动为回国人员的一切着想，让他们充分发挥作用。我记得我被派送出国时的编号是一百四十几，这就是说在我赴美前，已有140多人被派送出国了。在那时，国内高校如此大量地派送人员出国,是很少见的。

为了充分发挥回国人员的作用,朱九思同志想方设法创造条件,而且一一加以落实。我清楚记得,我到他的办公室坐下来后,谈话还没正式开始,突然有人敲门,是后勤部门的一位负责人。一进来,九思同志就劈头问道:"你知不知道是树重要还是房子重要?"这位负责人答道:"九思同志,我不明白您的意思。"朱九思同志又问道:"不明白?我问你是树重要还是房子重要?"这位干部懵住了,呆呆地站着,回答道:"朱九思同志,我真不明白您是什么意思。"朱九思同志严厉地讲:"不明白?我告诉你,树是清净空气的,房子是污染空气的,今天早上,我到校园里走一走,在一个地方,发现你们后勤部门的工人用一块水泥石板,压住了一棵树苗!压死了!你们要负责!立即将水泥板搬开!"我听后十分感动!对树木如此,对人又将怎样?不言而喻!这是我回校后上的第一课,永难忘却。在他会见我后,当天我感而赋诗一首。

七绝·朱九思同志接见感书

1983.1.4 武汉

去年年底归国,今年1月4日校领导朱九思同志接见,深情关爱,细询详情,征求意见,做出决策,为我工作创造诸多条件,寄我厚爱,感人至深。

一席交谈沸腑衷,深情关爱运筹宏。

支持感赖多方虑,直拓前沿率众攻。

九思同志亲自打电话和当时机械系总支书记李德焕同志商量,将与我有关的事宜一一落实。系里表示将全力支持。

还有一点要特别提及,就是九思同志亲自过问,将我女儿杨村春安排到图书馆工作。他公开表示,按照省里的指示,对骨干教师、学术带头人的子女,应予以照顾,需参加工作的一定要安排好。村春安心在图书馆工作,三年后与李晓平结婚。按学校规定,一个小孩必须与父母同住。我们生活在一起,晓平、村春把我们照顾得很好。

十一 支持,全系一盘棋

至今我仍然重复一句老话:"不是我支持了学校,支持了院系,相反,是学校和院系支持了我。"这并不是礼节上的谦逊之词,而是实事求是的由衷之言。只有这样想,这样看,这样讲,我才能吃得下,睡得安。

我由美国返校后,系领导坚决贯彻九思同志的指示,还应该说,系领导(李德焕同志是当时系里重要的领导人)坚决贯彻朱九思同志的指示,也是系领导的心愿,"全系一盘棋"地来考虑与安排我的工作,充分发挥我的作用。1983年下半年,系里决定从有关专业教研室中组建工程测试教研室。这获得了有关教研室负责人的支持,特别是得到了段正澄同志的支持。他不仅同意从他所在的自动化教研室中分出一部分人来组建工程测试教研室,而且将自动化教研室所属的测试实验室配有的刚进口的丹麦仪器划给工程测试教研室,他还进一步地慷慨相助,从科研经费中拿了两万元到三万元,买了一台问世不久的进口台式计算机苹果Ⅱ,当时苹果Ⅱ在美国也刚刚投入使用。这种识大体、顾大局的风范,我一再讲过,我会永远铭记,这也永远是我学习的典范。

应该说,学校从建校以来,一直有这个好传统。不仅学校如此,各院系也如此,机械系更是如此。"人心齐,泰山移",这是文学艺术中的至理名言。当然,从科学观点、哲学观点上讲,内因只是必要条件,而非充分必要条件,要达到充分必要条件,仍然要靠共同努力去创造。

所以,我应该而且必须重复强调,没有学校这么好的一个集体,就没有机械系这么好的一个集体;没有机械系这么好的一个集体,就没有我所在的教研室这么好的一个集体。而没有我所在的教研室这么好的一个集体,这么好的立足之地,我又能干什么呢?1983年10月中旬,系里经过充分征求意见和思考后,决定将段正澄同志教研室所管的测试仪器与人员全部调到我所在的这个新成立的工程测试教研室。

工程测试教研室一成立,就是一个朝气蓬勃的集体。成员有我、卢文祥、杜润生、刘经燕、吴雅、王治藩、赵振平以及即将调到厦门大学的黄长艺。此外,我当时正在指导的研究生,1981年入学的有秦争鸣,1982年入学的有陈小鸥,1983年入学的有丁洪、梅志坚、赵卫。陈小鸥、丁洪、梅志坚毕业后,就留在了教研室工作,并继续从事研究生期间所做的微机信号开发系统。

"支持是要棋,全系绝非迟。欲获真消息,需凭好测仪。无私今慨拨,厚愿早深祈。如插双飞翼,高翔定不疑。"这是工程测试教研室甫一成立时我的感受与心声。

十二　虎添翼,龙潭闯

回国后第一仗是开发出了微机信号处理系统。

感谢段正澄同志无条件支持的苹果Ⅱ微机,在这台微机上,我所在的团队开发出了国内第一台微机信号处理系统,实现了所测得的信号在微机上自动处理与显示。1984年5月,系统试用成功,《光明日报》驻汉记者樊云芳同志还专门写了一个报道。报道不长,但措辞准确,言语生动,因为在这台微机上处理的速度比用一般的信号处理器快多了,讲这个系统的作用,好比老虎插上了翅膀。消息一传开,了解情况的,商谈合作的,考虑购买的,都纷纷前来,我们一一热情接待。我心中十分高兴,当时就写下了七律一首。

　　　　七律·赞微机信号处理系统研制成功

　　　　　　　　　　　　　　　　　　　　1984.5 武汉

　　　　披星迎日忘情牵,沉醉迷人若悟禅。
　　　　软件巧编程序好,荧屏彩现画图妍。
　　　　心齐岂惧龙潭闯,智聚能将虎翅添。
　　　　缩地腾云神话里,还夸电脑快无边。

在这台微机信号处理系统中,王治藩、陈小鸥、杜润生等一批年轻教师与研究生立下了汗马功劳,他们几乎马不停蹄,开发了一批"产品",很快就全部销售完了。积累了一批资金,作为科研经费,同时,又奖励了一些参与者每人一台彩色电视机。当然,一些参与者什么也不要,觉得这是他们本身应该做的事。至于我个人,按照惯例,什么也没有要。

在全国学雷锋时,武汉重型机床厂有位劳动模范,也是全国学雷锋的标兵之一,叫马学礼。他有四句话,我认为讲得太好了,一直记在心里,照着办:"见困难就上,见荣誉就让。见先进就学,见后进就帮。"后来组织把他抽出来单独培养,在我校学习,我还单独给他辅导过机床课,他一直很尊重我,叫我杨老师。后来,他一直在省里的领导岗位上,至今,即使退到二线以后,逢年过节,他还要打电话问候我,未改东北人的豪爽性格。

工程测试教研室科研起步不错,微机信号处理系统也不错。现在看来,当时还是缺少市场商品观念,缺乏产品竞争观念,也缺乏既分工又合作的科学观念,只想一家独占,那显然是不切实际的。所以,不久之后,许多兄弟单位都开发出来更好的微机信号处理系统,国外发展得更快,这的确值得反思。

十三　突破断丝定量检测

"从来登顶无平路。"

1986年,辉碧的中学同学涂慎之与涂的爱人谢德珍送他们的女儿涂欢到我们学校读书,涂欢是他们最小的孩子,也是唯一的女儿。他们到我家来探望,当然也谈到了大家的工作。

无巧不成书,必然寓于偶然之中。涂慎之夫妇都在有色金属公司从事技术部门的有关负责工作,他们谈到矿井中钢丝绳裂断事故不少,如果事先能测试出所用钢丝绳的钢丝断裂,那么情况就会好多了。他们一谈,正是我所从事的领域,因为这时我所在的团队,正与湖北铁矿合作,开始这方面的研究,这样就一拍即合了。他们立即介绍我们同有色金属江西分公司的雷处长联系,而雷处长的儿子正在我校念书,从而我们迅速派人去江西了解有关事情,我和卢文祥都去了,有所了解之后,迅速签订了有关协议,深化和扩大了已有的研究,开展了一步一个脚印的实实在在的研究工作。

在当时,钢丝绳断丝的定量检测,即钢丝绳每一导程中断了多少根丝,断在什么地方,这是一大难题,这一难题,国际上也未能解决。所以,国际学术权威就深为感触地断定:钢丝绳断丝的定量检测,如果不是不可能的,至少也是十分困难的。而国内呢?只能采用最简单的"笨"办法,三人一组每人相隔120度,使用钢丝绳时用眼睛盯着看,这种方法,只能看到断在表面可见到的钢丝,看不见的就不知道了。

当时,我带着1984年入学的硕士生叶兆国从事此项研究工作,而作为访问学者从英国回国不久的师汉民同志对这一课题极感兴趣,带着以陈日曜教授为名义招收的而实际上完全由他负责的博士生王阳生,与我们合作,协力攻关。在这里,我仍然用"攻关"这个词,因为当时在国际上,钢丝绳断丝的定量检测,是一个没有解决的难题。这是块硬骨头!

王阳生、叶兆国两个人都是颇具主见且十分自信、发奋向上的青年。我对他们诚恳地讲:"你们都很能干,都肯想,都肯干,就像两只好斗的叫鸡公,现在你们在一个笼子里,要齐心为共同的难题奋斗,绝对不要搞内耗。"他们确实很不错,通力合作,往往一干就是通宵,假期也很少休息,加班成了常事,春节也没有休息几天。1985年1月,在他们攻关的关键时候,我有感写下七律一首:

> 国际难题解未酬,书生意气兴方遒。
> 前驱未果文犹在,后续有踪路可求;
> 断裂绳丝存迹象,新兴测试察根由。
> 从来登顶无平路,不领风骚不罢休!

1985年年底之前,我们攻下了这一国际水平的难关。

30多年来,康宜华领导他的科研组,一直坚持这个方向,取得了很好的成绩。2017年3月我和康宜华等著的《钢丝绳电磁无损检测》一书,由机械工业出版社出版。这是"十二五"国家重点图书出版规划项目之一。

十四　更上一层楼

"从来登顶无平路,不领风骚不罢休!"

在大家的努力下,特别是在师汉民直接指导的博士研究生王阳生与我指导的硕士研究生叶兆国的努力下,团结合作,夜以继日,1985年年底我们有了突破性的进展,在技术上可以定量检测钢丝绳断丝的情况了,严格讲,这还是基础性的。到了1985年入学的博士生李劲松手上,才算较为完整地解决了这一国际性的难题。

李劲松看到美国学术刊物上,刊登了美国学术领域学术权威对断丝定量检测的看法是:If it is not impossible, it will be very difficult. 即如果不是不可能的,也是十分困难的。他想:我们中国人怎么不可能做到了?!我定要把路开出来,只能去干!

在我80岁时,他在回忆与祝贺的文章里写道:"干着干着,居然开窍了!除了工作有很好的进展,我也找到了证明我的工作达到了杨老师的几项要求所需要的明确而基本令人信服的说法。为了写这篇文章,我翻了翻当年的博士论文,在论文的附件里,对于创新,我附了一件授权中国专利;对于国际水平,我附了一份在美国ASNT会刊以第一作者发表的学术论文,现在也是SCI之类收录的论文;对于具有一定影响,我附了一项国家教委科技进步奖励证书。运气真好,我居然在两年零六个月里完成了博士论文。"

我还记得,很可能是 *Wear* 这本知名的国际权威刊物还给我们发来信件,希望我们能成为它的会员。我们怎么处理的,我忘了。的的确确,在我与师汉民共同努力下,在我、卢文祥、杜润生、梅志坚、刘经燕、谢月云、吴雅、陈小鸥等同志的不断努力下,在中国有色金属江西分公司的有关负责人的继续支持下,研究不断深入,实验研究也不断扩大,最终在1992年10月,以师汉民、卢文祥、刘经燕、谢月云、梅志坚与我的名义获得了国家发明奖。由于国家发明奖对参与者人数有限制,所以获奖人数有限,但做了贡献的师生人数远不只六人,例如,杜润生同志就是突出的一例,但在报奖、申请提职时,他一贯地坚决不报,践行他人优先的优秀传统。

的确,我所在的集体,每个人都为他人着想。我自己呢?见荣誉就让,见困难就上。所以,我能取得一系列成就而后来成为我校第一个学部委员,我一再地讲,这个荣誉是集体的,这也是由衷的肺腑之言。

十五　咸阳:走向全国第一站

"乐游原上清秋节,咸阳古道音尘绝。音尘绝,西风残照,汉家陵阙。"这是李白《忆秦娥》一词中刻在我记忆深处的几句。"六王毕,四海一。蜀山兀,阿房出。覆压三百余里,隔离天日,骊山北构而西折,直走咸阳。"这是杜牧在《阿房宫赋》一文中留在我心坎上的。是的,杜牧的结论既正确又深刻:"秦人不暇自哀,而后人哀之,后人哀之而不鉴之,亦使后人而复哀后人也。"一词一赋均与咸阳相关。

咸阳,从历史上讲,我对此应是太熟了!然而,现实中却是不熟的。1965年10月上半月,我与李德焕同志在西安交大参加教育部一个关于毕业设计结合生产实际的座谈会。会议期间游览了西安,但没有游过咸阳,也没有人讲过要去咸阳。

现在是1985年2月初了,20年了,一切都变了,颇有沧海桑田之感!我在美国结交的西北轻工业学院(原北京轻工业学院)的徐元昌同志邀我访问他所在的学校,并游览古都咸阳,品尝咸阳风味,我当然十分高兴,这也是我到外校、外地以教授身份访问的第一站。

西北轻工业学院领导、系领导与有关同志十分热情地接待了我,我当然做了学术报告,介绍了我校我系教学改革与科学研究情况,举行了相关座谈会,当然也游览了咸阳这一古都,品尝了咸阳风味。遗憾的是,我是不吃羊肉的,严格地讲,北京东来顺的涮羊肉除外,但也不是特别喜欢。

徐元昌、李宗斌等同志自始至终陪我参观游览。特别是在2月4日参观唐太宗的昭陵与武则天的乾陵后，多少感叹奔流在心中，杜牧《将赴吴兴登乐游原一绝》中的"欲把一麾江海去，乐游原上望昭陵"、李商隐《乐游原》中的"夕阳无限好，只是近黄昏"等诗句越品味，越咀嚼，越深有感触。

对于2月4日这天参观游览的感触，我填词《满江红》一首以表心意：

古道咸阳，驰原上、朝霞喷旭。墟日里，往来熙攘，举家连族。极目山陵群冢在，凝神墓室长廊肃。谢友人、飨我以佳餐，风味独。　　彩壁画，春尚绿；无字碑，何由读？数新城废里，古今相续。泾渭分明宜记取，汉唐史卷应深瞩。顺人心，国富又民强，由衷祝。

后人哀之应鉴之，以顺人心。

十六　"时间序列分析"工程应用推广

"学以致用"，这是求学的一条基本原则，更何况是我们学工的人！

我们在改革开放初期赴美国访问的学者，南京工学院黄仁、中科大李川奇、北农陈继武、北航陈克兴与我这批人，在 Wisconsin(Madison)大学时，一直相聚在一起，对吴贤铭先生的"时间序列分析的应用"都或多或少或深或浅地有所接触，都认为在工程应用中不失为是好的教学方法，在自己的研究工作中都或多或少努力地加以应用，也取得了一些效果。后来我们华中工学院成立了一个中心，其中原因之一就在于，我系去了一批人在 Wisconsin(Madison)大学学习，而且有的就在吴贤铭先生手下工作。

改用毛泽东同志的一句名言：没有调查研究，就没有发言权。调查，就是要了解与掌握实际情况，而且尽可能定量化系列数据，"时间序列"就是一种定量化的实际情况；研究，就是要对实际情况，即这些相应的数据尽可能进行分析。吴贤铭先生与他所指导的博士生 Pandit 在这方面做出了有所贡献的工作，得到了学术界的承认，出版了专著 *Time Series*

Analysis(《时间序列分析》)。吴先生是在美国颇有成就的一位美籍华人学者,他对中国是十分关心的。虽然几年后,即1986年5月,他才访问我校,但对他及其夫人一贯关心中国的态度,我们总是记在心中。

黄仁、陈克兴、李川奇、陈继武与我以及我校去过 Wisconsin(Madison)大学的许多人,在应用与发展时间序列上做了不少工作,我深有感触地写道:"规律深藏数据中,'时间序列'显奇功。能凭预测来谋策,敢识潜踪去诊痾。阶次、模型符准则,误差、参数合中庸。长缨今在群雄手,相印心心报国红。"我们的工作得到了国内外专家的一致认可。国外专家认为我们的工作为时间序列分析做出了有价值的贡献,国内专家,如中科院应用数学专家安鸿志同志就为我与吴雅撰写的《时间序列分析的工程应用》一书写了序言。这本书,绝非照搬,也非只对现有的时间序列分析及其应用做了一些解释,而是在理论上也有着某些方面的发展。

是的,毛泽东同志讲得很深刻:读书是学习,使用也是学习,而且是更重要的学习。写到这里,我必须向在车祸中英年早逝的吴雅同志再次致以深切的哀思。

在此,我必须向今年已近90岁的黄仁同志致敬,他还在致力于研究时间序列分析的更新、更深的问题。

十七　中秋国庆　鹤鬖诗情

1980年10月,我被破格提升为教授,是湖北省当时较年轻的两位教授之一;1982年在美国做访问学者,当时赴美访问学者不多;1983年在学校、系、兄弟教研室的大力支持下,成立了精干的工程测试教研室。教学、科研工作都进展不错,微机信号处理技术、钢丝绳断丝定量检测技术、时间序列分析理论和由此而发展的设备故障诊断技术以及人工智能工程应用,这些成就到1985年引起了有关方面的兴趣与关注。

在了解情况后,来谈合作与邀请讲学的人越来越多,特别是天津大学机械系彭泽民教授邀请我到天津大学讲学。彭教授是机械制造方面的学术权威,具有很高的学术声望,也是国务院学位委员会机械学科评议组的主要负责人之一。当时,哪个学校的哪个专业能成为学位授予点,哪个教授能成为博士生导师,都是要经过学科评议组评议的。

彭教授对我讲:"过去我对你不了解,上次你没被评上博士生导师,今天一看,我感到十分抱歉,你的条件够了。"我听了,十分感动。我说:"彭先生,您怎么能这么讲!只怪我长进慢了,今后岁月还长着呢!"他是抗战时期北洋大学的高才生,是足球队员、活跃人物。他是湖北黄陂人,所以,后来我常对他说,您是湖北黄陂人,而现今我算是半个武汉人,我们是老乡。从这次讲课起,我们两人关系便极好,他常讲:"我是老兄,你是老弟,我们是忘年交!"是的,我们交情如此挚密,以致后来我每到天津,只要可能,我一定去拜访他。"长江后浪推前浪,世上新人换旧人。"直到他年纪大了,从一线完全退下了,我到天津,只要可能,也一定会去探望他。在他去世两三个月后,我打电话到他家,一直打不通,我改打给天津大学的其他教授,才知他已去世。他去世前,一再叮嘱,他去世后,不要以任何形式发布任何消息,一切从简。

这次讲课,是丁洪陪我去的,他兼当辅导教师,听课的主要是机械制造专业的特别是彭教授的研究生,主体是博士研究生。1985年,大概是上半年吧,讲了半个月的时间序列分析及其工程应用,效果很好,皆大欢喜。

这年的中秋与国庆,中间只隔一天,这几天,都是万里无云,皓月当空,漫步校园,感叹成诗:

> 佳节相连过,偷闲踏月行。
> 清辉凉大地,幽影浸三更;
> 桂放香微度,虫吟韵暗生。
> 江南秋夜美,鹤唳引诗情。

在黄鹤白云之乡的武汉,此时,唐代刘禹锡《秋词》中的句子,"晴空一鹤排云上,便引诗情到碧霄"自然便涌上心头了。

十八　蒙邀重回故里

1985年中秋国庆相连而过,工程测试教研室的教学科研工作蓬勃向上。我老家湖口所属的九江市委书记兼市长江国镇同志极具远见,特地邀请国内较强的工科高校华中工学院的知名学者参加"九江市社会经济发展规划论证会"。我有幸也参加了这次会议。

这次会议就在九江举行,住在一家宾馆中,江国镇亲自主持会议,听取意见。会议从11月2日开到11月6日,会议期间,我见到了湖口县县长曹志平同志。5日下午,会议已结束,在我即将离九江返武汉时,曹县长十分有感情地邀我访问湖口,重回故里。我诚恳地告诉他:"学校中真有事,真没空,我过些日子一定去。"

曹县长铁了心,非要我回湖口一天,至今为止,我清楚记得,他硬把我"逼"上了他的车,直开湖口。实际上,还是我不忍心硬拒友人与同乡的一片深情,汽车一直开到与湖口县隔着鄱阳湖与长江的交汇口,严格地讲,长江涨水时,江水入湖口,长江退水时,湖水入长江之口,在这个交汇口的洲码头上,等轮渡过湖之口。隔着这个交汇口,望着对岸的故乡,分别了36年的湖口县城清晰在目。"啊!这就是湖口了!""真快!我离开湖口36年了!"少小离家壮岁回,乡音无改鬓毛还未衰呢!"乡音"无改,严格讲,只是乡音的"底音"无改而已!一首《满江红》已涌上心头、流于笔端了:

卅六华年,蒙邀约,重回乡邑。非梦幻,乡音亲切,往事历历:遐迩名山曾苦读,爽心秀岸留嬉迹;最爱是、夕照满城墙,霞波熠。　梅州远,双钟奕;湖浩瀚,江无极。喜城街貌换,最堪寻觅。入夜亲朋争话旧,侵晨林叶红如漆。浴朝阳、放眼立矶头,东流急。

到了湖口,住在石钟山下的宾馆中。亲朋、好友、熟人纷纷而来,其情其景,可想而知。最令我难忘的,是当晚我与宾馆服务员的对话。

"您听得懂湖口话吗?""湖口话,讲慢点,没有太土的用语,我听得懂,而且很亲切。如果讲快了,又用了很多太土的用语,我只感到似曾相识而听不懂了!""真的吗?""确实如此!"我当即举例:"一只鸡,湖口话简称了一只(念'炸')鸡;一个人,湖口话讲成了一只(念'炸')人(念'宁');那就十分不习惯了。"服务员试了几次,果真如此! 所以,我能用"乡音亲切"、用"音"亲,引起历历往事。

距这次回湖口,至今又30多年了,中间我回去过,但1985年这次实实在在有其非常特殊之处。

十九 里程碑的一手棋

1986年10月,当时国家科委以[1986]国科发综字第0722号文件,批准成立"中国振动工程学会",挂靠在当时的南京航空学院。

自1984年年初以来,我一直参加国内有关振动工程的学术活动,因为我从事信号测取、信号分析、故障诊断直至对机械设备(特别是对大型发电机、电动机)的振动监测诊断,我所在的团队都积极参加。而且,还有一个重要原因,即是1964年6月至1965年6月,在上海机床厂实践锻炼时,同西安交大屈梁生同志交情甚密。近些年来,他一直从事设备诊断及与之有关信号处理的工作。他认为故障诊断与信号处理有极为密切的关系。我的团队,有很大的力量去从事机械设备诊断工作,而这恰是国内的一个缺口。国内往往只顾设计、制造,而不重视监视、诊断与维护,我曾讲过:先天不行,后天何用?! 后天不行,前功尽弃!

当时,国内振动工程学者也清楚看到设备诊断是振动工程的重要方面,在学术活动方面经常邀我参加。为了保证学术活动能有组织地进行,他们就请我做中南片的联系人,逐步形成了有组织的力量。我永远记得在一次讨论成立中国振动工程学会筹委会的活动中,当时哈工大刚退位下来的前校长黄文虎教授,明确而坚定地建议:中南这一片乃至包括西南就请杨叔子同志负责! 这时,胡海昌教授也认识我,同时他是力学权威,到我校讲过学,我与他已有过接触,他明确表示支持,从而我就成了中国振动工程学会筹委会的副主任,走出了学术道路上有里程碑作用的一步。

饮水不忘挖井人,所以,我始终认为,我能在学术舞台上走到今天这个位置,至少有几位先生我应永远记住。

一位是西安交大的阳含和教授,是他让我走上了全国的教学舞台。那时,他是机械工程学科第一位权威。钱学森先生从控制论中发展出了工程控制论。而阳含和教授从工程控制论中发展出机械工程控制论这门课程,在西安交大率先开了这门课,编写了教材,而后这门课全国高校的有关负责人都亲自参与了进来。

一位是哈工大的黄文虎教授,在组织中国振动学会筹委会时,他推荐我为中南(乃至含西南)地区的筹委会副主任。还有胡海昌先生,在我成为院士以后很久,有一次,别人谈论我之所以能成为院士的时候,胡先生的一段话有着极大的作用,胡先生讲,别看杨叔子所获的国家奖中,他的名次不靠前,那是因为他一贯将荣誉让给别人,所以他的名次在后面。

还有一位是天津大学的彭泽民教授,他同天大史绍熙院士关系很好,在谈及他邀我到天津大学讲学的事与我的讲学效果时,他就很有感触地向史绍熙院士介绍我在学术上的成就。

这些人,我应永远记得他们。

二十　桃源津通

1986年1月14日至1月21日,我到广东从化参加了"国家教委系统学位授予机械制造学科评议组初审会议",到会的除了有关领导与工作人员之外,大多数是老专家,包括我已提到的天津大学的彭泽民教授,我记得我校路亚衡教授也出席了此次会议。还有作为会议承办学校、作为东道主的当时的华南工学院的周泽华教授自然也出席了,会议上我认识了机械制造学科的一批老专家;同时,也认识了与会的年轻专家。可能他们中很多人也和我一样,连正式的博士生导师都不是,只是正在培养的而且准备以后接班的年轻教授而已。

会议在中旅社所属宾馆中举行,约一周的时间,当然也游览了不少名胜古迹,温泉更是洗了个够。有关人员告诉我们,从化的温泉与西安华清池的温泉不一样,洗了不是"温泉水滑洗凝脂",而是含氡、硒等微量元素,洗后有利于骨骼健壮。当地人讲,从化是以"中国温泉之都"闻名于世;又因为北回归线穿越其西南端,因此这里气候温和,雨量充沛,森林覆盖率高达60%以上。

从化,真的既是自然景观佳境,又是人文景观胜地。出土文物,可以展示出距今七八千年的新石器文化。从化也是抗日战争时期著名的粤北第一次、第二次会战中的主战场,既有民间的、数量众多的宗祠、神庙,又有抗日阵亡将士的纪念碑、公墓。古建筑也多是明清时期的建筑,当地人自豪地讲,从化是岭南文化发祥地之一。我想,这很可能与"日啖荔枝三百颗"的苏轼这一批流放的文人志士有关了。

我在宾馆园子中,看到一处亭式建筑,上有郭沫若同志亲笔题的"滴翠亭"的匾额。举目四顾,一派秀水青山之象,瀑布温泉,水榭楼台,繁花修竹,似无冬夏,难辨秋春。身处此境,深知肩承重任,慨然得诗:

　　山环水绕郁葱葱,疑是春秋不是冬。
　　修竹欣欣溪影丽,鲜花馥馥路荫浓。
　　断虹悬瀑疑虚幻,逆玉温泉富钙氡。
　　滴翠亭题思往事,桃源此日已津通。

桃源可通,重任怎担?不能不反复思量。

会后,返校,不久就是春节,春节期间,走亲访友,商讨我们下一步该如何办。任重道远,这是一方面;心齐山移,这是另一方面。要敢干、会干、巧干,干字当头,善字立足,必可津通桃源。

二十一　素娥天际逐

1986年春节一过,九思同志与葛洲坝工程负责人联系,带领一批学术骨干,参观了葛洲坝工程。

那时,葛洲坝所在的宜昌,没有火车直线通武汉,而要先向西北到郧阳,再折向东南,到达武汉。九思同志去葛洲坝工程参观,固然是想与完工不久的这一工程进行合作,开展科研,但下一步他是想着手于三峡工程。他的思路是完全正确的。

因为要讲"筑坝",当时的武汉水利电力学院是本行,属水利部;讲搞"建筑",当时的武汉建材学院是本行,它的前身就是北京建材学院,属建筑部;我校建校,就叫"华中工学院",而非专业性的学院,然而,在电气、机械、动力等方面,我校确实很强,这篇文章怎么做,的确,得好好调查、好好研究,而后逐步做出决策。

九思懂得校友的重要作用,当时国家的"三峡办"技术负责人就是我校校友,至于"三峡办"所属单位的技术或财政人员是我校校友的也不少,只要把这些校友的作用发挥出来,对国家、对学校便十分有利。九思带着我们拜访了有关校友,参观了葛洲坝工程的有关建设,研讨了如何加强合作的问题。当然,当时学校校友会几乎所有工作人员都随行,并一一记下了他们回去要做的工作,科研处的同志当然是随行人员中的主要角色。

我清楚记得,2月23日晚是元宵之夜,我们乘火车动身回校。我在火车上,望着窗外,碧空如洗,明月当空,银辉盈地,怎能不引人遐想呢?在滚滚车轮声相伴之下,一首七律油然而成:

> 元宵月白景依稀,滚滚车轮意转迷。
> 飞舞素娥天际逐,酣眠银野眼中移。
> 葛洲坝伟长江锁,巫峡云纤帝子衣。
> 香桂米团家食否?诗情磅礴接晨曦。

这个夜晚,我是否一晚未睡,还是诗中第八句有所夸大,今天写此篇回忆录时,实难断定。

但可以肯定的是,从葛洲坝返校后,我所在的教研室的确派了有关教师与博士研究生到了葛洲坝,商讨了有关合作事宜。后来,又接着在三峡工程方面,以不同课题内容与做法进行合作,延续至今。

葛洲坝,是我国截断长江的第一坝。长江该不该截断,葛洲坝工程、三峡工程该不该修建,一句话,大江大河的断流筑坝工程,该不该搞?我认为应该搞,应从历史观点来看,或许有一天,恢复大江大河全程无碍通流,那时,情况应是新的"神女应无恙,当惊世界殊"的时代了。

二十二　凉风涌绿　松花浪跃

1986年,确确实实是我走向全国的第一年。

年初,到了广东从化,参加教委一次会议;接着,去了葛洲坝;6月份,到沈阳参加了一次学术会议;6月6日,到了哈尔滨,参加哈尔滨工业大学的办学评估工作。

从1956年4月至1957年2月,我有幸奉命在哈工大进修,完成了毕业设计,走上了高校教师的征途,至此已29年了。我的身份也变了。

这时,东北平原,风飘柳絮,枝摇榆荚,而此刻江南,景似暮春,气候如仲秋,较之心胸为之快。6月8日,恰值哈工大校庆,有幸与评估组随同返校校友,乘游船,破松花江白浪,品野餐,赏太阳岛绿荫,无今日的污染之苦与隐忧之累,旧船新友,谈笑甚欢,其乐融融。特别是学校学位办公室的工作人员,与我同乘一船,谈了松花江的许多故事。登上江中太阳岛后,既品尝了野餐,又细品了太阳岛之绿荫美景,细叙各自的感慨,情景交融,感而赋得《浪淘沙》一阕:

柳絮舞漫天,榆荚翩跹,凉风涌绿焕花颜;不似江南春恼醉,关外云烟。　　廿九数流年,不似从前,松花浪跃恋游船;酒美荫浓洲上聚,笑语频传。

赏心悦目,良辰美景,大快人心。特别是哈工大充分利用它行政上属于军口系统、在其学科上与研究上的独特优势,可以去做一般学校所不能做的工作。

当然,我也趁这次办学评估的机会,去探望与拜访了我在哈工大学习期间的老师，特别是我的导师孙靖民教授，还有我在河沟街住的宿舍、我上课的教室，可是南岗之上、哈工大之旁的喇嘛庙已不复存在了。秋林公司还有，热闹胜似从前了。

在哈工大进修时，学校还赞颂与赞扬了八百壮士建设哈工大的感人事迹。新中国成立之初，一大批苏联专家云集哈工大，其数量超过在清华的数量，至少可以说，哈工大是国内应用学科，特别是工科教师与研究人才最大的培养基地，为我国师资队伍的建设立下了不可磨灭的功劳。号称哈工大的"八百壮士"正是建国初期直接由哈工大苏联专家培养出来的。李昌同志这时是哈工大校长。

二十三　满山绿树春色

"映阶碧草自春色。"这是大诗人杜甫赞颂诸葛亮诗《蜀相》中的一句诗，这句诗也写出了成都的四季如春。

成都，是我向往已久的名城古都。1986年7月，我应成都工学院机械系赵沔教授邀请进行学术访问，当然免不了作学术报告和进行业务座谈。这是我第一次到有"天府之国"之称的西南重镇成都。对成都，真是"心仪久矣"！按说当时关注点应是成都这座城市，然而，给我印象最深的却是由陕西西南的阳平关经宝成线至那时四川东北向西南而过成都这一带的郊野风光。是的，我这一生中第一次看到如此美丽的巴山蜀水，然后便沉醉在大自然景色之中了。

再就是进入巴山蜀水后，一个涵洞接一个涵洞，一座高架桥接一座高架桥，还有的叫涵洞还是叫隧道，也难于区分了。这种人工工程与天然峻岭深谷浑然一体，极为壮美。沿路上筑路牺牲的烈士碑塔不断入目，联想到红军昔日长征的"为有牺牲多壮志，敢教日月换新天"的悲壮场景，我心潮无法平静。

其一

奇峰险涧看难了，桥隧知多少！

飞驰呼啸趁长风，蜀水巴山犹胜画图中。

英雄业绩千秋在,总把江山改。
长征路上更何愁,直泻银河穿石永奔流。

其二

葱茏坝上风光好,绿树人家绕;
梯田破雾上高峰,嬉戏儿童深涧碧溪中。
重峦叠嶂悄然去,松竹丘陵处。
稻原愈展愈宏平,夹竹桃花向蓉城。

两首《虞美人》词就在这样眼盯窗外、思潮脑涌、快到成都时便形成了。这样乘车,就是难忘的一课了,是再也不可得,也是再也不可见的一课了。

赵沨教授与他的同事来接我,我十分感谢他们。我积极参加学术活动,全力以赴。我记得成都工学院在那时也直属教育部,有的专业办得不错,皮革制造专业全国闻名,后来还出了一位院士。

在成都,名胜古迹很多,最令我感兴趣的是与蜀汉特别是与诸葛亮有关的,武侯祠自然仔细参观,杜甫草堂不能不去,在成都就是上了最好的一次历史课,而且是一堂生动而深刻的爱国主义课,"绿色满山春不老,英雄业绩千秋在"!

二十四　英雄无畏新程

1986年,的确是我开始奔忙于全国学术活动的第一年。7月下旬,我在应邀访问了成都工学院后,顺连着访问了昆明工学院。

这次访问,是应全国著名的振动专家屈维德教授邀请的。他的左右手郭之潢、杨肃与我也熟。这是由于同机械有关的振动是我这个教学科研团队所研究的主要内容之一。熟人见面分外亲热。

从成都到昆明,在成昆铁路线上,继续着我在宝成线上的惊喜、激动、品味与深思,成昆线上的感受同宝成线上的既有相同之处,又有不同之处,老天造物,何其多姿多彩,我在宝成线上,感受凝成了《虞美人》词两首,这次在经大渡河时,红军飞夺泸定桥的悲歌一曲,狂飙天落的壮烈场景,历历在目,又一曲新词《踏莎行》喷涌而出。

是的,英雄无畏新程,我们现在也正在开拓新程。表面上看起来我是一个人在外,但在我后面的是我所在的团队、我所在学校,他们都在望着我、支持着我。

到了昆明工学院,既要义不容辞地交流学术,介绍我在国外的所见、所闻、所思,又要扩大眼界,学习他人,参与一系列学术活动。每天都接受新的东西,的确是忙,但的确欢畅。昆明工学院的同志陪同我在昆明参观、游览。

"五百里滇池",不能不去,滇池旁的西山,不能不登。到过北京就得去颐和园、游昆明湖。昆明湖确是滇池的缩小版,而万寿山应是西山的缩小版吧!

到了滇池,登上大观楼,就不能不读著名的长联。这副长联为乾隆年间孙髯所撰,闻名遐迩。

是的,今天,个人不必如此悲凉感慨了,而应是新程无畏英雄上了!

二十五　花放钢城腾烈焰

我之所以在工科专业中,选择了机械制造,因为当时宣传工业化重要性的宣传画一定画有机器,唱歌一定唱有"开动了机器轰隆隆响"的内容。到后来,知识学多了,眼界扩大了,才知道了钢铁是工业的母亲,石油是工业的血液,如此等等,且其他工业部门也很重要,是一个整体,缺一不可。同时,也深深地认识到了机械是工业的心脏。

武钢,当然重要。黄石钢厂,冶炼特种钢,也很重要,但我从未去过。黄石大发展了,黄石钢厂也大发展了。1986年8月上旬,黄石的朋友邀我访问黄石,我当然乐意,十分愿意能同黄石科技界、工业界的有关朋友取得联系;事实上,也起到了这个作用。直到现在,我这个团队同黄石科技界、工业界、教育界的许多方面都有着合作关系,其实从那时起就播下了种子。

"花放钢城腾烈焰",是这次我去黄石的关键原因所在。"西塞枕江流,对散花洲,销沉铁索几春秋!花放钢城腾烈焰,故垒难俦! 欢聚又同游,夕照山头,黄荆八百峙神州。险境飞云泉不断,美意长留。"这一阕《浪淘沙》奏出了我当时的心弦之音。

在这里,需要说明一个问题,尽管我在湖北60多年了,尽管我讲湖北是我的第三故乡,但刘禹锡的《西塞山怀古》中所讲的西塞山,并不是湖北黄石的西塞山,而是张志和《渔歌子》"西塞山前白鹭飞,桃花流水鳜鱼肥。青箬笠,绿蓑衣,斜风细雨不须归"一词中的西塞山,这个西塞山是浙江吴兴的西塞山,它离南京近多了,即离当时吴国首都金陵近多了。刘禹锡《西塞山怀古》中的"千寻铁锁沉江底,一片降幡出石头",指的不可能是远离金陵的湖北西塞山,而应是指离金陵很近的浙江吴兴,这才合乎道理。

在这里,还不能不提到刘禹锡《西塞山怀古》诗中的最后一句,"故垒萧萧芦荻秋"。毛泽东同志病危卧床治疗时,眼睛看不清了,有关文字材料要别人念给他听。有次,他请一位女教师芦荻念刘禹锡那首诗时,他就讲,你的姓名就是这诗中"芦荻"两字,芦荻听了很感动,深深佩服毛泽东同志的记忆力与渊博学识。

时代变了,西塞依旧枕江流,而故垒已今非昔比了!

二十六　往日重逢　情寄诗衷

前文讲到,要把一所大学办好,一靠国家,二靠朋友(首先是校友),三靠自己。前两条,是外因,后一条是内因。外因是必要的,校友的支持是十分必要的,是绝不可缺的。

1986年国庆,北京校友邀请李德焕、黄铁侠、褚玉秋与我赴北京参加校友团聚,这年,恰好是1956年入学的我们这个年级毕业的30周年。我所在的机械系的校友,我的老同学、老"熟"人,来了不少。

所谓"熟",是指虽然毕业30年了,不少也是分别30年了,但一见面却很熟,声音容貌基本未改。"万斌!万斌!"叫得十分亲切,而且再加上"老大!老大!"叫个不停,更勾起了更多的回忆。万斌是广东人,"劳驾!劳驾!"讲得很不准,讲成了近似"老大!老大!"的口音。这"熟"怎么不应强调?!

其实"熟"打了引号,就是不熟了。"他就是张治坤!"是张治坤?与大学时的张治坤,判若两人,我完全不认识了,衰老得完全变了样。相逢何必曾相识!这真是"问姓惊初见,称名忆旧容"了!10月在京校友团聚宴会上,十分热闹,把酒言欢,即席发言、即席赋诗、即席唱歌、即席回忆往昔就更多了。我不禁思绪难抑,即席以《北京团聚感赋》为题,敬呈七律一首:

> 京华佳节庆重逢,把酒从容意自通。
> 犹记分离辛建校,曾经团结奋防洪。
> 进军科学宏图绘,展翅长空凤愿同。
> 风雨几番心更热,深情聊寄在诗衷。

在这里,还得写上似乎无关的几点。一是这次校友团聚,有没有漆桂芬,我记不起了。后来,她肯定是北京校友会主要负责人之一,可惜在新世纪第一个年代,竟因忙于北京校友会工作,脑出血而亡了。

二是还得写北京校友会创始人之一的曹少芳,他是我同年级同专业的老同学,是我校广播台有名的活动家与播音员,毕业后分配在原北京工学院(现在的北京工业大学)教力学。改革开放初,校友会、同乡会之类的群众组织是不允许成立的,不久之后,政策就全变了,改革开放的深度与广度逐步发展,校友会、同乡会不但可以成立,而且加以鼓励与支持,而今武汉校友会、北京校友会、上海校友会等成为我校校友总会中最重要的支柱了。

还得讲一下,曹少芳同志有力地支持了校办产业中的开目软件公司,开目软件公司的开创者是陈卓宁同志,他以他博士论文的科研成果创办了开目软件公司,是学、研、产相结合的一个典型。曹少芳与开目软件公司有着深厚的友谊。

二十七　扬州一日游

我怎么也记不清是哪一个全国性学术组织,还是哪一次全国性学术会议,总之在 1986 年 10 月组织了一批专家,先去了湖南张家界的索溪峪,接着又去了扬州,大饱了迥异风光的眼福。但究竟有哪些专家,我一个也记不起了。

我随朋友们漫步索溪峪,可以说是一步一个景,回看景不同。景色幽深、宁静,变幻不定,水溅鸟鸣,使我想起了柳宗元的名篇《永州八记》,特别是其中的《小石潭记》与《袁家渴记》,索溪峪确与它们有着异曲同工之处。

我们在索溪峪的十里画廊漫步,"十里画廊"之美称,绝非夸大,而是名副其实,所见的鲜活画面,所听的鲜活天籁,好像今天还在身边、耳边。

当时,从内心深处涌出的就是一首诗:"奇峰夹径绿森生,鬼斧神工伴客吟。鸟语泉鸣芦荻舞,景随流水白云深。"秋天了,大自然中,当然是芦荻群舞,而毫无"故垒萧萧"之感了。

而扬州之游感触更深,虽非"烟花三月下扬州"的醉人之春,而丰收之秋,确是"不似春光,胜似春光"的万类霜天竞自由的大好之时。

这时的扬州,是大自然的扬州,是历史延伸的扬州,是改革开放伊始的扬州,是品景、尝鲜、涤心、净情的扬州,多少历史故事倾注于心头!多少引人入胜的扬州今景启人深思!

"赢得扬州一日游,西湖瘦健个园秋;有无山色凭栏望,此日平堂岂旧游?!"的确,我们这批学者真的是赢得了扬州的这一日之游。

二十八　泛轻舟　愿共酬

改革开放大潮滚滚向前推进。

1986年11月上旬,我去了南昌进行招生。办学的人都很清楚,办好一所学校,有两条前提:第一,有高水平师资,第二,有高水平学生。高等学校竞争优秀生源,这是必然的现实。这次去南昌,离1961年4月那次已有25年了。这次是为了招生,而那次是为了实习。真快!我国面貌已翻天覆地了。那次,吃饭凭粮票,而这次,粮票实际上已没什么作用了。

之所以一开始就写粮票,不仅是因为粮票的有无是我国经济与社会巨大发展的一个标志,而且与我再次拜访魏民同志有关。上次,她十分友好、十分真诚、十分慷慨地招待我放开吃饭,不必有什么顾虑,而这次她虽处于癌症后期,却泰然自若地招待我这样的老熟人。我这个"小鬼"成熟了,一代人也渐渐地起来了。

我到南昌后,第一个去拜访的就是魏民。她卧病在床,若无其事、兴致勃勃地与我交谈,相欢各叙怀,"别来沧海事"。她指着也在病中的她的爱人老潘讲:"我与老潘感谢你与同志们,你见了吴子彦、金立强、周志方、雷世懋等老同志,代我向他们问候。"我知道,这一别再也不能见她了。这一生离死别之情永在心灵深处。不走,也必须走了。

接着,我一一拜访了我所熟悉的老师与熟人,到了一中,到了系马桩,到了书院街,到了六眼井……特别是,还与老朋友一起泛舟东湖。"物换星移几度秋,故人欢聚故乡游。中山堂志宏词誓,系马桩情厚意留。大道浓荫连广厦,名湖丽水泛轻舟。临江高阁排云上,壮志冲霄愿共酬!"是的,滕王高阁已耸立在赣江与抚河交界之处了。

我去了二中、市中、三中等一批中学,参观了这些中学,并向这些学校的高中有关学生作了报告或进行了座谈,也可以说,进行了招生宣传。当时,有的人建议,你们这样的名校教授,做些高级科普或研究成果的报告,就是最好的招生宣传,大可不必为招生宣传而来。后来,我在许多著名的中学,包括北师大附中、重庆的南开中学等学校,都有类似的讲话。一句话,最根本的是学校的实力,是学校培养人才的质量,"事实胜于雄辩",这是一条真理。好大学的传统之一,是"行胜于言"。

二十九　责庄严　育精英

改革开放初期,就开始建立学位制度,硕士生与博士生导师都要经国家学位委员会学科评审组评审,主任委员会同意方可指导硕、博研究生,后来只有指导博士生需要这样。我们机械系开始只有路亚衡、陈日曜两位教授可以指导博士生。到1986年11月批准增加了余俊老师与我。

于我而言,用我的名义招收的博士生,松一些讲,是从1986年丁汉、尤政等学生起,严一些讲,则是从1987年吴雅、康宜华他们起,因为批准的日期是1987年11月,比招收入学将近早了半年。不管是用我的名义招收,由我直接指导的,还是原来用路亚衡、陈日曜教授的名义招收由我直接指导的以及后来用我的名义招收由有关教授指导的,我都认真对待,因为这是在为国家培育精英人才。百年大计,教育为本;教育大计,人才为本。毛泽东同志有句名言:干部决定一切。广而言之,这就是人才决定一切。献身于教育的志士仁人,都深深认识到这个道理。

当我被批准增为博士生导师后,自己已是名实俱全地在为国家培育精英人才了。"大计千年史鉴论:人才为本教为根。今朝赋我庄严责:参育精英铸国魂。"这是我肩上的重担,也是我心灵的感悟。我大致统计了一下,由我指导与用我的名义招收的研究生(绝大多数为博士生,1993年起全为博士生)达130人以上,其中硕士生约30人,其中有一批现在已是国内外知名人士了,在国内外均有着举足轻重的地位和影响。如汪大总在美国通用汽车公司,是技术方面的第一号权威,2014年我刚患病期间,他6月份正好应学校与我的邀请,来我校访问。

我增为博士生导师后,西安交大机械学术界著名的顾崇衎教授寄赠小型挂历一幅,并题赠我:"秦楚拾智营,灵犀一点通;后来居上者,喜报登高峰。"我感而和赠回一首:"层层扎寨功,仄径坦途通;永念前驱者,拓途向险峰。"是的,我国有个极优秀的传统,就是喝水不忘掘井人。我这个能喝上清甜井水的后来人,永远从内心感激与怀念他们。我想,在今天我写这本《往事钩沉》时,他们中的绝大多数已经不在人世了,但作为喝水的后来人之一的我,将会永远记住他们。

三十 丝断真情是可知

1984年,我所在团队接受了中国有色金属公司的一项大课题,要检测出钢丝绳断丝情况。如能在现场检测出来,那就更好。这是国际上的一项难题。

在与师汉民同志通力的合作下,可以说,我所在的团队在1985年底就攻下了这一难关。"从来登顶无平路,不领风骚不罢休!"

《中国科技导报》、《中国机械工程学报》(英文版)、国际权威 Wear 等国内外重要学术刊物都刊登了我们撰写的学术论文,有关国际学术组织还来函希望我们能成为他们的成员。当时国际权威的结论是,钢丝绳断丝定量检测这一问题,"如果不是不能解决的,也是十分困难的"。但这一结论被我们否定了。

到了1986年5月,美籍华人教授,我在美国时的导师,吴贤铭教授来我校访问时,仔细参观了我们的实验装置,询问了许多情况,不能不感慨地竖起大拇指称赞连连。

到了1987年春,我们已经切切实实地达到了可用微机在线实现定量检测,王阳生、叶兆国、李劲松、康宜华等当时在读的研究生与我的团队一起为此做出了开拓性的贡献,历久弥珍。

到了1987年,在我们的继续努力下,可以毫无愧色地讲:技术已经突破,问题已经解决,考验已经承受了。

这时,看到所取得的成果,看到这些成果在企业中的可靠运用,看到我们所经过的日日夜夜,是的,有时真的是日以继夜,夜以继日。"诗言志","诗言情",诗句自然涌上心头:"千钧一索系安危。"

中国自古有句名言,叫"按图索骥"。信然!特别是这次我突患心脏病,脑血管阻塞,在医治中,医护人员观察我心脏波形图,获得大量的重要心脏跳动信息,然后主要按波形提供的有关信息来进行诊断。病中佩戴的"长程"就是用以对心脏波形进行24小时的监测。对这些,我是十分熟悉的。

靠检测得出的波形图,钢丝绳断丝的情况的确是可查知的。这项技术,由我这个团队培养出的学生与有关人员已在很多领域实现了成功的应用。

三十一　初到徐家汇

1988年很可能是我第一次到徐家汇,是应上海交大徐敏、傅志方老师的邀请而去的。他们两位也是中国振动工程学会的成员,他们希望我这位学会的副会长去了解一下他们的振动科研,商讨他们下一步的科研工作。

那时,上海交大只是老交通大学在上海留下的一部分而已,主要是同船舶、海洋有关的专业。学校的主要部分在20世纪50年代中期已内迁至西安,成为西安交大。很多人都知道,那时西安交大的实力远比上海交大更强,直到1965年10月,我到西安交大参加一次全国高校毕业设计要结合实际的研讨会时,情况仍然如此,西安交大远强于上海交大。

我之所以要写这一段,是因为今天的情况大异于前了。中国目前的地位与那时也大不相同了,在国际已有众所周知的地位了。上海交大在国内也成为除了北大、清华以外最强的几所大学之一了,在机械工程学科上,据2015年的有关评估上海交大与我校并居全国第一。改革开放,给中国高等教育带来了极为巨大的发展契机。上海交大的徐家汇老校区只有那么一点点大,与今天的校区在面积上比,完全可以忽略不计,但其所设的专业,从历史价值上讲,那就是重之又重、贵之又贵的了。江泽民同志、钱学森同志等都是从那儿毕业的。徐家汇校区那些"简陋"的平房记载着光荣的历史。

在徐敏、傅志方同志盛情陪同下,我参观了有关"振动·冲击·噪声"的实验基地,虽然当时上海交大并不强大,但在振动学科的许多方面都十分不错,在国内无愧居于前列。我当即表示,会大力支持他们取得在振动学科上的应有地位。

那时,上海交大的机械制造学科并不强,远非今天我写这本《往事钩沉》时,其已与我校这个学科并列国内第一了。我之所以要写这点的原因之一,就是为了表现出严隽琪同志的功不可没。1988年这次会议还是以后什么时间,她与我取得了直接联系,我一直被她努力发展上海交大的机械制造学科所做的努力所感动。

三十二　功到志成书出版

1983年我回国后,做的众多事情之一,就是推广"时间序列分析"这一数学方法在工程中的应用,同时在应用中又在数学的某些方面做了一些发展。

1983年,在与我同时在Wisconsin(Madison)大学做访问学者的黄仁、黄逸云等一批专家的大力支持下,我校举行了全国第一届"时间序列分析在机械工程中的应用学术研讨会",会议开展得很成功,会后出了专集。

这次学术会议后,我与王治藩充分吸收了国内在时序应用方面的成果,对讲稿进行了修改,吴雅也帮助修改。1985年,我应邀到天津大学讲课后,彭泽民教授极力主张我在讲稿的基础上,出版专著,但当时我感到出书还不成熟,而且手头工作太多,无暇执笔来写。

出书一事一直拖到1988年,此时出版专著的条件已成熟,所谓条件:第一,有了三年多的教学实践经验;第二,有了国内工程应用的实践与论文;第三,在一些基础理论上,有了自己独立的思考与见解;第四,应该说,是极为必要的,就是对时序理论与应用有深入了解,而且有较好教学经验的得力助手,因为这时有了吴雅这一合适的合作者人选。

三十三　花果攻下洋关(上)

攻关,是我国解决现实难题时常用的一个词语。在这里,不是用在官场、商场等场合中的攻关,而是用在科技中,依靠集体智慧、群众力量解决难题的一种办法。

1989年,卢文祥同志在二汽进行教学科研时,了解到二汽进口的曲轴连杆颈加工车床Mx-4这台"洋宝贝"、"独生子"有着严重的振动噪声问题,向我与有关同志汇报了此事,并提出可以合作进行研究,我坚定地支持他的想法。

此事该怎么做?恰好吴雅时序专著撰写一事已告一段落,可以派她去!她又与二汽熟,二汽的发动机厂又有一批合办班的学生,例如,张启林、江群华等人,而且都是技术骨干,张启林还是主管技术、设备的副厂长。我谈了我的想法后,获得了大家一致的支持,吴雅就带了她指导的硕士生柯石求一起去。师生二人,找到张启林,找到二厂管机床设备的部门及技术负责人,并同有关技术人员徐善祥取得了联系,迅速地投入到工作中,吴雅一进入工作,果断地将解决Mx-4振动噪声这一难题,作为她博士学位论文的课题,柯石求的硕士论文可为其中的专题。我完全支持她的想法和做法。

吴雅深知要解决这一技术难题,并非易事。20世纪80年代中期二汽从美国Wicke公司引进Mx-4车床,以求解决曲轴连杆颈加工这一生产设备环节,但这台设备一来,这台"独生子"的洋宝贝就出现了严重的振动与噪声问题,不但严重影响加工质量,而且经常出现曲轴拆断事故。

当时,发动机厂流行一句顺口溜:"听到独生子叫,心中真烦恼;听不到独生子叫,事故就出了。"情况反映到 Wicke 公司,他们两次派专家来厂,最终也无法解决,只是按合同进行了赔偿,但赔偿并不能解决曲轴颈加工难题。从 1987 年到 1989 年两年的时间,对 Mx-4 的重大改造达 14 次之多;更由于车削加工质量不高,以致磨削余量不佳,这又导致了下一工序曲轴弯床精度的下降。怎么办?只能从实际出发,靠自己去解决这一难题。

吴雅也深知,必须彻底了解 Mx-4 问题的情况。不到一年的时间,她去了发动机厂 12 次,在二汽特别是在发动机厂技术负责人张启林与二汽负责设备的技术人员徐善祥的帮助下,进行了相当全面的试验。为了不影响生产,绝大部分试验都放在休息日进行,那年,吴雅几乎没有在家度过一天,她与有关同志就是这样一心扑在这一工作上。

三十四　花果攻下洋关(下)

1989 年至 1990 年,是极其艰辛的一年,吴雅、柯石求在二汽有关技术人员特别是徐善祥同志的支持与帮助下,忘我地工作,我与师汉民同志同去,也一直与她一起商量,出谋划策,特别是努力去钻研问题产生的机制何在这一问题。攻下这一难题的生产效益与理论价值,是极为明显的。吴雅就是忘我地全力以赴,哪还讲什么假期与休息。

我记得,吴雅动情地告诉我,有位工人问她:"吴老师,你一个人的工作等于几个人干的,也没有什么假期,你一个月拿多少钱?"我问:"你怎么回答?"她说:"我如实回答。这位工人十分感动,他讲要向我学习;我讲,我必须向一线工人、技术人员学习。"我夸奖吴雅回答得真好!

在不到一年的时间里,吴雅带着柯石求去了二汽 12 次,每次都在半个月以上。每次为了保证试验可靠,他们总是加班加点,甚至熬通宵,从试验的设计到仪器、测点的布置,既按照我们事先商量好的方案来做,又依据当时出现的问题及时加以调整。我去过看了几次,知道她与柯石求够辛苦了,但我可以放心。我曾多次讲过,给吴雅交代的工作,完全可以放心,不会出现不应有的差错,而且团队中的杜润生同志等对现场测试有着极为丰富的经验,也经常为此出谋划策,作用很大。

我还记得,1990年7月,准备进行最后一次大型试验,吴雅他们冒着酷暑,提着测试仪器等物品,从二汽一处招待所乘公交后又步行了几公里,到发动厂后连续干了好几个小时,累的话都不想讲,工厂送来的西瓜与午饭,也不想吃。发动机厂技术负责人张启林告诉我:"吴雅太辛苦了!"张启林与吴雅在合办班时,彼此就十分了解。

正是在厂校紧密合作下,1990年9月,洋关终于被攻下了。10月,由二汽科委组织的鉴定会在现场举行。清华大学严普强、天津大学刘又午、二汽科协王达勋、西安交大何钺、重庆大学徐宗俊、北京机械工业学院朱骥北、厦门大学黄长艺、华中理工大学王宏元、南京汽车制造厂汪伯君、沈阳第一机床厂杨小明、二汽费何泽等知名专家组成的鉴定会对此项目进行了现场鉴定,一致给予了高度的肯定,并通过了"Mx-4曲轴连杆颈车床振动、噪声源分析与对策"这一项目的研究报告,确认该项成果处于国家先进水平。

此项成果与师汉民关于金属切削颤振等项目一起,获得我校第一个国家自然科学二等奖,填补了当年我校无国家自然科学奖的空白。

写到这里,我十分沉痛,因为在1999年底吴雅不幸在国外死于车祸。在此,希望她在天之灵,能看到祖国、故乡、母校的巨大进步,含笑九泉!也希望她能知道,我们会永远怀念她!

三十五　友情胜龙井新茶

"团结就是力量。"友谊宝贵胜黄金。一个集体、一个梯队的内外团结确系如此。众人一心,其利断金。我所在的团队,就是如此:内部关系十分融洽,彼此体谅;外部关系,一贯友好,相互支持。

兄弟院校、兄弟单位对我所在团队的友好与支持我们是始终记在心里的。1989年5月初,浙江大学机械系童忠钫教授邀我访问浙大机械系。他亲自指导的博士研究生陈子辰同志是一位优秀的年轻学术排头兵,后来成为浙江大学主要负责人之一。这点我深有体会,这不仅是因为他后来博士学位论文答辩、学术职称评审、国家奖励推荐等,我一直都参加了,而且他"敬老尊贤"的一直不变的感情令我十分感动。在他成为浙大主要负责人之一后,我去浙大,他一旦知道,不但来看我,而且将他们乘坐的小车让给我用,这是什么情感? 真是一片真情!

1989年5月,我完成了我应该完成的工作后,不负大好春光,游览了西湖美景,浙大同行童忠钫教授等人以最好的龙井新茶招待我。当时,"文革"前与我同在一个专业教研室的陈兆年,这时也回到老家杭州了,他也应邀来陪我。在5月2日这一个明媚的春日,我们三人到了西湖虎跑泉,坐下畅谈,共赏良辰美景,有感而作七绝一首:"名泉惠我瀹云牙,品酒清香韵味嘉。更有湖山相映趣,倾心一笑乐无涯。"

说实话,这首诗第二句的"韵味嘉",对我来讲是不合适的。品茶品茶,我只会做,不会品,毫无此遗传基因。茶,红茶、绿茶,我分得出来,至于"品"绝对是个门外汉,是个槛外人了。我父母没给我这方面的遗传基因。"倾心一笑乐无涯",这是百分之百的真心话,因为在虎跑泉旁这一饮茶中,我再次深信我国孔夫子的伟大,教育必须"有教无类",且必须"因材施教",没有一点的基因而强行施教,这样绝对是不可行的。

十分遗憾的是,在这次应访之后不久,童忠钫教授便因癌症突发,治疗无效去世了,童忠钫同志可谓英年早逝。现在,我只记得他一去世,我知悉后,便立即驰电深表哀悼,但在访问之后我们是否再见过面,我记不清楚了。有一点可以肯定,我曾讲过,我多次要去杭州,但无奈临时有事,终未去成,后来有机会去了杭州,接连又去了4次。现在不知童夫人蒋老师近况如何。他们夫妇对我的感情,我永远难以忘记!

三十六　攻下洋关攀险峰

"无限风光在险峰",在解决二汽曲轴连杆颈车床的振动噪声技术难题后,教研室支持吴雅以此作为她博士论文的基础,师汉民也十分支持,并与我一起合作指导。何况,师汉民同志在英国伯明翰做高级访问学者期间,主要精力也是研究机床金属切削颤振这一难题,就这样,我们确定了她的博士论文题目就是《机床切削系统的颤振、噪声及其控制——理论与实践》。

在理论方面,研究了机床切削系统强迫再生振动的概念、数字模型、判别特征与控制策略等,特别提出了"强迫再生振动",包括强迫再生共振与强迫再生颤振,这是第一次提出,文献中并没有任何相关的记载。实践方面,提出了在 Mx-4 颤振上如何应用的问题。问题吃透了,解决起来并不复杂,只要对机床做某些调整、切削用量(特别是其中的进给量)做某些控制,就可以彻底解决问题。

论文的评审与论文的答辩都得到了极高的评价。论文的答辩给出了我校此前从未有过的高分。专家一致认为,这一学位论文与美国 Michigan 州立大学同类同期学位论文相比,论文水平远远高于后者。我们教研室甚为欢欣鼓舞,况且此次我们教研室所指导的学位论文都得到了好的评价。与吴同时通过博士学位论文答辩的还有李劲松、钟毓宁两位同学,他们的论文评价都很高,例如,前已讲过,李劲松向国际刊物 *Wear* 的投稿,*Wear* 这一刊物的编委会,特地点名要将其论文的作者发展为会员。

中国谚语讲得好:山外有山,天外有天。颤振,当然包含金属切削机床这特定的颤振,要能彻底解决,即还得看是什么条件,有什么要求,达到什么样标准。作为当时二汽攻关的目标,作为当时博士论文的水平,应该说,当时的论文称得上是高水平的。

在 Mx-4 攻关前前后后,在教研室这个团队并与有关部门的合作中,我深有感触地写下了七绝、七律各一首:"关山道路阻重重,彼此心通路自通。历史艰辛佳境现,嫣红姹紫笑春风";"何惮攻关难上难,洋人无奈国人担:同心厂校争筹策,勠力师徒不计班;数据严思征兆识,缘由细析处方探。蓦然解决连环结,心共苍山一片丹"。当然,这里面讲的苍山系指二汽所在的鄂西北大山,其实,代指神州大地又何妨呢?

三十七 教育大计 教学第一

"百年大计,人才第一。人才大计,教育第一。教育大计,教师第一。教师大计,教学第一。"简而言之,即"教育大计,教学第一"。

要国强民富,从根本上来讲,是靠人、靠人才。要人才辈出,从根本上讲,要靠教育、靠教师。人之所以为人,因为有文化,此即:"以文化人,化人以文。"谁"以文",就是作为教师的"人",就是"以文化了的人",就是为"文"化的人,再去化人以"文"。韩愈是位大教育家,《师说》是一篇有关教育方面的精彩之文。"古之学者必有师。师者,所以传道受业解惑也。"当然,最终是"传道",然而作为基础,作为第一步,即是"受业",传授知识。这就要求,教师要去教,学生要去学。

怎么教?怎么学?"工欲善其事,必先利其器。"要能教,能教好,要能学,能学好,作为教与学的工具的教材,就要好。所以,我的教研室十分重视教材。从教研室建立开始,就重视教材建设。到20世纪80年代末90年代初,我们更加如此,而且集中力量抓此事。

我仍依靠主要任课教师,当然还依靠教研室的集体努力,依靠兄弟单位有关教师的支持,先后完成了机械类本科生专业基础课用的《机械工程控制基础》(编著)、机械类研究生用的《机械工程测试·信息·信号分析》(编著)与工程类研究生用的《时间序列分析的工程应用》(编著)三本教材,这几本教材后来受到了广泛的应用与认可,并获得国家级、省部级的有关教学奖励。这些奖励与认可的获得,既是有关作者的心血,更是教研室教师的奋斗;既是本学科教师的努力,更是兄弟单位有关同志的支持。这绝非什么套话,而是我们的由衷之言,在这本《往事钩沉》所谓的挂一漏万的回忆录中,还要再次表达我的感激之情。

书,是人类攀登知识高峰的必要阶梯。尽管在信息技术如此发达的今天,似乎可以无纸、无书了。然而,在世界上,在卓越的伟人中,还在提倡读书。即使似乎有那么一些年轻人,什么书也不读,但还是要请他们深思一下,他们的知识是从什么媒体而来的?这些媒体不过是以不同的方式承载与传递着信息而已。

更何况,"书"无论如何不能丢掉!专业的学校不能停掉!教师不能废掉!教学不能去掉!

三十八　教学大计　教材第一(上)

"教育大计,教学第一。"教学大计,什么第一呢?应该是教材第一。古今中外的大学者莫不重视著书立说;当代少儿的教育工作者,莫不关切少儿读物的编写。形式不同,实质无异,一切都是首先立足于授业,立足于教学,立足于要有好的教材。何况,历史上还有"自学成才"之例,虽然数目不算太多,他们靠什么?自然得靠好的书本、靠好的教材。

教研室决心要抓好教材建设。

第一本抓的是《机械工程控制基础》。

这是机械工程类专业的专业基础类教材。这也是适应时代与学科发展的课程。由于现代科技的迅速发展,将控制理论应用于机械工程的重要性与紧迫性日益显现。这就推动了"机械工程控制论"这个学科的产生与发展。从本质上讲,这门学科既是一门广义的系统动力学,又是一种合乎唯物辩证法的方法论,它对启迪与发展人们的思维与智力有很大的作用。作为一门课程,它应是机械工程类专业的重要理论基础之一。

作为技术基础课的教材,应力求在阐明机械工程控制论的基本概念、基本知识与基本方法这所谓的"三基"基础上,紧密结合机械工程实际,特别是结合机械制造工程实际,以便沟通与加强数理基础与专业知识间的联系。

这门课程是一门比较抽象的技术基础课。它不能只限于专业技术问题,同时必须概括工程实践,紧密结合工程实际。本课程以数学、物理及有关学科为理论基础,以机械工程中有关系统的动力学与其抽象、概括与研究为对象,运用信息的传递、处理与反馈进行控制这一正确的思维观点与方法,在数理基础课与专业课之间架起一道桥梁,将两者紧密结合起来。

但它同其他一些专业基础课比较,却显得更抽象、更概括,涉及的范围更为广泛。确实,本课程几乎要涉及机械工程类专业学生在学习本课程前学过的全部数学知识,接触过的动力学知识,特别是机械振动理论与交流电路理论。应讲明一点的是,在学习本课程时,不必追求数学论证上的严密性,但一定要充分注意到物理概念的明晰性与数学结论的准确性。

还应特别指出,正因为如此,控制理论才不仅仅是一门重要的学科,而且是一门卓越的方法。而这正是我们要开设机械工程控制基础这门专业基础课的根据。

三十九 教学大计 教材第一(下)

第二本抓的是《机械工程测试·信息·信号分析》。

当今时代是信息革命时代。《机械工程测试·信息·信号分析》教材的编写,正是适应时代的潮流。它也是机械工程类专业的专业基础类教材。

"他山之石,可以攻玉。"微电子技术,特别是计算机技术,给机械工程、机械工业带来了极其深刻的变化。机械产品的结构与功能产生了质的飞跃,制造过程不仅包含物质流与能量流,而且包含了信息流,制造过程正在走向集成化、柔性化与智能化,柔性制造、集成制造与智能制造的出现与发展正是这一趋势的体现。而这一切的关键就在于信息的获取、传输、转换、贮存、处理与分析及其利用。

抓这本专业基础教材，也就是为了采用测试、信息理论与技术改造机械工程这一传统学科，并为研究生提供一本这一方面较为系统的参考书。一个研究生，应该博览群书，博采百家，思路开阔，有所创见。但这不等于他在一切方面均能如此，只能做到有所不为，才能做到有所作为。如果一个研究生的主要兴趣与工作不在测试与信号分析，他就可以选择一本有关的书作为了解这方面的参考；如果主要兴趣与工作恰在这方面，他就可以将这本书作为一本主要的学习用书，并由此书而博览群书。这本书两方面的功能均具有。

众所周知，在今天，信号分析最终落脚在信息处理，而时间序列分析正是信号分析的现代手段之一。时间序列是数理统计这一学科的一个重要分支，但是作为现代数据处理方法的时间序列分析还是在20世纪20年代后期才出现的。在20世纪60年代后期，时间序列分析在所谓的"谱分析"与"谱估计"方面取得了实践成果，发展迅速，特别是同控制理论的结合，赋予了它更为丰富、更为深入、更为鲜活的内容，使之不仅成为有效的现代数据处理方法之一，而且是系统分析与系统辨识的方法之一。这不奇怪，因为时间序列分析的应用范围涉及自然界、社会界、工程界，涉及众多的学科领域，从一般的市场预测到地震预测，从机械设备的工况监视与故障诊断到语音分析、识别与合成，从零件加工表面形貌的分析到生物生理、心理状态的研究，其应用范围广、应用类型多，"时间"只是成为一个物理参数而已。

教学大计，教材第一。教研室下定决心要抓好这两本教材。

四十　苦练教学基本功

"工欲善其事，必先利其器。"教师要讲好课，首先要掌握讲课内容，其次也是必需的，即要学会表达。两者缺一不可。

掌握讲课的内容，这是能讲好课的前提，无此，一切别谈。以己之昏昏,怎么可能使人之昭昭呢?要能讲好课,讲课的人必须切切实实掌握好要讲的内容,不容有任何虚假。用数学语言讲,这是讲好课、解好题的必要条件,如果走向反面,则是好心办坏事!要讲好课、解好题,还需有充分条件。这就是教学方法。

我深知,教学方法是我所在团队的教学基本功,非苦练不可。我初上讲台时,就吃够了这个苦头。我曾反反复复,以此为戒,告诫新登台讲课的教师。退一万步讲,即使你第一确实掌握了讲课内容,第二的确掌握了讲课方法,那你为什么不去"更上一层楼,以穷'万'里目"呢?我甚至要求课讲得好的教师,也去试讲,既可以为新讲课的教师做示范,又可以对自己有更进一步的提高。不断实践,不断深化,不断提高,这个过程永无止境。

讲课,能手不会念讲稿,不要以形助声,要以声达神。形、声、神三位一体,当然最好。但完全不用讲稿,就可能会出现偶有遗漏的状况。不知者可能不知,但这毕竟是不完美的。

讲课,不是如一般演员一样,高级的照本宣科,而应心入课中,能有所发挥,甚至临时突冒"灵感",讲出新的见解。这才是体现"人之所以为人,人为万物之灵"的根本特色。所以,我过去讲,念大学时我从没想到会当教师,当时一心只想学习,搞工业化,去参加工业建设。而到今天,我仍旧如同大学毕业当了教师以后一样,对教师职业的热爱之情一直有增无减。

韩愈讲得太好了:"古之学者必有师。师者,所以传道受业解惑也。"这篇"钩沉",可能讲了许多重复的话,然而,关于教学的这些话是我的切身体会,所以还是要讲。

四十一　服务国家　服务社会

1990年左右,是我所在的这个团队极为活跃的时期。教学任务固然不轻,而科学研究工作尤为繁重,国内外学术交流十分活跃。

在众所周知的十分困难的条件下,"专家系统工程应用国际学术会议"仍按期在我校举行,会议从10月12日进行到17日,圆满结束,会议期间我深有感触地写下了七律一首:"桂香月满趣无穷,国际切磋情更浓。潜力惊人称技术,智能涌'秀'出人工。瑜珈山势英贤聚,黄鹤楼高气象雄。客主把杯相与祝,专家系统更葱茏。"在20世纪90年代初,专家系统是人工智能中最为新颖、最为活跃的领域之一。我们团队把握时机,趁势而上。机不可失,时不再来。

我们积极参加国家大电厂有关部分的建设,我与当时还在博士后站的史铁林同志乘硬座车,直奔东北大庆,参加大庆新华电厂的验收鉴定工作,这里必须提到哈工大的黄文虎教授,我们能参加这一验收,他给了大力的支持,验收会上又认识了一批知名专家,为更好地参加大项目创造了条件。我们两人还和严普强教授一起参加了南京扬子石化的有关鉴定,这是重大项目的验收。

为了服务国防建设,结合对柴油机有关振动的研究,我们在校内与造船系合作,而且特别与史铁林一起到有关军事基地,研究柴油机的故障诊断,进行现场测试分析。

在地方上,我与吴雅、杜润生、史铁林等一起,到了吴雅的老家汉川,应邀考察地方上新建的120万千瓦的汉川电厂,了解了机组工作情况,商谈双方合作事宜。汉川电厂的建设是湖北省的一个重点项目。

在武汉市,我所在团队还与在汉一些重要单位开展了合作,特别是陆军总医院,我们合作得很愉快。因为这时,我已同我的高中同学肖行贯有着良好的合作。他正利用脉搏信号分析人的心脏疾病情况,我们帮助他完善测取脉搏传感器的设计与制造,与他一起分析测取了波形图,以查明与验证人的心脏健康情况的分析,取得了良好的进度。据知,他后来在这一项目上获取了国家发明奖,我们十分支持他的工作,在申报发明奖时我们明确表示,不要报我们。他们取得一个国家奖不易,何况主要工作本来就是他做的。

正因为有了与肖行贯合作的经验,我们与几家主要医院,特别是与武汉陆军总医院开展了人体内部一些声音信息的测取与分析的工作,双方都受益匪浅。

四十二　岁岁耕耘敢稍休

当我与我的团队正在努力拼搏时,组织与群众对我们的鼓励很大。多种赞扬与褒奖纷至沓来,特别令我感动的是一些个人来信,这些信都是他们的肺腑之言。

饶世启老先生是我校一位干部的父亲,受民族文化的熏陶很深,为人处世很受他人尊重,他在1990年赠了我一首七律诗,我读后十分感动,和诗一首。后来,原诗不知放在何处,找不到了,而和诗尚在,如下:

七律·敬和饶世启先生

感饶世启翁赠诗《正气千秋永不休》

步韵以和

激读新诗复此牛,感翁盛意喜还忧。

乘风破浪千舟济,喷火奔空万众筹。

壮志深知须砥锐,雄文力战更攻修。

甜酸苦辣寻常事,岁岁耕耘敢稍休?!

是的,我们应该马不停蹄地向前赶,多发一分热,多用一点功,人生就应是如此。

中国有句名句:"背靠大树好乘凉。"这时,就是"背靠集体好干活"的时期,严格讲,不仅要"背靠",而且要"融入",融入集体好干活。我为人人,人人为我,这个"为"的后面,不仅是我,不仅是这个集体,更是学校、是国家。我十分赞成这么一个讲法:"一切为了学生,为了学生一切,学生就是一切。"这句话我常讲,也是我的体会,当然,这段解释,还需添加韩愈《师说》中开章明义的一句话:"古之学者必有师。"从教师角度上讲,就必须是三个"一切",从办教育角度上讲,就应该是:"一切为了教师,为了教师一切,教师就是一切。"实际上,讲任何一句话,都应有前提,就看自己有没有注意到。

正因为如此,我在教研室内部,对干部要求严,对群众要求宽;在干部中对主要干部要求严,对次重要干部要求宽;在主要干部中,对一把手要求严,对次要干部要求宽;本质上讲,对己严,对人宽。在物质待遇、荣誉奖励等各方面均是如此。我们绝不搞平均主义,而是天然竞争,弱肉强食,激励大家"岁岁耕耘敢稍休"。

四十三　院士申报

我国从1992年下半年起,将中国科学院学部委员改称为中国科学院院士。分别在1955年、1957年、1980年选出了三批学部委员。1991年增选的为第四批。

1991年我校推选出3位候选人,我也是其中之一,推荐的理由是:"杨叔子教授立足于机械工程,致力于机械工程与有关新兴学科的交叉,拓宽了机械工程学科的研究领域,在精密机械加工与机械加工自动化方面,发展了切削振动理论与误差补偿技术,研制出不解体的发动机诊断系统,解决了有关单位中重大关键问题。在机械设备诊断理论与实践方面,建立了一套概念体系,发展了诊断模型与策略,研制不解体的发动机诊断系统;还发展了钢丝绳无损检测理论与技术,解决了国际上断丝定量检测难题。在时序分析的应用与工程应用上,结合系统论与数据处理技术,发展了某些理论与方法,对时序分析的工程应用起了一定的推动作用。在专家系统应用、信号处理、机械工程机制上,也有多方面的成就。科研成果通过鉴定18项,获重要奖励9项,专利1项,发表学术论文250多篇,出版著作10种。"

上述这段文字约300字,应该说,还有整个《候选人推荐书》是研究生院梅世炎(他是校领导中负责研究生院工作的)、杨焕祥、王宏文与我室吴雅、史铁林、卢文祥、杜润生等一批同志共同研究、反复修改的结果:第一,必须实事求是,第二,必须把成就讲够讲清,不能遗漏,不能无重点。当时的校领导李德焕、黄树槐等人更是费了心血。大家都十分明白：这一申报是关系我校发展的一件重大事情，大家应全力以赴。

对于我个人来说，这一申请，绝不是个人的事情，我也必须全力以赴，不是去配合，而是去担当。能否申请成功，是评估我们学校、我们集体学术水平高低的重要标准，而且可以为学校更好的发展创造条件。同时，自己也有足够的思想准备，就是这次不行，下次再来。一定如同郑板桥诗中所讲："咬定青山不放松，立根原在破岩中。千磨万击还坚劲，任尔东西南北风。"

四十四　咬定青山不放松

精密机械、仪器的一个关键，是精密丝杠副的制造。丝杠越长就越难制造。精密丝杠，特别是精密长的丝杠，尤其是其中的滚珠丝杠更是如此。

位于我国陕西汉中的汉江机床厂肩负的重要任务之一就是制造高精度的滚珠丝杠。我校毕业的陈卓宁博士就是做这方面研究的。恰好我们的关注点都相同，所以都同工厂结合得很好，汉江厂的李培生与我们共同攻关。例如，在1991年我国机床设计与研究的年会上，我和陈卓宁以及我室的丁洪与我所指导的研究生，当时还专撰有《高精度丝杠磨削误差补偿的研究》一文。1992年在国内期刊《机械工业自动化》上，我们的师生还发表了《精密丝杠磨削补偿过程中校正装置的智能控制》等学术论文。

在这里，不能不讲一下杨克冲同志。他大学的毕业设计开始由我指导，后来，我到上海机床厂劳动锻炼去了，他改由其他同志指导。毕业后，正值学校"大跃进"时期，他就支援地方去了，后来在恩施安家落户。"文革"后返校，到了专业教研室。测试教研室成立后，他不仅来了，而且与我共事至今。在汉江机床厂攻高精度滚珠丝杠的制造中，他也是吃住在厂，全力以赴。

是的，我所在的测试教研室就是一个有着极高凝聚力、战斗力、创造力的集体，确实拧成了一股钢丝绳。汉江机床厂的高精滚珠长丝杠这一研究能否列入国家攻关课题，即标志着能否跻身于世界先进行列，我们内心深感这是必须要尽的职责，首先不是为了个人邀功。同时，我们也知道，如果这个关能攻下，对于提高我们教研室的水平，对于我申报学部委员，都会大有好处。在我国机床业的权威刊物《机床》(1993 年第 3 期)上发表的《3 米 C 级精度滚珠丝杠磨削的研究》一文，署名达 10 人，分别是徐志良、桂修文、丁洪、朱心飚、曹伟、杨叔子、李培生、赵建东、徐才元、辛守义。此外，在国外有名的学术刊物上，例如，*Computers in Industry* 上，我们也发表了类似的论文。我们做的研究工作，一步一个脚印，没有任何水货，没有抄袭，没有造假，有着高度严谨的严肃的学术志向，可以经过任何严格的检验。

正因为如此，我们所做的工作，经得起历史的检验，我们也都问心无愧。

四十五　征程跃马越从头(上)

七律·闻增选为中国科学院学部委员喜赋(两首)

1992.1月上旬　武汉

其一

欢欣热泪共交流，竟夕沉思卅八秋[①]；

大树参天培种始，高楼遍地拓荒谋；

敢将壮志酬书史，岂让华年化悔羞？！

饮水应知源远处，征程跃马越从头。

[①] "卅八秋"，即建校 38 年。

其二

风雨兼程五八春[①]，雄鸡一唱九州晨。
红旗猎猎征新路，黑浪滔之战恶津。
唯赖宏文群有力，频加重任我何能。
心如明月情如水，笑作梅花寄此身。

我永远不会忘记，1991年11月是我当选为中国科学院院士（当时称为学部委员）的日子，但我正式知道此事时，已是1992年1月4日了。当时的保密工作做得非常好，当选了，没经过应有的手续，就绝不外传。但由于选举后，要经过长时间的审查与通报手续工作，所以消息或多或少会以不同的方式透露出来一些。

我们学校有关领导与部门费尽心力去打听，结果是"没有"，我校3个申报的人一个也没有通过。学校有关领导特地打电话告诉我们3人，鼓励我们不要丧气，要继续努力，争取下次通过。

有位与我十分相熟的院士，只按惯例给我寄来了一张贺年明信片，后来他见到我，问我是否收到他的贺年明信片，我讲：收到了，他讲：贺年明信片上印的图案是什么？我说：没留心，但很漂亮！他讲：图案是"鲤鱼跳龙门"！我立即感激地讲：我懂了！十分感激！而我当时真的没有注意，也真的没有去琢磨图案的暗示。

我真正知道这个消息，是12月底了。当时二机部（后改为"核工业总公司"）的副部长是李定凡，他是我校"大跃进"时期703专业（核燃料化工专业）的毕业生，在贯彻"八字方针"时期，这个专业被撤销了，以后再也没有办过类似的专业。当增选的名单到他手上时，他十分关心他的母校，看到了华中理工大学的杨叔子，而且是在技术科学部，是从事机械制造的，他赶忙打电话问他的老师徐辉碧，一讲我校有人选上了学部委员，二是问杨叔子是不是徐老师的爱人，同时，叮嘱了一定要保密。就这样，我与辉碧知道了，但是这个消息我们没告诉任何一个人，我依旧去出差。

[①] "五八春"，即我58岁。

四十六　征程跃马越从头(中)

中国科学院增选院士名单在中央有关部门负责人传阅与审查期间，我正在汉中的汉江机床厂，与我系陈卓宁、丁洪以及所指导的研究生同厂方技术人员合作，采用误差预报补偿技术，对以低精度设备来制造高精度滚珠丝杠进行攻关，获得成功。其实，精的是粗的干出来的，大的是小的干出来的，重的是轻的干出来的，巧的是差的干出来的，这一辩证的哲学思维，"大跃进"时期就广为流传，从本质上来说完全是正确的。问题出在"大跃进"时期有的方面干得太过头了，"物极必反"了。特别是在汉中，在诸葛亮屯兵之地，更有所思。

在汉江机床厂，终于攻下了高精度滚珠丝杠制造这一关，站在汉中的武侯墓前，不胜感慨地写道："攻关夺隘不徘徊，步步为营卜九垓。高级终由低级出，补差系由估差来。汉中天地盈春色，湖北英贤巧锦裁。岂信武侯兴蜀地，风云际会更今开。"蜀汉距今，约1800年了。神州大地上，5000多年的历史古迹，任人凭吊；今非昔比，我们当下的人在后人凭吊时，我们所做的事业应是经得起检验与评说的。汉中盈溢的春色，我们也创造了一分。

"天地英雄气，千秋尚凛然。"刘禹锡这两句话放在诸葛亮身上，比放在刘备身上更为准确。澎湃的诗情，冲击着站在武侯墓前的我，参天的、围着武侯墓的桂花树，至少已有几百年了。"敢将壮志酬青史，岂让华年化羞。"保尔的"人最宝贵的是生命"这段名言，对我们这代人的影响真是太深刻了。是的，我们都应抓紧时间，时不再来。我下一步更应该生活得无有悔羞，能酬书史。在武侯墓前的那种心境至今仍深有感触，未有稍息。

在武侯墓前，我想到最多的是扎扎实实地把目前高精度长滚珠丝杠的攻关拿下，与大家一起，不仅要完成基本学术，而且尽可能做到好上加好。

根据我的记忆,在1992年1月4日的那天上午,不知谁告诉我,中央人民广播电台广播了新增选的学部委员名单,其中有我的名字。我当然很高兴,但还是问:"没听错吧?""没听错!"就是这天上午,学校来了电话,告诉我这一消息,并要我立即回校,参加学校要隆重举行的庆祝会。当然,我是高兴极了,但我还是一点也没陶醉,一点也没疯狂,而是深深地认识到,已是要"从头跃马越新程"了。

四十七　征程跃马越从头(下)

当选为学部委员,大家极为兴奋,这也是学校的一个零的突破。在汉中接到学校电话后,我便立即往回赶。

1月7日左右,我赶回学校。我清楚地记得,那天上午,是教研室的张保国同志去接的我,他是我所在教研室的临时工,是一个很努力工作的不到20岁的临时工,我们管他叫"宝宝"。汽车司机是杨飞星,我称他"胖小杨"(那时,学校车队还有一个叫"杨三毛"的杨师傅)。他们两人提前赶到武昌南站,在停车场等候火车到站的通知。

在火车快到站的时候,他们去打听火车是否按时到,而车站的答复是:这趟车晚点了!他们就坐在校车中等我。而火车却准时到站了,我下车一看,没人接我。而我事先已经告诉了学校,学校不会不派车接。于是我到停车场去找。张保国在车上打瞌睡,杨师傅看见了我,就打开车窗,对着我叫:"在这里!在这里!"这是我十分熟悉的口音,这时听了分外激动,立即高兴地上了车。"在这里!在这里!"这一呼唤与当时的情景,直至今天仍清清楚楚地在耳在目。在我写《往事钩沉》时,我到协和去体检总是坐两个杨师傅驾的小车之一。

我写这篇《往事钩沉》时,距"在这里!在这里!"的呼唤与我们当时见面的情形已快23年了,但一切却犹如刚发生两三天一样!太鲜活!太深刻!太值得回味与琢磨了!当我现在坐上小杨的车外出时,我们一见面,就会相逢一笑,对当时的事情记忆犹新。

那时,我住在西一区 31 号 502 室,对面是计算机系的刘健教授,楼下是船海系的漆贲茂教授。当时我的孙女儿杨易才两岁半。她当然不懂得全家为什么这样兴高采烈。我抱她到学校张贴祝贺我当选海报的告示栏前拍了一张照片。

我记得是 1 月 10 日,在一号楼现在的报告厅楼下餐厅中,举行了庆祝会,有关领导、干部与所有教授都参加了,教研室的有吴雅、史铁林、赵振平、张保国、郭华和有关同志。学校有关工作人员自不例外,校报记者当然忙个不停,厅中摆满了圆桌,一桌又一桌。党委书记李德焕、校长黄树槐、老领导朱九思同志都讲了话,我在讲话中表示了深深的感谢,感谢党,感谢学校,感谢老师,感谢同学,感谢家人,我真挚地向大家鞠躬,而且一再声明,没有集体,就没有这一切;一切的成果都是靠集体获得的。荣誉归于党、归于集体。这是由衷之言,肺腑之情,我不时流下热泪,激动得讲话几乎都无法继续了。

特别说明一件小事,当时在庆祝会中,杨易在台下离开辉碧的席位,走向主席这桌,有位工作人员不认识她,拦了她一下,讲:"小朋友!别往前走了!"她什么也不顾,只讲:"我找我爷爷去!"径直向我走来,我便下席,牵着她,到主席这桌坐好。现在杨易已经长大了,于 2014 年 12 月在英国爱丁堡赫瑞瓦特大学获硕士学位。一年后成为我校的工作人员。

四十八 快马加鞭未下鞍

"快马加鞭未下鞍。"这是毛泽东同志在长征路上写的《十六字令三首》这首词中的第一句。据公开资料显示,这首词是长征开始后的第一首诗词,作于 1934 年到 1935 年间,是面对刚刚开始的伟大战略行动展豪情、寄壮志的。在《往事钩沉》写到此处时,把这句词选为这篇的标题,是格外恰当的,革命的人民都寄希望于长征。

我当选为学部委员,全校上下都感到由衷的喜悦,对我寄予了更多的期望。李德焕同志既是我的同学,又是比我高一个年级的学长,他也对我寄予了厚望。在学校工作至今的蔡希贤同志特地送了一首诗给我："叔子同志：为庆贺您荣膺科学院学部委员，特步原韵和诗一首，望予指正：喜庆华工出子牛，荣登学部释群忧。攻关矢志开新域，创业新谋展众筹。不畏艰辛勤实践，坚持方向力攀修。吾侪自愧唯加劲，更励青年战不休。"这不仅是他的心声与厚望，也是学校所有人的心声与厚望。

蔡希贤同志的诗就是在我当选、学校庆祝会后的1月12日写的。我异常感动，当时确无时间仔细推敲琢磨，没有立即荣谢，待到2月下旬，才写成了誉谢诗一首：

七律·答蔡希贤同志

住院体检，健康尚好，2月24日出院；车过长江大桥，滔滔江水，滚滚江流，有感成诗，并再用原韵，以步和蔡希贤同志1月12日可赠。

镇水何须铸铁牛，波涛东去洗愁忧。
长江万里长堤护，大坝千秋大业筹。
耿耿丹心期国治，铮铮铁骨战身修。
新篇唱和成城志，霞灿桑榆远未休。

诗中第二句来自黄鹤楼主联："爽气西来，云雾扫开天地憾；大江东去，波涛洗尽古今愁。"

新增学部委员名单刚公布，国务院学位委员会学科评议组成员新的名单就公布了，我与路甬祥都增补为机械工程机械学科组召集人。当然，第一召集人还是西安交大前校长史维祥，他是新中国成立前交通大学中共地下党员。我认识的学科组中的召集人相当多，可能达一半以上。

当选学部委员之后，事情就多了，校园面积又大了，我就笑着对张保国讲："宝宝！这下就要劳烦你了！用车载我走！"我一直不会骑车，过去别人用车载我，我也坐不太稳。这下不载不坐不行了。之前，还一定是要我先坐好，别人才能骑；但自此起，我也进步了一大步。

四十九　友 谊 第 一

我国自古以来就十分珍视友谊。据说,在世界华人的家中、店中、公共活动场所中,供奉最多的是关公像。人赞关公"义薄云天"。华人社会流传一句古训:"在家靠父母,出外靠朋友。"充分反映了重视朋友的这一传统思想。

革命的友谊更加如此！永远如此！

我当选为学部委员,我所在的团队尤为喜悦！1月10日,学校开完庆祝会后,当时的博士生梅宏斌、间明印两人就站在我家门口等我,送纪念品向我表示祝贺。他们讲,他们真高兴,去喝了酒,而且一定要见到我,见不到,就一定不走。我们见了面,紧紧握着对方的手,我讲:"十分感谢你们！你们要好好干！好好干就是最好的祝贺。"

正是如此,我们团队更加齐心、更加相互关心、更加尽力尽心地做好当前的工作。这特别表现在几位博士生学位论文的质量上。1991年5月,学院为吴雅(在职博士生)、李劲松、钟毓宁举行了博士学位论文答辩会,他们的论文都获得了高度的评价。天津大学彭泽民教授认为:"(吴雅、李劲松、钟毓宁三人博士学位)论文各有特点,在不同领域放出光彩,达到了很高水平。我认为不但为我国工程技术做出了重要贡献,而且与其他先进国家的博士论文相比,亦可称为翘楚,实可善可贺。"在5月一次全国性的高校学术会议上,会议将选出的吴雅的学位论文与美国Michigan州立大学同期学位论文做了一个比较,在场的专家和教授一致认为:吴雅的论文学术水平远远高于后者！不久之后,吴雅的论文即被选入科学出版社首批"博士丛书"的出版计划。在吴雅论文答辩通过后,得到了我校当时从未有过的高分:95.1分！尤其是答辩委员会给予了高度的评价,对论文的评价报告是:"该专业学位论文既具有相当的理论高度,又与生产实际紧密联系,解决实际问题,在理论与工程应用两方面都做出了多项超越前人的工作,在现有博士论文中是少见的。"

李劲松关于钢丝绳断丝定量检测的学位论文还震撼了国际有关学术界,Wear权威刊物还特别邀请作者成为他们的会员。这篇论文的成果至今仍有着重要价值。

应该说,这些成果是他们努力拼搏所得到的,也是我们集体齐心干出来的。不计名,不争利,一心为国家,一意为集体,友谊第一,义薄云天!

五十　人总要有点精神

人之所以为人,总要有点精神。毛泽东同志的"老三篇"之所以值得一读再读,因为其讲的就是人要有点精神。

毛泽东同志在1939年写的《纪念白求恩》讲的是白求恩"毫不利己,专门利人"的精神,1944年写的《为人民服务》,讲的是张思德"彻底地为人民的利益而工作"的精神,1945年写的《愚公移山》讲的是愚公"下定决心,不怕牺牲,排除万难,去争取胜利"的精神。人总要有这样的精神。

1992年7月11日晚7:00,我离开天津大学前后,惊悉邓颖超同志病逝,悲痛不胜,整晚也没睡好,因为周恩来同志夫妇"鞠躬尽瘁,死而后已"的为民服务的精神,感人至深。这个晚上,我成词《苏幕遮》一首,沉淀哀思:"泪催流,心欲裂,不信魂归,无寐哀难竭。跂望京华思'大姐',遗志相承,长葆高怀洁。柏凌空,梅映雪,亮节英风期,映日清华月。无产无儿私更绝。尽瘁双楷,佳绩千秋说。"特别是"十年浩劫"之中周恩来同志的我校之行,当时我校的每个成员,无一不永远铭心刻骨。

附带地也是必须要讲的是,我增选为学部委员,天津大学的有关同志、老师、同事给予了足够的关心、充分的支持,特别是彭泽民教授,他喜欢称他与我是忘年之交,我也爱讲我是他的新老乡,因为他是湖北人,我也算是半个湖北人:吃湖北的粮、喝武汉的水、呼吸关山的空气,说自己是半个湖北人也不为过了。

学校是国家办的,无疑第一位的任务应该是明确学校是国家的,这就得处理好学校同国家、同地方的关系。我成为学部委员后,自然更应处理好这些关系了。不仅如此,还要处理好同更多方面的关系。在处理好各方面的关系时,不仅要上不愧天、下不愧地、抚心不愧己,而且要经得起时间的检验,无愧于历史。

7月11日前,我之所以去了天津大学几天,就是为了向彭泽民教授、向天津大学有关同志表示我念念不忘的感谢,感谢他们对我申报学部委员的一贯关心。受人之惠,没齿不忘,这是中华文化的优秀传统。

五十一　谈笑共根生

1992年11月下旬的那次出国,是一次难忘的出国经历。出国要穿西服,要合身。武汉做的西服当然远不如在广州做的。我飞到广州后,当时已从我校调到广东机械学院的孙健同志(我校机械制造的教师,业务很好,改革开放一开始就被晋升为讲师)及其夫人(我校电机系教师)曾老师,一起陪同我上街选购西服,选来选去,没有一件合适的;原因是我身长167厘米,但体重却不是67公斤左右,而是差距太大,只有50几公斤,只好挑选一套最瘦的,请广州名店的名师去裁改了。我太瘦了!这些数字,牢牢地记在了我的脑海中。

在广州,与国家自然科学基金委员会的一位同志(可能是姓陈),还有西安交大屈梁生教授汇合在一起了。屈梁生同志,算是我的老熟人了,"十年浩劫"前,我们一起在上海机床厂劳动锻炼,从1964年6月至1965年6月1日,为期一年,在分手前,我赠了七绝一首给他:"灯塔神州耀入荒,狂飙怒卷众洲洋。空前伟业艰辛继,路石田泥乐梦乡。"

我第一次真正意义上的出国,心情如何,可想而知。飞机在新加坡上空盘旋后,平稳地降落在机场。我们三个人兴奋地讲:真有趣,国内机场与国际机场在新加坡就是一回事。其实,是我们见少了,对一个很小的国家来说,机场只有一个,哪分什么国际国内?!

飞机降落后,乘车到乌节宾馆。一切对于我来说都是十分新鲜的,也可以说一切都是十分陌生的,房屋、街道、习俗,就是如此;然而一切又感到十分熟悉,如言语文字,而且新加坡与国内繁华的大都市没什么根本差异。飞机是傍晚降落的,新加坡方面由南洋理工大学何乃浚教授负责接待,商谈中新合作事宜。该校与新加坡大学是当时新加坡两所主要的高校。在乌节宾馆住下后,我们便立即开始了商谈中新科技合作的事宜,很快就达成了合作协议。这次留下了我第一次出国的诗篇:

> 五律·傍晚飞抵新加坡有感
> 曾悉花园国,今飞树岛域。
> 海风卷急雨,新乐上华灯;
> 不觉他乡客,殊添异域情!
> 佳宾乌节宿,谈笑共根生。

主人陪我们参观了新加坡,这里很美、很现代化、很法治、很礼貌。虽然岛的面积很小,600平方公里,只有洪山区那么大,但治理得却如此好,很多事情都值得我去思考学习,我们都应好好思考。照搬,绝对不行,小国好治,但中国这么大的古国,历史是无比珍贵的财富,我们应了解这一切,充分认识中国的国情。

到新加坡,不似异域,确是他乡,但从历史上看,中新是共根生的。

五十二　严寒何所惧

《红岩》剧中,主人翁唱得多么好:"三九严寒何所惧,一片丹心向阳开。"

1993年至1994年的冬天,武汉三九严寒,真是大地素裹,遍树银妆,在武汉,这样的大雪,实属不多,在我记忆中,武汉大雪是在1954年的那个冬天,我第一次在喻家山下,看到白雪皑皑的景象,当时天气奇寒,我住在东三舍或是东四舍,九个学生一间寝室,五张上下铺的床,睡九人,空一张铺公用,用来放东西。一早醒来,室内毛巾全部被冰冻了!那个冬天真够冷了!

这次,确是三九严寒。蜡梅果真是有品格,开得极盛,清香四溢。

"梅须逊雪三分白,雪却输梅一段香",古人这一名句,也有不足之处:蜡梅一般是黄的,白蜡梅我还没见过。若有,那真是写得确切;若无,作为文艺之作却也无妨。

在大家共同努力下,我进入院士行列了。这句话,我很清楚:上半句,关键前提是"大家共同努力",下半句,重要结论是"进入院士行列"。前提与结论不能错位,因果关系不可倒置。饮水必须思源,无源哪有水饮?!

面对银装素裹的校园,《七律·雪中观梅》一诗,自然涌上心头:

　　银装素裹胜瑶台,倾国名花着意开。
　　韵逸晶肌来雪伴,标高玉骨出冰胎。
　　清香万种寒难却,美誉千般代不衰。
　　窃笑严冬成弩末,桃红柳绿即将来。

正如同国外一位著名诗人雪莱所说,诗最后所指,就是"冬天来了,难道春天还会远吗?"梅花的高洁品格,为中国人民世世代代所称誉,长久不衰!中国现今还没有选定唯一的国花,不管将来是唯一的还是多种的,梅花必在其中。《红岩》主题歌即是歌颂红梅:"红岩上,红梅开。千里冰霜脚下踩。三九严寒何所惧,一片丹心向阳开。"写得何等好!江姐又唱得何等好!

固然,现在并非江姐所处的时代,也非新中国成立时期经济十分困难的时代,而且也非改革开放初、中期物质并不十分丰富的时代,老百姓口袋一般都是鼓鼓的,然而,人的精神应永远向着更美好、更高尚、更圣洁的未来前进。共产党员应永远心向着共产主义,去迎接、去战胜一个又一个新的"严寒"!

第八章 领导岗位回眸

一 重任落双肩（上）

1992年12月，有消息公布说要我接任校长一职。那时，我校校长黄树槐教授已任至两届，校长要换届。而我恰当选为院士，在当时，院士当校长是人心所向的。校长是院士，将对学校的发展十分有利。何况，校党委书记是我的老同学李德焕，我们两人合作，绝无问题。

消息迅速被证实，确系如此。老子讲得很对："知人者智，自知者明。"我多少还了解些自己，负责一个学术梯队，例如，一个小的研究所，一个教研室，一个攻关梯队，那还可以，这时主要是以身作则，亲自动脑动手，但一旦到了一个大的基层单位，还要处理方方面面的关系，包括内内外外，包括必须做的业务等事情，我能力远远不能及。

但是，这时的情况一是人心所向，二是书记是李德焕，我想"我们应当相信群众，我们应当相信党"，自己彻头彻尾、彻内彻外地相信毛泽东同志的这个教导，所以校长一职我还是担了下来。

当时，校领导只换了校长，其他一切照旧。常务副校长是钟伟芳，主管教学的是姚宗干，主管科研、产业的是朱耀庭，主管后勤的是黄承堂，主管学生的是霍慧娴，主管研究生的是梅世炎，主管纪检的是曾德光，校办主任是李宜昌。对于他们，我都很熟悉。在党委常委会上，我老老实实地讲，办这么大的大学，我远不能胜任，不如你们，但既然把我推上了校长岗位，我怎么办？一句话，靠你们！你们主管的工作你们放手管，不必问我,解决不了的大问题,集体决定,少数服从多数。我拜托德焕同志负总责,日常工作伟芳同志负责。校长办公室、校务委员会都由钟伟芳同志负责。我做我想做的而我又能做的工作。这是我的真心话。的确,我就是这么做的。后来,有人问过我:"你们领导班子的关系真的那么好?"我讲:"至少没有谁用任何方式去拆别人的台!关系再不好,最多彼此少对话而已!"这是实情。

接任校长后,我写了《浪淘沙》一词,可表达当时的心情:

重任落双肩,深情挚语又华笺。风雨同身年四十,一瞬依然。何计创新篇?梦绕魂牵!成城众志是源泉。谋政须符身在位,无愧前贤。

二　重任落双肩(下)

在我印象中很可能是1992年12月,我正在北京开一个有关学术方面的会议,学校给我打了个电话,要我会后在京停两三天,等候党委书记李德焕同志的到来;至于是什么事,也没讲。

要我接任任期已满两届的黄树槐同志担任校长的有关传说,说的有根有据,但从无"官"方消息,未被证实。我也就听之任之,没多想什么。何况,那次去北京之前,一点消息也没有。

在北京等了约有两天,李德焕同志也到北京了,他告诉我,国家教委的确决定了要我接任校长,我讲:"我干不了,干不了就是干不了,你李德焕是了解我的情况的,我只有这么点能耐,怎么能干校长?"他还耐心地讲:"你放心!你干不了的大家干,我这个老同学来干!放心,一定不会出问题!"我讲:"你讲话要算数!"我记得我接任校长后第一件事,就是卖房子,把学校为教职工建好的房子卖给教职工,可以说,在黄树槐同志任期内大规模的建住房,基本上解决了教职工的住房问题。

李德焕同志到来的第二天,我们两人一起去了国家教委,李铁映同志一见到我们两人,就讲:"杨叔子同志你是华中理工大学校长!"我讲:

"我不行！我没有这个能力！"铁映同志讲："你行！国家教委派人调查，我们派人到你们那里调查：'怎么办大学？'你讲：'抓办学思想！'又问：'怎么抓？'你讲：'抓三条：一是抓教学，二是抓教师，三是抓干部队伍。'还讲：'这不是讲学生不重要。学生当然重要，办学就是为了培养人。但没有教学，没有教师，没有服务教学与教师的干部，办学就成了空话。'抓办学思想，你讲得太对了！你完全可以干！德焕同志也已表了态，全力支持你干！就这样了，回去当校长去！"德焕同志讲："你是服从组织的，回去干吧！不会干坏的，我们大家帮你干！"

就这样，真的就这么干了。我十分感谢大家的支持，在干的过程中学，总算干下去了！

据说，不久后，当时号称"第二国家教委"的机械工业部主管教育的人事司，直接管了20多所高校。就按照这个方式，任命了当时与我同时当选为院士的湖南大学的俞汝勤教授为湖南大学校长。俞的情况真与我类似！后来干得不错，都是依靠大家去干。现在情况完全不同了，不能那么越级地选拔干部了。此一时，彼一时也。

三　谋政须符身在位（上）

办学，首先必须有战略眼光，其次，同时必须在战术上可行。我记得，在我接任校长之初，有位研究高等教育的在职博士生，他本身可能是一所高校的校领导，他问我："你能不能用最简单的话告诉我，当校长最重要的是抓什么？"我回答："抓办学思想！"他又问："什么办学思想？"我回答："育人！"这就是讲，培养什么人？怎么培养人？换句话讲："办什么样的大学？怎么办这样的大学？"前者是战略问题，后者是战术问题，但两者不可分割。

我校办学至今，经朱九思同志提出，而后经历届领导的思考、实践、发展，总结为今天镌刻在校门大石上（今在图书馆右侧的草坪上）的八个字："敢于竞争，善于转化。"两句缺一不可，没有前者，就无方向；没有后者,就无道路。方向一定是要求能扎扎实实干事。

接任校长后,我就到数学系、中文系去听取领导与教师的意见。我还做了规定,我在校时,每周听课一般应是两个上午,并且要做听课记录。没想到,在后来进行省部教学评估时,我校是试点之一,当时因为拿出了我听课的原始记录,这项得到了很好的成绩,总评也是优。

在高等学校经济最困难的时期,我校除了新盖了幼儿园、托儿所外,还集中财力在引力实验室的山洞前,盖了引力大楼。当时,我讲了要盖的三点理由:第一,为了引力实验室同志的健康,带头人罗俊同志长了白癜风,长此下去,怎么行?更何况他在我国引力研究中、在万有引力常数测定上,引起了国际学术界的高度关注,我校历届领导与科研部门也一贯支持;第二,他们的研究工作已急需这一座大楼了;第三,就是为了国际交流,我们一定要走上国际舞台。建大楼时,我动了第一铲土,表示学校领导集体的决心。这些都得花钱,我十分感谢当时主管财务的黄承堂同志,他讲得多么有感情:"我知道,这座大楼急需建,党委也一定会通过;但我投反对票,只表示学校的确没有钱。但通过后,我一定大力支持!"

是的,学校那时的确穷,但有问题,大家都会同舟共济、共同解决。我记得学生住的西七舍东头,经常漏雨,校领导与有关部门就经常去关心学生,去想办法尽快解决这一问题。大家齐心也干得欢。我常自豪地回答校外的提问:你们领导间的关系真的那么好?我讲:我不敢讲个个关系和谐,但我可以讲,绝对没有一个人在背后拆另一个人的台,讲他人坏话。

在这里,我必须补上一段内容。我担任校长后,我所在的那个教学科研摊子执教的教师都继续在原工作岗位上,但辅员(临时工)的任职方式改变了。张保国以他学会的用计算机打字的本领自谋职业了,我两次去他家,对他的安排我也多次做了考虑,但确实留不下了!郭华与一位博士生桂修文谈恋爱了,后来随桂修文赴美了!实验室的赵振平同志,是一位能干的女同志,挑了重担,后来到珠海两个女儿那里去了,她们两个都在海关工作,后来我见到过她们,生活、工作都还不错。而杜润生同志一直与我在一起工作,他动手能力极强,又善于动脑子,但他从不牟利,不争奖,真是"见荣誉就让,见困难就上",高级职称也是让得不能再让才勉为其难地接受了,别人对他的这个教授职称真的是心悦诚服。

四　谋政须符身在位(下)

《论语·泰伯》载:"子曰:'不在其位,不谋其政。'"这句话显然也就包含了"既在其位,应谋其政"的道理,当然,这句话首先是指不要越位、错位去谋政。当了政,就要尽力设法来谋政;要能上不愧天、下不愧地、内不愧心。

我一接任校长,我的同学同事,函件电话纷纷而至。顾往瞻前,对我寄予厚望、给予支持,讲什么"不到非找你不可的时候,决不找你;你一定要把校长工作做好,这是最大的希望"。有的老同学,真的与我风雨同舟40年了,但我当了校长,他们就一直没有找过我,钱祥生就是一例,我们两人同入武汉大学,同时提前留校,而且一起在哈工大修进,回校后我们一直在机械制造系,我教机床设计,他教液压传动。

我记得,我接任校长后在校内做的第一件大事,就是把校长黄树槐同志任期内建好的教职工宿舍卖给教职工,这在当时确系民生第一大事。不久后,教委主任朱开轩同志亲眼看到我校住房问题解决得好,谈话中委婉而含蓄地赞扬了我校。我陪着他参观教职工宿舍时,老实地讲了我校上报建筑方案时,宿舍楼的底层没有作为楼房基础的问题上报,但领导并没有责备。这样一来,可说彻底地解决了当时教职工的住房问题。

我一接任校长,就同学校有关人员去了数学系与中文系,表示了对基础课的高度重视。那时学校经济很困难,据说,在陈至立同志接任教育部部长前,高校经济是最困难的时候,但我校还是为幼儿园、托儿所盖了房子。当时,我就讲,我赞成现在讲的,学校要留人,就要事业留人、待遇留人、房子留人，但一定得加一句，还要孩子留人。中国人嘛！"可怜中国父母心，不重自己重子女。"一定要高度重视教职工子女教育问题，所以花钱重盖了幼儿园、托儿所，大修了中、小学。子女教育问题由学校直接负责。

"强基、扶优、支新、重交。"怎么办学校？我当时对上面、对本校就讲了这八个字，在国家教委我也讲了这八个字。强基就是要加强基础，基础不牢，地动山摇，办学不能近视。扶优，就要去竞争，是拿优势学科去竞争，国家除了对农村、对边境扶贫外，都是扶优。支新，新生学科代表方向，代表未来，"人无远虑，必有近忧"，九思同志过去抓激光，之所以正确，就在于此。重交，在生物进化中，杂交出新优势，这是一般的规律，所以，要重视交叉学科。办学，应首先在战略上有眼光，同时也须在战术上可行。无前者，是近视；无后者，是盲动。

五　春风今更是

接任校长，就是"重任落双肩"。人贵有自知之明，"何计创新篇？"就是"成城众志是源泉"！而自己呢？必须尽心尽力，一定要有任劳任怨的精神。

1993年春节前，我被选为省八届人大代表。重点高校的书记与校长，一般分别是省的党代表与人大代表，我与德焕同志自不例外。4月28日，省八届人代会第一次会议在洪山礼堂开幕，我站在礼堂门口，立定注视，环顾左右，同行者叫我："杨校长，进会场吧！"可他怎么知道我在想什么？

想的当然是"大跃进"的岁月，那也是热火朝天的岁月。9月的一天，学校通知我这个"大跃进"中的积极分子，到洪山礼堂观看一个重要演出，演出开始前，宣布今天是陪毛主席观看汉剧名演员陈伯华的演出，大家必须遵守纪律，不准欢呼，只能鼓掌。全场欢声震天，情绪极为高涨。很快，省委书记王任重同志等领导同志陪同毛主席缓缓入场。全场按照规定,尽情地鼓掌。演出开始后,我的眼睛一直盯着毛主席的座位,一个多小时演了什么,我一点也不知道。

21年过去了,一切宛如昨日。人的一生,也如大浪淘沙,有的淘去,有的留下,既有主观因素,也有客观条件,入场前,一首《浪淘沙》词直涌心头:

跃进正惊天,群聚堂前。巨人举手勇挥鞭。越美超英君莫笑,岂是云烟? 伫立玉阶前,追忆联翩。开来继往后争先,浩荡春风今更是,绿了云烟。

的确,这是当时真实的心情。"大跃进",它的是非功过,怎样评说,毫无疑问。过头的部分,给我国带来的是惨死的人祸;而"两弹一星"和一些巨大的工程,没有"鼓足干劲,力争上游,多快好省地建设社会主义"的"大跃进",哪能干得这么成功!

正确认识"大跃进",就会理解"八年超英,十五年赶美"的当时人的精神状态。绝不要"一棒子打死",也不要作为笑柄去对待,而要以历史的眼光,辩证地加以认识,从而更加有助于我国自身的发展。"祸兮福之所倚;福兮祸之所伏。"老子讲得太精辟了。

六 花 甲 了

花甲了!60周岁了!

按农历,我生日应该是7月12日,我身份证上就是这个日期,这是1952年至1953年在桂林分部期间全国人口普查时填报的。后来,又填正式表格时,要填公历,一折算,是9月5日,所以,我后来所有表格上,都是9月5日,现在就是如此。其实,那次正式填时,也折算得不对,正确的应该是9月1日。但一直到现在,我承认的生日仍是9月5日。

1993年9月5日这天,我在沈阳。在我生日前,大概是8月30日至9月5日,我从武汉到了北京,到北京后再到沈阳,写了《七律·花甲感赋》,在我生日后,约是9月5日至10日,我在沈阳,又填了一首《满庭芳·花甲感赋》。

七律·花甲感赋

云烟六十孰堪怀？细品人生与舞台。
忙碌常留彩笔梦，唯求一辈嫁衣裁；
全心全意功非望，任怨任劳事应该。
业绩前贤长应步，风华更茂在开来。

唐人秦韬玉《贫女》有句诗为"为他人作嫁衣裳"，但作为革命者，为人民服务，为他人作嫁衣裳，就应是其本色了。

9月4日下午与晚上，蒙中国科学院沈阳计算技术研究所相邀，与有关专家登上沈阳电视台顶层的旋转厅观景，从夕阳西下、彩霞满天直到大地闪烁、灯火万家。回首往事，感慨万千。成词《满庭芳》一首：

潋滟湖光，葱茏山色，灯红酒绿颐和；自新婚别后，恋忆几回酡。回首年华六十，细检点、岁月未蹉跎。今朝乐，群贤毕至，邀月舞婆娑。

干戈！惊炮火，扶桑肆虐，华夏悲歌。更留得勋碑，永不销磨。危塔登临送目，层楼绕、灯光星河。惊花甲，风波历历，慷慨激昂多。

在我记忆中，除了与辉碧在1960年1月23日婚后数日同游颐和园外，此后，未再至，故曰"自新婚别后，恋忆几回酡"了。词中所言"留得勋碑"，就是指在沈阳北大营处所建的"九一八纪念碑"了。中国人民永远不会忘记《九一八小调》中的悲痛呼声："高粱叶子青又青，九月十八来了日本兵。先占火药库，后占北大营。"而国民党几十万军队奉蒋介石之命，不放一枪一炮，恭恭敬敬让出了沈阳城。扶桑肆虐，华夏悲歌，面对此景此情，我沉重地回想到儿时的情景，深感今日来之不易，自己又应如何挑起担子？

七　接力继长征

我校校庆为10月15日。我接校长的这年，恰为我校"四十而不惑"的一年，按我国习惯，应大庆，国家教委的领导也十分支持。当时，国外高等教育专家来我国考察,感贺我校为"新中国高等教育发展的缩影"。我记得,当时学校有关部门与个人编写或出版了一批文章或书刊,其中有本书叫作《缩影》,就是我校这40年以来成长的一个反映。

天公作美,长空如洗,气爽风清。各方客人,纷至沓来,国家教委也来了领导,特别令人感动的是,在有关校友的努力下,江泽民同志、李鹏同志等中央领导,也题送了贺词长幅。这无疑是对我校最大的鞭策与鼓舞。10月15日,全校在大操场聚会庆祝,主席台上、台下的中前排,坐满了嘉宾,我们全校上下都深深知道,我校40周年校庆,不仅是庆祝我校40年,更是展示新中国高等教育的无限活力。全校有个共同的信念:我校做得到的,其他兄弟学校怎么可能做不到?更何况有不少兄弟学校比我校做得更好!所以我们要更加努力!

校庆40周年,我特别喜悦。在庆祝大会上的喜悦,自然化作诗情,特别选了《满庭芳》这一词牌,填词抒怀:

喜鸽纷飞,彩球竞逐,碧空云散风情。红旗咸舞,锣鼓壮秋声。胜友高朋二万,欢情涌、直撼天庭。题词展,关山路远,接力继长征。　　欣兴!方四十,山菁树郁,院隐林深。喜路阔楼高,大学名城。麟凤腾翔八万,数项果,敢与雄争。今朝聚,骏奔新纪,团结灿群星。

孟子讲得好:"得天下英才而教育之,三乐也。"教育之乐,乐在育人之中。所育之人,能腾麟翔凤,怎能不乐?!作为新中国高等教育建设与发展缩影的我校,严格讲,作为缩影之一的我校,关山路远,必须代代接力长征。明重任,知不足,团结紧,继长征,正如毛泽东同志的雄伟诗篇:"雄关漫道真如铁,而今迈步从头越。"

"锣鼓壮秋声。"我听了欢庆的锣鼓声后,深知这是长征旅程的又一开始。

八　立足何处　放眼大局

立足何处,放眼大局;立足现实,放眼未来。毛泽东同志讲得十分深刻:在战略上,看未来,看大局,要敢于藐视困难、藐视敌人;然而,在战术上,看现实,看局部,要敢于重视困难、重视敌人。

接任校长,必须要重视我校所处的武汉市、湖北省,重视我校所处的环境、所处的现实,然而,更应放眼我国、放眼世界、放眼明天、放眼未来。当时,国家教委正在制订与实施中国教育网计划,按区设网络中心,华中地区网络设在何处?显然,一定会设在武汉而不会设在长沙。武汉设在哪个高校?这自然是武汉的重点高校争夺的焦点。当时作为校长的院士,不多,而我为其中之一,这在当时是争取项目的一大优势,我与我校当时负责校园网络建设的教授黄载禄、石冰心对此事更是全力以赴。既要处理好学校与国家教委的关系,又要处理好与兄弟学校的关系,更要处理好具体负责校园网络 edu.cn 规划与实施的负责人(兄弟学校的一位任教授为主要负责人)的关系。我们三人奔走于京汉两地之间,尽最大力量去争取这个机会。

要建设校园网络,还要规划当时所谓几网合一的问题,这就不能不与当时的省邮电局建立密切的关系。当时省邮电局梁清章局长是一位很有文采的技术干部,书法写得很好,所以,在这方面我与他就有了许多共同的语言。我特地填了一首词赠给他。

蝶恋花·为促进局校合作,感赠省邮电局梁清章局长

黄鹤白云相缱绻,鹤舞云飞,浪漫冲霄殿。奔泻长江何惧险,百折千回情无限。　　倍感君怀高且远,笔走龙蛇,尺幅千钧展。意载微波情载线,蓝图同绘基同奠。

正因为相互了解,相互支持,在邮电通路方面,省邮电局同我校签订了一系列协议,协议中的许多条文至今有效,使我校受益匪浅。当然,华中校园网络中心最后就建在我校,具体地点、建筑至今未变。后来,我校与美国 IBM 公司合作的中心也建在同一处。

立足何处,放眼大局,在党委反复规划下,我还率队去了葛洲坝,参观了三峡工程的前期工程,到了第二汽车厂,了解了武汉重型机床厂,访问了武钢,当然也签订了有关的合作协议。值得一提的是,此次到武钢还妥善解开了由我校工作上的某一失误所造成的武钢与我校的一些疙瘩,化不利为有利。学校要稳定而长期地发展,没有立足基地,绝对不行。武汉、湖北,这是我校首先要有的立足基地。

九　论功盖世千秋记

1993年12月26日,是毛泽东同志诞生100周年纪念日。

我们华中理工大学如同全国人民一样,以多种活动的形式,举行了隆重的纪念活动。对于我这样一个具有30多年党龄的人来说,自从新中国成立那天起就下决心:"走!跟着毛泽东走!""年轻人,火热的心,跟随着毛泽东前进,紧紧跟随着毛泽东前进!"怀着这样的信念跟着毛主席已有40多年了。风里来,雨里去,信念没有丝毫的动摇。在他100周岁诞辰的时候,我会有怎样的怀念与追思?!何况,我又刚身处在与新中国同时成长的一所名牌大学的校长岗位上!

诗言志,诗达情,一首《千秋岁》的词就涌上了心头:

陆沉星坠,尸骨堆千里。英烈恨,生民泪。图存强国梦,探索争先继。长夜苦,炸雷怒激湘江帜。　　炮火燃秋穗、转捩铭遵义。征领敌,披坚锐,九州新路辟,国际昂然峙。惋失误,论功盖世千秋记。

我想,我们这一代人,新中国成立时才刚刚成为青年,而今已80岁了,我们这一辈人对毛泽东同志的感情是极为真挚的,因为我们这代看到了神州的天翻地覆、扬眉吐气。这一切的一切,无不在心头萦绕。毛泽东同志讲得对:"世上无难事,只要肯登攀。"

隆重纪念毛泽东同志诞辰百年,对青年大学生来说无疑是一次深刻的革命教育。是的,忘记过去就意味着背叛。这天,我与校领导参加了学生的一系列有关活动,从纪念大会到纪念"小"会,从观看演出到参加座谈,从活动中与学生的交谈到去学生宿舍对学生的探望,尤其是那时西七舍东头顶层漏雨相当严重,事关这些住宿学生的安身之地,不能不解决,而且得彻底解决。我知道,以往修理过,但没彻底解决好,于是这次下定决心一定要彻底解决,在学校有关部门的努力下,这个问题总算适当解决了。

民生第一功。这里不得不讲那时大后勤的困难,经济上是国营与私营双轨制,高等学校完全靠国有企业按公布的价格来解决大后勤的经济问题是不可能的。有时不得不打擦边球,踩线走,但又绝不能有违法的行为,这一切我完全能体会。所以,至今我仍然从内心感激当时管后勤的副校长黄承堂同志,他何尝喜欢喝酒,但为了妥善处理好那些关系到煤、水、电、气甚至粮食、副食等的问题,喝酒把胃都喝坏了。现在看来似乎是笑话,但在当时是严峻的现实。所以,至今我还记得,当时我强调,毛泽东同志有句话:"关心群众生活,注意工作方法。"这是一条必须体会与遵循的规则,首先是"关心",同时必须有"注意"。

十　全力勇登攀

毛泽东同志讲得精辟:"世上无难事,只要肯登攀。""无难事"的"无难事"是战略上藐视困难,"肯登攀"是战术上重视困难。两者相辅相成,缺一不可。

在我成为院士后,大家鼓励我、支持我,既有思想上的鞭策,又有具体的操作方案。我记得当时我向国家自然科学基金委员会申报了一个国家B类的重大项目,B类即应用基础类。这个项目最初的名称似乎是"大型旋转机械设备的状态监测与故障诊断的基础研究",后来大家琢磨再三,认为要扩展些,不仅是做旋转运动的,而且应有做往复运动的,不仅只讲状态监测与故障诊断,而且应再提高些水平,升华为动力学关键技术,最终,申报题目定为"大型机电系统中若干动力学关键技术的研究"。

后来,经过约三年的反复论证与审查,国家自然科学基金委员会通知我到北京进行答辩。真巧,答辩日期为1994年1月11日,这天刚好是我接任华中理工大学校长一周年的日期。10日,我、熊有伦与吴雅乘车赶到北京。在校内我将要向答辩委员汇报的申请内容做了试讲,但讲得不顺利,更不流畅,更严重的是时间把握不准,不是超过了规定时间,就是颇少于规定时间,我清楚记得,吴雅怪我说:"你就是当校长当坏了,不当校长,你绝不会讲得这么差!"我讲来讲去,就是讲不好。

1月11日这天上午,我只能硬着头皮参加答辩。那时,是用幻灯加一张张的透明胶片来讲。我登台讲,吴雅在旁帮着换胶片。我真没想到,登台后我十分沉着,心态如同正常讲话一样,毫不慌乱,语速正常,有条有理。我几乎连胶片、连屏幕也没有看过一眼,时间把握得也很好,就多了几秒钟。吴雅十分惊讶,她兴奋地讲:"杨老师,没想到,你今天能讲得这么好!"答辩完毕,当时东南大学校长韦钰对我说:"您讲得好,讲得好!"答辩顺利通过。

11日当晚,我们三人就乘车离京返校,车轮滚滚,心潮滔滔,往事历历,诗兴涌来,速成五律一首:"京华论辩日,全力勇登攀。智取三年胜,亲躬一岁难。回看花迎腊,缘缘性耐寒。平生何时乐,面险不腰弯!"

十一　惊天南国鼓

1994年1月,是我接任校长后第一次出省工作,第一次到掀起改革开放高潮的南方,第一次踏上南国宝岛——海南岛的土地,第一次目睹、身感改革开放的三大盛举。

1月20日,我与刘中荣、蔡希贤、王再业等同志,应邀参加我校社会学系在海口市的硕士研究生班的开学典礼。从飞机上下来后,就一直受到校友与市领导的热情欢迎与盛情接待。

我记得我校诗人王巨农教授两年前,即1992年所写的七律《壬申春日观北海九龙壁有作》中有名句"天鼓挝南国,春旗荡邓林"。这首诗的思想性与艺术性高度统一,荣获"中华诗词大赛"一等奖,并列为三首一等奖之冠。当我们登上飞机、飞往海口市时,自然想到王巨农先生这首大作中的"南国"与"邓林"。夸父追日时手杖化为林,王巨农先生将此活用乃成邓林,何等之妙!

登上飞机,恰值1月17日武汉大雪之后,一派银装素裹之象,1月23日飞回武汉时,武汉雪花纷飞。据海口友人告知,现正值海口最冷的时期,然而我却感到海口春风扑面、秋爽宜人,似春似秋,而非冬日。在飞机上俯视,茫茫云海,千奇百怪,无限遐想,心潮难抑,感而成五律诗《海口感赋》一首:"瑞雪伴航程,春城草木菁。弦歌肴美酒,堂厦舞虹灯。海阔鲸鱼跃,琼兴俊杰生。惊天南国鼓,蕉菊亦倾情。"琼者,海南岛也,海口市也;南国者,广东也,海南也。如此大发展的壮观景象,实难想象,至为欣慰。如果讲美中不足之事即是我不吃野味,野味太腥,而且吃太多野味,对保护野生动物、保护自然环境会不利。当时我想,或许是海南野味太多,短期这么放开吃一些也无妨吧!

对海南,我有深情,对广东,我亦有深情。我讲过,我母亲绝非汉族人,她双眼下凹,额角前突,似"南蛮"少数民族后裔,当然,文化上早已与汉族认同,早已合一。对于海南,我最有深情的是海南岛的红色娘子军、琼崖游击队,她们长期坚持革命,直至全国解放,"向前进!向前进!战士的责任重,妇女的冤仇深。古有花木兰,替父去从军;今有娘子军,扛枪为人民"。无论是芭蕾舞,还是电影故事,我都十分喜爱《红色娘子军》。"万泉河水清又清,我编斗笠送红军。军爱民来民拥军,军民团结一家亲。"这首歌的旋律永远激荡在心头。

我在海口,欣赏到了菊怒放、兰盛开、蕉叶舒展、椰树栉比、市场繁荣的一派大好景象。海口的经济蓬勃发展,海口的冬季似春似秋、绝无冬意。而宴会上到的校友都引吭高歌、翩翩起舞,改革开放之花在海南这个"南岛"城市灿开怒放。

十二　共我迎新别旧年

1994年2月4日,是我接任校长后的第二个立春之日。有些人对此有些误会,以为农历(阴历)是按月亮绕地球的关系来计,公历(阳历)是按地球绕太阳的关系来讲,其实,前者之说并不全面。如果说,按"月有阴晴圆缺"来讲,这是对的;但如果按春夏秋冬四季来讲,这就错了。阴历中的二十四个节气百分之百是按照阳历的。农历是阴阳合历的。我国自古以来,对天文地理等自然现象观察得比较仔细,直到今天,我国古籍上有关这方面的记载还为世界所珍视。

在我国有很多地方有"迎春按福"的风俗,即在门上贴上这四个字以求好兆头,还流行"新春大似年"的讲法。1994年湖北著名诗人贺苏先生在1月29日寄来新年贺卡并题诗相赠。原题诗我已记不清放在何处,但我的和诗犹在,抄录如下:

其一

感赠

真情漾溢赋团圆,共我迎新别旧年。

翰墨淋漓珠并玉,诗人椽笔出春天。

其二

望月

远观长缺实长圆,俯视尘寰几亿年?!

一自襄王登访后,青娥霜女夜无眠。

程良骏教授也有赠诗,我手上还有他的赠诗:

七律

敬博叔子校长院士一粲 程良骏

1994年春节

岁华又是一年春,检索文书旧复新。

学到深处常觉浅,名归实处更求真。

有诗有梦方称意,无怨无嫌最可人。

若问生平欢畅事,听君指点跨迷津。

虽然我接任校长才一年多,但这批老的诗人朋友,无论是文科的李白超先生、王文英先生等人,还是理工科的程良骏先生、周泰康先生等人,对我都十分友好、真挚。读到程良骏教授赠诗,不能不以诗和之:

七律·读良骏老师赠诗,玉和并步原韵奉和

良辰接福又迎春,喜读华章着意新。

梦绝功名唯悟道,诗酬岁月是藏真。

汗颜倍感诚夸我,伏枥长驱乐助人。

饮水思源勤凿井,清泉涓涓汇芳律。

良骏教授与我关系很好,年龄约长我10岁,可惜他2015年病故了,我与我校熟悉他的人一样,都十分悲痛。我校瑜珈诗社的诗友更是如此。

一个春节过下来,更感校内同仁对我的称赞与期许。对此,我衷心藏之,何敢忘之?!

十三　为三峡工程去宜昌

在写《往事钩沉》的《凉风涌绿　松花浪跃》这篇时,开章的第一句是:"1986年,确确实实是我走向全国的第一年。"尽管这篇中只有"去了葛洲坝"一句话,但讲清楚了是去参观葛洲坝、加强与葛洲坝联系与合作的;这次去宜昌,我的担子更重了,三峡工程正式开工在即,我又是全国重点高等学校的校长,而且距加强与长江三峡工程合作正式形式的确定只剩下不到一年的时间了。在那时,我们学校、我们系、我们室能为三峡工程做些什么?始终是明摆在我们面前的一项任务与课题。这次我在宜昌的时间,正是吴雅准备离开武汉赴北京而飞加拿大的时间,我不能去送她,心中更为不安,唯一的祝愿,是一路平安,早日学成回国。出国前夕,即1994年4月21日夜,她依依不舍地给我留了一封长信,一千多字,交代了六件事,后来我知道她写这封信写到了第二天凌晨。我们之间,没有一个告别,始终是个遗憾。

这次到宜昌,因为我是华中理工大学的校长,又是校友与地方联系的负责人,还由于国务院"三峡办"的有关负责人是我校校友,所以接待工作做得很周到,我去参观的时候也看得很仔细,地上地下,水面水底,有关的建筑与设备也都看了,"高峡出平湖",指日可待!

特别值得一讲的是,人们都认为三峡工程是世界级的,葛洲坝工程是中国国家级的,清江梯级水电站工程是湖北省省级的。对于后者,这次我们也好好地参观了一下,发现这个工程也十分壮观,清江分梯级奔流而下,多少有点"疑似银河落九天"的气魄,当时,有人似乎惋惜又更似赞叹地讲:"湖北这么一个重要的省份,可惜缺乏油、气、煤资源,但水资源很丰富,省里却管不了,长江的电首先向外省、向上海送。湖北顾大局!宜昌顾大局!"是的,只有全国形成一盘棋,这盘棋才能走活。所以,我常讲:"我们学校吃了湖北省的粮,喝了武汉市的水,呼吸了洪山区的空气,当然首先应想到为省、市、区做些事。只有立足本地,同本地的关系搞好了,才可安心地面向全国、面向世界、面向未来!"

毫无疑问,我们重点高校一定要抓紧"面向",这是根本,但也千万不能忽视"立足",这是条件。

附带地,这里必须为悬棺写几句:"奇观诚不朽,非梦亦非烟。拔地危崖屹,凌空绝壁眠。良材芯未腐,枯骨质犹坚。多少风雪劫,安危千载悬。"这次看到悬棺,遂感而成诗,记得上次是在1994年3月19日,我在宜昌下牢溪、登上悬崖时,清楚地看到了巴人悬棺葬人的悬棺,棺内的白骨遗骸清晰可见。现在写这篇回忆录时,一切仍清晰地呈现在眼前。

十四　应邀访新、马(上)

1994年4月中旬,我作为华中理工大学校长,应马来西亚华人夫妇纪永辉、马明月夫妇邀请,与段正澄、王运赣两位教授及我校外事处陈厚勤处长,一行四人赴新加坡、马来西亚访问,这是我二次访问新加坡了,但访问马来西亚还是第一次。

马明月女士是从事教育事业的。她全力献身教育,并以此为荣,我校外事部门与马女士夫妇来往密切。他们夫妇二人也很了解我国情况,知道教育经费紧张,高等学校或许更不例外,所以我们这次应邀访问的一切费用他们全都包了。当然,我们也为此做了一些回报,为他们的办校创造了一些有利的条件。所以,我们这次访问是作为他们夫妇这年1月访问我校而回访的。当然,我们也可以借此深入了解新、马的有关情况(特别是高等教育),探讨两地之间如何加强进一步合作的问题。

正因为如此,我当时写了一首七绝诗送给他们,后来又稍作了些修改,现录如下:

扬子江头纪绮筵,

马家绛帐岂虚传?

今朝击水三千里,

好向春风听雅言。

读过《庄子》的人都非常熟悉书中首篇《逍遥游》开章就讲了大鹏的故事:"鹏之徙于南冥也,水击三千里,抟扶摇而上者九万里。""今朝击水三千里",就是赞许他们办学的气魄。而了解我国汉代大学者马融的人,也都知道马融的故事。从我国幼儿启蒙读物《三字经》中"融四岁,能让梨"的有名故典,到《后汉书·马融传》中马融绛帐授徒的事迹,无不感赞马融。"马家绛帐岂虚传",就是称赞马明月女士一心扑在教育事业上。这里引用"马家绛帐"来称赞马明月女士办学的热心与全力,是没有文学夸张手笔的。

正因为她如此致力于教育,所以我们不仅参观了她办的学校,而且她还为我们引见了当时马来西亚的国王端古、教育部长与有关负责人。她如此活跃有影响,不仅是因为她的财力,更是因为她的业绩与能力。可以讲,在马来西亚的华人中,她确是一个"通天"人物,是一位有抱负的女性。

十五 应邀访新、马(中)

永远难忘的一件趣事,就是在访问马来西亚时发生的。

马明月夫妇请我们一行四人游览一个风景点的海滩公园。摆好餐桌,一行六人,在异国风光、异国口味的美妙享受中,极为开怀。印度侍者热心地招待客人,忙个不停。我们学校去的几位,不约而同地盯着一个侍者看,觉得这个人有些面熟,于是我们便议论开了,都讲我们在什么电影上见过这个形象。经过议论,就越看越像,像谁?大家不约而同地讲:"像苏联电影中十月革命前后的列宁!"

的确像!大家都笑了起来,那位印度侍者也不知我们笑什么。我们笑着告诉他:"It is no matter! Thank you!"他听了十分高兴,忙得越欢了。

然而,乐极生悲,不幸的事发生了,那位侍者不小心将一杯啤酒倾杯而下,将段正澄同志崭新的西服泼了个透。侍者有些害怕,而我们却十分友好地向他们解释,并一再告诉店主,不要对侍者有任何处分,这样做客人的才能安心。当时,他们弄来了一套合适的西服给段正澄同志换了。

第二天,段正澄同志穿上洗的笔挺如新的西服,十分开心地讲:这套西服现在可贵重哪!什么地方的原料,什么地方织成的衣料,什么地方的样子,什么地方的剪裁,什么地方泼上了酒,什么地方洗了个干净,什么地方结下了友谊。一口气讲了五六个、六七个这个那个什么什么。王运赣讲:"老段,别吹了!你敢不敢再试试?"他们之间有趣的对话,让大家感到无比的欢乐。这一插曲,由衷永记,这是最可贵的友谊与插曲。我们的外事处长陈厚勤竖起拇指夸奖说:"我们今天这事是最好的民间外交!既合乎大国身份,又符合外交礼节。"我们笑了,纷纷说你这个外事处长讲了,杨校长可以作证,回校后学校要奖励我们啊!

十六 应邀访新、马(下)

这次首访马来西亚,我有一大心愿,就是希望到槟榔屿去看看《光华日报》。这是我父亲奉孙中山先生之命,在当时南洋群岛华侨华人的支持下,于1914年创办的中文报纸,用以支持孙先生领导的革命。我亲侄儿杨晓坛前几年去过,还拍了照片回来。这次行程安排得紧,不能因为我个人之需,耽搁大家过多时间,所以只能是拜访一下,旧事重温而已,但这也引起了同行者的无限感慨。当场我留下了七绝一首,返校后修改如下:"此程心系访先贤,八十年前有旧缘。日月光华风物好,同声高唱百花天。"1914年至1994年恰好80年了,20世纪的100年间,于这80年中,可见其变化的主体了。

在槟榔屿这天是4月22日,夜宿槟榔屿的金沙饭店,晚上新月初上,漫游海滩花园,当时在那里,对于内地出生的人来说,举眼一望,就是"花树银妆不夜天",而在今天,这种景象在内地已是平常,甚至小城市也不例外了;当时看后觉得眼界大开,即感而得七律一首:

> 槟城访继旧缘情,雨净全沙薄岸行。
> 云散一天新月上,风来四面夜潮生。
> 甓甃绿草千灯缀,璀璨银花万树明。
> 抵掌更深谈未尽,明朝回望隔云程。

我也记得,这天晚上是吴雅乘机离汉飞京再去加拿大的一天,我在国外不能相送了,"明朝回望隔云程"了,愿她一切顺利。

这次访问期间,对于新加坡的国立新加坡大学与南洋理工学院这两所名校,当然也是都要去拜访的,对何乃浚教授的拜访,是4月12日,我赠了一首七绝给何教授:"花国国里喜重游,绿拥红浮孰可俦。恰是神州春色丽,邻亲海外愿同求。"是的,在新加坡的大学中,我们去探望我校留学生时,我国学生都十分亲热,这也是感赠何教授七绝诗的直接原因吧!

在新、马期间,奔驰在高速公路上的时间并不多,但高楼阔路、绿树红花自然使我想到了华人华侨用了多少血汗开荒拓野、处处蚊蝇虫蚁、与情闷相处、代代奋斗才换得了今日繁荣舒适的情景。"华工血汗拓南洋,路广楼高野绿妆。试看龙腾昂首日,穿云硝雾奋翱翔。"今天,写这本回忆录时,仍有不少感慨!

当时,在新加坡宾馆的一个深夜,我想到了家,想到父亲在南洋岛时应该也曾想到家,虽然今天与那时情况完全不同,然而想家之情却是一样的,感而成诗:"天涯北望久凭栏,弦月新辉照瑜山。夜半疑闻声切切,妻孙相语祝平安。"

十七　黄鹤归来惊巨变

1982年我在美国,就常常听到吴贤铭教授批评国内有不少地方、有不少人不知珍爱时间,不知珍爱文物,他继而似乎开玩笑地又颇为不安地讲:这或许是中国历史太长所引起的吧!

中国的历史就算是从"昔人已乘黄鹤去"这一著名的诗算起,至今也已有1000多年了。自1978年改革开放至今,只有15年,而我国所发生的变化却是那么巨大、那么迅速。毛泽东同志在我国北伐战争处于成败关键时刻之时,于1927年春天登上黄鹤楼写下《菩萨蛮》一词,"烟雨莽苍苍,龟蛇锁大江","黄鹤知何去?剩有游人处。把酒酹滔滔,心潮逐浪高",所表达的就是一种忧国忧民的压抑而又果决向前的心情,而今天整个中国都地覆天翻、"当惊世界"了!

从新、马访问归来,我深感我国有着极为丰厚的历史文物资源与地理自然资源,远的不说,这座黄鹤楼就蕴藏着极为丰富的人文地理资源。黄鹤楼上那副极为光辉夺目的主楹联,写得多么"好"啊!这次我陪客人来登临纵目时,有着同新、马的对此,感慨与认识也深刻得多了!"多"到什么程度?只能用一个"好"字概括。"好"就是全部的表达了;要能全部地表达了,那也只能用一个"好"字。这只是抄袭《红楼梦》开始的用"字",请注意,绝非用"意",因为《红楼梦》的时代背景已不复存在了。这副楹联讲:"爽气西来,云雾扫开天地憾;大江东去,波涛洗尽古今愁。"

这副楹联真好,越想越好,或许它的艺术性与思想性不会低于苏轼的《念奴娇·赤壁怀古》这首千古不朽的名词吧!正因为如此,在这年4月底以前,我就在原有的基础上写了一首七律《登黄鹤楼》:

　　摩天势欲揽星云,九派洪流浩荡春。
　　爽气西来川壮丽,彩霞东起沪飞奔。

惊天战鼓挝南国，拔地琼楼灿北辰。

黄鹤回归欣巨变，白云相伴舞纷纷。

众所周知，前面我也写了，"天鼓挝南国"的"专利权"是属于我校王巨农先生的。我对他获奖作品中"天鼓挝南国，春旗荡邓林"这两句，极为钦佩。

我跟客人讲，天地憾、古今愁，今天不仅要扫开了、洗尽了，而且改革开放还在不断推进、不断深化，正在"昂首向前寻"而上。中国的变化与前进不但以前人从未想到的速度与规模在发展着，而且以今天所想不到的速度与深度在发展着。数风流人物更看明朝！

十八　以文化人　以人化文（上）

我校"人文讲座"从1994年3月3日何抗生老师主讲《当代世界经济与中国》的第一次到今年（2015年）10月22日武汉市汉剧团第一副团长、国家一级演员王荔（女）主讲《汉剧的艺术》的最近这次，一共举办2069次了，而时间已过去21年半了。

我一再强调，在当今世界，一个国家、一个民族没有现代科学技术，就是落后，就是无知，就要挨打，受人玩弄，受人宰割，而一旦没有自己的人文文化，就是糊涂，就是自甘落后，就会被人驱使、受人欺侮、受人蹂躏。无知落后固然可怕，而自甘落后，更为可怕。用毛泽东同志的话讲，即是人总要有点精神。

文化问题，就是精神问题。人无精神，与动物何异？！在科学技术越来越发达的今天，似乎什么奇迹都可以创造出来，然而后果如何，想一想便觉得十分可悲。为什么在科学技术高度发达的今天，宗教反而也十分发达，其故安在？还有，为什么人类历史上四大文明，至今只剩下了中华民族文明？进一步讲，为什么在科学技术发达的今天，世界形成了一个整体，而矛盾却越来越多，冲突也越多越深？显然，问题不是出在科学技术上！而是出在文化上、出在人文文化上、出在是否正确理解与贯彻"以文化人，以人化文"上！

当时我校把所有人文社会科学的院系并为人文学院，学院负责人是刘献君、李振文与徐晓林。他们反复思考、商议，决定在我校开设"人文讲座"，于1994年3月3日在我校西五楼117教室开始了第一堂"讲座"课，随后我校乃至有关高校都做了一件大事：举办"人文讲座"。开始我并不知道，直到第五讲时，我才知道。那次我与九思同志都在场。这是合乎人心的一件大事。根据前200期的记载，首次听讲座的同学有140人，第2次、第3次有160人，第4次是建筑学系博导张良皋教授讲的，题目是《建筑大师曹雪芹和〈红楼梦〉》，这场人数达240人，教室都被挤满了，第11次是湖北著名女作家池莉的《当代小说》，人数达330人。我在第129次讲《人才·教育·底蕴——从"君子不器"谈起》一课，但由于人数太多，临时无法换地方，只得还在西五楼117室，所以当时教室已经挤得水泄不通了。这一讲座第一次有410人到场，接着第二天又讲了一次，人数仍有270人之多。我记得那天还请张良皋教授讲了《红楼悲剧和三国悲剧及其他》，人数也达到380人之多，可见讲座是如此吸引人！后来负责讲座的同志告诉我，平均每场人数都在300人左右。所以到今天，参加讲座的人次估计在60万以上了。这真是一件"善莫大焉"的好事！

十九　以文化人　以人化文（中）

文化、文化，就是用文将动物人化成野蛮人、将野蛮人化成文明人、将低级文明人化成高级文明人，即以文"化"人。

文化、文化，即通过人的实践与认识，将"无"文化变成"有"文化，从野蛮文化变成文明文化，将低级文明文化变成高级文明文化。这里的变成就是"化"。这个"化"，就是"变化"，但不是化学变化，更不是物理变化，而是"明"文的精神世界的升华，即人类告别野蛮时代或野蛮世界的逐步升华。

人类之所以成为人类，就在于其能在很大程度上"以文化人，以人化文"。教育（当然包括家庭教育、社会教育与学校教育等）之所以重要就在于此。社会越进步，教育就越重要。幼儿教育是基础，高等教育是动力。社会发展到一定程度后，归根结底，高等教育就具有决定性的作用了，但切切不可以认为幼儿教育、基础教育不重要。"基础不牢，地动山摇！"

正因为如此，我接任校长后，便继承了我校从建校开始就重视人文文化教育的传统。事实上，对于中国的传统教育、中国的革命教育，我校与许多兄弟学校一样，都认为学校的教育归根结底就是教人做什么样的人、怎么样来做这样的人的教育。"做人、做事、做学问"，这个讲法很深刻，做人只有通过做事才能表现，而做事必须以做人为基础。做人是灵魂，做事是躯体，两者何能分割？！而这两者的融合，就是做学问！

所以，在人文讲座第 129 期我登台讲了我的第一讲人文讲座，题目是《人才·教育·底蕴——从"君子不器"谈起》，听众很多。当晚还请了张良皋教授同时讲了《红楼悲剧和三国悲剧及其他》，还要补充的是，在 140、141 期，登台演讲的是北京大学常务副校长王义遒、清华大学艺术教育中心主任胡显章、清华大学人文社会科学学院副院长徐葆耕，听众人数达 880 人以上了。

二十　以文化人　以人化文（下）

潮流是不可阻挡的。1994 年，在我国高等学校中掀起了一股人文风暴，激起了一场人文大潮。我校固然处于前锋地位，似乎成了领头羊。其实据我们所知，过去有的高校，例如，北京某些高校，而且是理工科高校，就曾大力抓过此事，但并未如愿以偿。不是没有去做，而是时机未到。

1994 年，我校碰上时机，"牵一发而动全身"。当时我校高等教育研究所所长文辅相教授就强调过，我国办高校有四重四轻：重理工，轻人文;重书本,轻实践;重做事,轻做人;归根结底,就是重功利,轻素质。总之,就是看轻了人的问题、看轻了人的素质问题、看轻了人的文化熏陶问题。

1993年,我校人文学院一成立,学院主要负责人刘献君、李振文、徐晓林就策划与兴办了"人文讲座",他们慧眼识人,聘任了姚国华、周长城为讲座主持人,出版了人文讲座汇编,叫作《中国大学人文启思录》,这里用的不是"启示"而是"启思",一字之差,非"示"而为"思",性质就差远了。接着,特别是在姚国华同志积极的努力下,还开展了一系列的有关活动,如无形书院、人文沙龙等活动。姚国华同志在整理《中国大学人文启思录》(第一卷)时指出:"请注意是启'思',而非启'示',是平等对话而非以上示下、以是示非,启篇思夜而行。"该书附录中的《人文精神与现代科技对话——记华中理工大学的人文教育》《知识分子·人文精神·大学教育》与《后记》的大量论点在今天看来,无疑也是正确的、富有远见的。姚国华同志明确指出:"我们坚定地立足于超越具体现实需要的文化高度,来推进大学的人文教育。"这话无疑是正确而深刻的。然而,众所周知,时者势也,中国有句极为哲理的名言,叫作"英雄造时势,时势造英雄"。中国古代哲人还补充了一句:"不以成败论英雄。"这样,就十分全面了。但不可否认的是时势造英雄是主体。

有段"小"故事,不能不讲。1996年在湖南大学召开的第二次试点院校文化素质教育会议上,我校带去了刚出版的《中国大学人文启思录》,这本书所收录的内容主要是第一次与会者的作品。当时有人讲,书中资产阶级自由化的论点太多,不能发行。周远清同志就问刘凤泰同志,书中有无这点,凤泰深知出版情况,他斩钉截铁地讲:"没有!一点也没有!"远清同志将手一挥,坚定地讲:"发行!坚决发行!"给当时反对的声音迎头一棒。

我们感激国家教委,尤其特别感激周远清同志,没有当时他代表国家教委给予的大力赞扬、坚决支持与深刻而全面的论述,并果断采取的一系列措施,人文教育(特别是后来发展为人文文化素质教育)绝不可能有如此之发展。

趁热打铁！国家教委接着召开了几次"中国大学文化素质教育指导委员会"，从组织到措施都做了保障，这些工作影响极为深远，历史就是历史，文化就是文化，文化的核心就是人、人文、人的精神。这应是一切工作的出发点与归宿。

二十一　钓鱼台宾馆之夜

1994年5月下旬，我记得有次研讨高等教育问题的国际会议，先在天津开，后在北京开，在北京开会的地点是钓鱼台宾馆。我似乎还记得此次会议可以不用翻译，用中文开会即可。

在5月25日的夜晚，正是阴历四月十五日，月亮正圆，微风正爽，似仲秋季节。我独自在园中散步，名园自有名史；名史彰名园，抚今思昔，处今思明，何况是处在从元朝到今天的中国首都，所思索的、所体味的、所瞻望的事情就更多了。也可说，"浮想联翩，夜'难'成寐"。在园中来往品味，成五律一首：

> 满月挂梢头，凉风似仲秋。
> 粼粼灯影乱，飒飒瀑声流。
> 欢笑良朋共，清芬静室幽。
> 名园消暑夜，人世几沉浮？！

遗憾的是，有哪些人，甚至有哪几位，更甚至有哪一位与我一起参加这个会议，具体讨论了哪些问题，我真是毫无印象了！但我写的诗却永在我的诗集中，更加刻在我的心头。"欢笑良朋共"的良朋，我记不起了，但学校该办成什么样子，又该怎么办，却是刻骨铭心的。

就在我接任校长这年，我以校长的身份接待了不少宾客，进行了不少国际交流、校际交流与人际交流。有两位宾客值得一提，一位是台湾同胞、知名"易学"专家，或应该说是"专家派"，来校作了有关《易》的报告，很精彩，并赠送了我校一批有关《易》的著作；一位是国际友人，东京工业大学的校长，对我校十分友好，赠送了一批樱花，种在八号楼前，而且与我校签署了合作协议,这个协议为我校与日本高校之间的交流起到了良好的作用。

"人世几沉浮?"我校正处在沉浮的激烈竞争中。当时国家教委有的领导讲,我校是"自我感觉良好"。这显然是批评的话,然而这年国家教委主任朱开轩同志来我校考察时,不断点头赞许,认可了我校许多想法与做法,"华中理工大学是新中国高等教育发展的缩影",这一国际专家的赞许,也就得到公认了。

二十二 观乐山大佛

中华文化,中华民族文化,是一种被历史证明的、具有极为强大消融力和生命力的文化。佛教源于印度,唐代时传入中国。在今天的印度,主要的宗教为印度教,佛教已经边缘化了。其传入中国后,虽早已中国化,但一直有"儒、道、释"并称之说,释就是指佛教。

1994年7月中旬,我应邀到四川省成都市的一所高校进行学术交流,在我结束学术活动(特别是教学有关活动)后,便去乐山瞻望乐山大佛了。

大佛真够大!大佛多高,我记不清了。游人那么多,却一点也不挤,只看到游人上上下下、来往不停。岷江、大渡河与乌衣江在此交汇,景象十分壮观。大佛就雕凿在三河交汇处的岩壁上,交汇后的岷江向南偏东的下游奔腾而去。"多少英雄的故事,在你身边扮演。"孔子站在江边,极富感情地感叹道:"逝者如斯夫,不舍昼夜!"人生如斯!历史如斯!

幼年我看《西游记》时就知道佛教有一部重要经典,即唐僧西天取经途中一空下来便默诵的《心经》,其只有260个字,的确很短。因为不长,我就特意背了;没料到,这次生病,虽然记忆受了重创,但《心经》竟然可以全部记下,一个字也不会背错。《心经》的最后是个"咒",实际是个偈语,四句计十八个字:"揭谛揭谛,波罗揭谛,波罗僧揭谛,菩提萨婆诃。"

这四句被佛教称为"揭谛真言"。揭谛就是"度",就是超脱妄执,即超越与灭除错误的认识,两个揭谛叠用,意思就是不但要超脱自我存在,破降我执,而且要超脱客观世界的存在,超脱法执。"波罗"意为"极","波罗僧揭谛",就是要彻底超脱法我两执,而归于太空。这四个揭谛合起来,就是要彻底超脱法我两执达到觉行圆满的境地。这很值得玩味。后来我意识到,到我年长较为成熟后,我为什么特别喜欢《唐诗三百首》,就是因为"溪花与禅意,相对亦忘言","何用别寻方外去,人间亦自有丹丘"。讲得真是太深入人心了!

二十三 重读论语

我在柳州城中,不禁想到 40 年前我在广西的岁月,在 8 月 24 日这天,我写下了七律一首:"碧簪罗带不能忘,四十年来绕梦乡。红豆相思南国茂,白云遥遥望入长。多娇正颂回江丽,满誉今驰动力香。世事沉浮君莫问,且凭青史作文章。"此前,即 1994 年 7 月中旬,我去了四川乐山,观瞻了乐山大佛,并赞叹大佛雕像"风霜难剥蚀,昼夜度从容"。观瞻了大佛,更深感中华文化的伟大、孔子的伟大、《论语》的伟大。我下定决心,要重读《论语》,再熟背《论语》。值得欣慰的是,在这次病前,我百分之百做到了;在这次病后,虽然记忆力受到了严重的伤害,但念时仍旧很熟,背诵中有较多的提示时,也可以较流利地背出来。正如西方学者所提倡的,《论语》是中国《圣经》的这种说法也未尝不可。

幼时,我没读幼儿读物,读的第一本书是《唐诗三百首》,接着是《诗经》,再就是《论语》了。10 岁前,初读《论语》,到 60 岁再读《论语》,的确,感情、感觉与以前都大有不同了,我一贯喜欢打比方:现在教幼儿说"共产党好!"与现在请七八十岁、八九十岁的老人讲"共产党好!",两类人的感受大有不同!

1994 年 10 月,我重读《论语》后,特别是在反复品味和与现实情况结合后,深有所感地写下了五律一首:"《论语》今重读,情思过万千。首经蒙诸劫,至圣受严惩。拨乱归天道,除污涌本源。人间规律在,明镜永高悬。"当然,这里"首经"是指《论语》,"至圣"就是指孔子了。在我写这篇"钩沉"时,重读、重读、再重读《论语》,就能体会朱熹在江西白鹿洞书院请陆九渊演讲"君子喻于义,小人喻于利"这一主题的重要性了,这绝不是说,君子不要利、不要财,而是必须取之以道。

在这一个多月前,我带着学校的一个代表团访问了玉林、柳州,包括玉林柴油机厂,还有两面针牙膏厂等厂,它们的产品很有名,名牌产品有很多,我好奇地问他们:"武汉工业比你们发达得多,为什么名牌产品没有你们多?"他们讲得很简单、朴实:"广西怎么跟武汉比?我们只能抓住一个产品,硬干!不像武汉,像猴子吃玉米,抓一个,丢一个,我们看准了就坚持下去,就会出成果!"道理简单,而真谛在此。

在柳州,我想起柳宗元贬在此蛮荒之地时,写有名诗《登柳州城楼寄漳、汀、封、连四州》,其中有"江流曲似九回肠"一句,形容得真妙!柳江就是绕着柳州城流了近一整圈,柳州就在这个圈的正中。而今距柳宗元写此诗时间已过了约1200年,沉思往事,也大可不必伤往事了,而应朝前看!看正面!

二十四 "长江三峡工程开工典礼"

"一桥飞架南北,天堑变通途。"这是毛泽东同志1956年6月写下的《水调歌头·游泳》词中的一句,他赞颂了中国人民千百年梦寐以求的、正在施工的、能将长江天堑变为通途的大桥,孙中山先生殷切盼望的三峡事业,在1957年终于变成了现实。大约是1959年末1960年初,我独自一人,在长江大桥旁边,留下了一张照片,配了一首诗,怀念在北京工作的辉碧,诗中尾联是:"最当天堑通途后,无限深情绕北京。"那时,我们还没有结婚,我们的婚期是1960年1月23日。当然,临近婚期,思念倍深了。

"长江三峡工程开工典礼"在1994年12月14日上午10点至11点间举行。我在14日前就到了宜昌,同天津大学校长单平住在一起,我们两人都刚任校长不久,且我同天津大学彭泽民、刘又午、彭商贤、徐燕申等一大批教授交谊深厚,"公"交、"私"交均系如此,这次遇上"新"交的"新校长"单校长,话就更多了。

第二天的盛大开工典礼,在宜昌三斗坪原中堡岛处的围堰内的临时广场上举行。上次我参观了正在施工的这块围堰的内内外外,而今朝已换了盛装,此处马上就要被淹没了。盛典上礼炮轰响,汽笛长鸣,军乐高奏,信鸽纷飞,彩带飘空。万众欢呼、鼓掌,摇动着彩旗鲜花,总理李鹏同志开始了他的感人讲话,从孙中山先生的发展规划到毛泽东同志"高峡出平湖"的名句,从历史到现实,莫不撼动人心。他讲话结束时,感情激动,情绪昂扬,豪迈而庄严地说:"现在我宣布,三峡工程开工了!"

这是伟大的历史时刻,不久的将来,三峡工程完工后,应是"神女应无恙,当惊世界殊"了。当晚,我特地选择了词牌《满庭芳》,填词一首,永志不忘。

机器轰鸣,围堤飞峙,堰坪欢聚群雄。盎然中堡,春色压寒冬。炮震声宏号壮,豪情伴、球鸽奔空。王洲告,峰回谷应,伟业此开工! 　　如龙。扬子愿:家家富庶,代代繁荣;细评说,是非功过难穷。七十余年梦想,新中国、力展图宏;兴高坝,平湖托出,后世仰丰功。

二十五　凯歌红染杜鹃花

继承优秀民族传统,弘扬伟大革命精神。这两句话应该"互义"地理解,方为全面,即这两句话还包含"继承伟大革命传统,弘扬优秀民族精神"这层含义。

1995年4月中旬,我校瑜珈诗社举行了一年一度的"清明诗会",乍看,似乎只是同民族传统有关,而五四所举行的纪念抗日胜利50周年诗歌音乐会似乎只是同革命传统有关。然而细一想,则并非如此,这两个活动都同两者有关,只不过的确是有重有轻、有主有次、有明有暗、有多有少而已。

4月中旬,瑜珈诗社举行"清明诗会",我填了一首《沁园春·献给诗社"清明诗会"》:

嫩绿轻烟,紫隐红浮,白淡黄妍。看山间布谷,深情远唤;林中喜鹊,欢跃争喧。桂柏陈新,樟松换旧,纵使长青此更鲜。拂池水,喜香清风暖,生意盎然。　　良辰美景盈园,激万千学人奋着鞭。笑荒原秃岭,而今安在?惊涛恶浪,随昔已迁!硕果纷呈,英才辈出,岁岁佳音改革篇。春朝乐,续长征史页,愿与群贤。

在这里,人们似乎有个错觉,所谓"长青"或"常青"树,如松、柏、桂、樟、橘等,它们的确是"经冬犹绿林",但它们并不是不落叶或不换叶,而是在春天时落叶换新生叶。新陈代谢,是客观世界变化的且不可抗拒的规律。

5月5日,为纪念抗日胜利50周年,我校举办了诗歌音乐晚会,我与师生一起参加,并请朗诵得好的老师(或是学生)代我朗诵了为晚会而填的另一词《望海潮》:

屠刀挥砍,铁蹄践踏,狂轰滥炸横加。封豕突奔,图吞世界,杀人掠地如麻。民怒逐妖邪。众仇举烽火,卫国保家。取义成仁,八年红染杜鹃花。　　沧桑五十堪夸。看长城焕彩,峻岭披霞。楼厦比天,珠玑列市,轻歌曼舞鸣笳。春色美无涯。更必铭耻史,永鉴夫差;万众一心奋进,强大我中华。

当时,大家的感情确系如此。

二十六　浩气牧牛心亦雄

张培刚先生是世界经济学术领域中久负盛名的权威,在学术上极富开创性。他的学生、他的崇拜者中,不仅在世界上富有声誉的不少,而且获得诺贝尔奖的也大有人在。我任校长期间到我校一号楼二层东头他的住室中去拜访他时,他正拿着一本国外专家赠给他的、最近出版的英文原版大作,这位专家我记得是获得诺奖的一位大家。这位大家在书上用英文签名,并清清楚楚地写着:请张培刚教授指导。这一个场景,我至今也不会忘记。他年轻的夫人谭慧老师也在场。他结婚很晚,据说他与谭慧的婚姻还是经谭慧哥哥介绍而促成的。

他80岁时,我特地去他房中拜寿,看到他那么开朗、健康,那么健谈、风趣,我们都极为高兴。"张老,祝您长命过百岁!"这的确是我们的心愿。尽管由于各种因素,以致他没能获得诺奖;但他在世界上的影响绝不低于诺奖的获得者。由于可以理解的历史原因,我校建校后,需要他主管基建和总务的工作。他就安心地管基建、管总务,从"不怨天,不尤人",而且把他主管的工作做得很好。

在"文革"岁月中,组织上要他放牛,他就去放牛。而且在放牛中,他从牛的翻身动作中,研究使牛翻身作用力的方向,并结合他所学的专业,从而学习经济学知识。这不能不令人敬佩。

他在20世纪40年代初期以《农业与工业化》为题探讨了"农业国工业化"问题,自立新论,获国际公认,成为哈佛大学评选出的"优秀博士学位论文"。"文革"后,他将这一理论发展成《新发展经济学》,获得了国际上的高度赞誉。

1993年7月,张先生80岁了,我特地写了一首诗祝贺他:

> 七律·张培刚老师八十寿辰喜赋
> 年高八十夕阳红,一代奇才一代宗。
> 旧著曾教新论立,新章更把旧篇宏。
> 童心伏枥身犹健,浩气牧牛心亦雄。
> 灯火通明常达旦,辛勤智慧注书中。

二十七 二十年,中国一定有诺奖(上)

1995年6月10日,杨振宁先生在我校铿锵断言:"我敢肯定,二十年,中国一定有诺奖!"今年,是2015年,20年过去了,屠呦呦拿了诺奖。杨振宁先生接着还言:"决不只一个,接着是一批!"如果说,还包括文学奖,那么,2012年莫言还拿过文学诺奖。当然,这是距离1995年20年后的事了。

当杨振宁先生发表他的断言时,我校露天电影场响起了雷鸣般的掌声。而今杨振宁先生的断言完全实现了!而他还健在,但想要邀他重来,就很难了。

杨振宁先生是为了与香港"亿利达"企业负责人刘永龄先生一起颁发"亿利达青少年发明奖"而来的,这是为了激励我国青少年而设立的奖,在国内其他几个地方也设了,中南有个点,挂靠单位是由我们努力和争取而设在我们学校的,6月10日在我校颁发。湖北省与有关省外单位的青少年就集中住在我们学校,颁奖还得到了省科协的大力协助与支持,获奖人数固然不算太多,但也不算少,我记得均在20人左右吧!其中不少获奖作品颇富创意。评委中不仅有高校的专家教授,还有研究单位的相关人员以及生产企业的专业人员,邀请评委时充分考虑到了"面面俱到"。何况,最后还需面试、答辩。

评奖、颁奖后不久,约是7月中旬,有一批青少年朋友,里面有小学生,也有中学生,前来拜访我。他们个个都很活泼,都有着自己的见解,我记得当时我很兴奋,送来参评的作品都很优秀,可想而知,武汉市、湖北全省、我国各地,一定还有比这些优秀作品创作者更优秀的青少年,更何况还有一大批的人才在一定条件下会脱颖而出,会"冒"出来。当时,我赠了一首词给他们:

清平乐·赠来访青少年朋友

前波后浪,澎湃波涛吼。试问英雄谁敌手?华夏飞腾时候! 幼苗茁壮纷纷,风姿真个销魂。纵笔新词寄意,风华超迈前人。

那时,刚八九岁、十六七岁的孩子,20年后的今天,也已经二十八九岁、三十六七岁了,这批青年中各领风骚的杰出人才可谓比比皆是,其中必定会涌现出决不只是一个而是一批诺奖的获得者,杨振宁先生的预言,必会如此!

二十八　二十年，中国一定有诺奖（中）

尽管杨振宁先生是位美籍华人，他却有着强烈的爱国主义情感。在他那位极具典型的、在中国传统文化熏陶下的、在清华大学任教的父亲的教育下，可想而知，杨先生的民族情结也必极为深厚。据说，他在美国定居加入美国国籍时，曾极为悲痛，但他为了事业的进一步发展，最后才做了加入美国国籍的决定。但他从未忘记他是炎黄子孙，而且要饮水思源地回报他心坎上的祖国。

我作为学校校长，与我校有关负责同志一起，陪同杨振宁先生参观了学校绝大多数的实验基地。我清楚记得，我陪他参观的基地之一是我国知名教授、国家级教学成果奖的获得者康华光先生的实验室，他正在从事生命领域与电子领域交叉学科的研究。杨先生询问得很仔细，康教授回答得十分流利而确切，并且他们还一起讨论了一些有关问题。我也清楚记得，他对我讲，康教授抓得很对，你们把握得很准，生命学科，是交叉学科，是带头的学科，你们看得准，抓得狠，是十分正确的。

接着，他还进入喻家山的山洞，仔细察看了罗俊教授领导下的引力实验室。他夸奖罗俊教授及其团队敢于攀登，认为他们敢于干前沿的而又十分基础的基础研究，虽然这些研究似乎不能立竿见影，但一旦有所突破，就是不得了的大成就。

他还看了我们的"船池"。当时，这个"船池"在国内是最长、最大的，他看后很感动，连连称赞讲：你们学校真有气魄。他看了我校有关激光的研究与设备，他讲：这是前沿，发展得很快，你们要及时掌握世界动态。

我似乎还记得，他登上了喻家山山顶，举目四顾，语义双关地讲：你们学校干得不错，大有潜力。他尤为称赞的是，我们学校大体上与共和国同龄，他说看到你们学校的发展，就等于看到了新中国的发展。他这一句话，使我们陪同参观的人，都笑了起来。杨先生就问我们：你们听了这句话，为什么高兴得笑了？我们自豪地告诉他：国外有位教育专家曾夸赞与评价我们学校说：华中理工大学是新中国高等教育发展的缩影。当然，我们也告诉杨先生说，我们知道，我们发展得还不如一些高校好，但我们会努力前进！

二十九　二十年，中国一定有诺奖（下）

"二十年，中国一定有诺奖！"杨振宁先生的断言已经实现了！而且，可以拭目以待，不是一个，而是一批！

在1995年6月10日颁发"亿利达青少年发明奖"颁奖大会上，杨振宁先生做的这个断言，不是毫无根据的。他亲眼看到了这些获奖的作品与作者，更何况还亲身参与了这次激动人心的颁奖大会。因此，他才会发出这一铿锵的断言。

那天，我校露天电影场挤满了人，大约有两万以上，在挤满人的状态下，还等了约两个小时，但杨先生一登台，全场掌声雷动、欢声震天。杨先生一开始讲话，就情不自禁地讲："到场人数之多，会场秩序之好，会场情绪之热烈，是我从所未见的！"这三个"从所未见"，多么满含深情！接着，他极为激动地讲："我深信我们中国二十年一定有诺奖！"掌声雷动！"你们华中理工大学也会赶上世界一流大学！"全场沸腾！我们学校经历过这一场面的人，永远不会忘记杨先生的断言，而且正在努力实现杨先生的断言，正在努力实现中国人民的梦想！

随同杨振宁先生来我校的，是中国亿利达青少年发明奖的投资者刘永龄先生，他是香港"亿利达"企业的投资者。刘借杨的声望，杨借刘的资金，彼此互利，更是共同为新中国发展尽到中华民族一分子的光荣历史职责。

6月10日颁奖的感人场面，促使我当日写下诗两首，记下了我当时难忘的感受。现录如下：

七律·为杨振宁先生参加6月10日"亿利达青少年发明奖"颁奖而作以赠

鹤舞云飞喜客游，新诗小赋意长留。

南滇茹苦强基奠，北美含辛壮志酬。

宇称非恒惊世论,龙腾有日毕生求。

　　思源放眼儿孙事,力献宏猷亿利谋。

杨振宁先生、李政道先生等这些优秀中华民族子孙,永未忘记他们的"根"所在,念念不忘地回报祖国。

五律·为刘永龄先生参加6月10日"亿利达青少年发明奖"颁奖而作

　　何由亿利达？卓识万家尊！

　　肝胆昭华夏,胸怀拥子孙。

　　不愁风雨猛,唯愿俊髦珍。

　　云鹤归来后,雏荷看日新。

"雏荷"指颁奖正为6月中,荷正雏出也。

三十　再铸辉煌昼夜争

杨振宁先生来校后,我校更加坚定了"力争上游、力争一流"的决心与信念,任何困难挫折我们也不怕。新中国成立后新建的高校,能如同我校这么快发展的确实为数不多。

我接任校长的第二年,即1994年,我校获得国家自然科学基金资助项目总经费名列全国高校第6位,确属不易。而且就在次年,即1995年秋,我校在全国研究生院评估中名列十强之内。

无怪乎,国外高等教育专家发表过这样的感慨之言:"华中理工大学是新中国高等教育发展的缩影。"我想"缩影"不会是唯一的,但的确是不多的。在1995年国庆那天,在南一楼广场上,我校全体校领导与师生代表一起举行了我校第一次升旗仪式。国歌高奏,由生物系某班代表全体学生宣誓,全场情绪极为高涨。

在我校举行的第一次全校奏国歌、升国旗、学生代表宣誓这样极为庄严的仪式上,看到学生们整齐的队伍、高涨的情绪,蓦然想到"不学礼,无以立","不以规矩,不能成方圆",我怎能不激动?!当即写下了七律一首:

悲壮歌涛逐日升,凌空招展御危旌。

燃天火炬中华血,指路金针北极昱。

卓绝曾教鬼神泣,高超更赖俊髦营。

朝阳喷薄坚贞誓:再铸辉煌昼夜争。

一个月后,振奋人心的好消息接踵而至,福有双至,甚至"三"至,在这个金色秋天,我校实现了大丰收:第一,在全国研究生院评估中,我校进入前十强;第二,在全国高校"211工程"部门预审中,我校顺利通过;第三,也是最为关键的,熊有伦同志增选为中国科学院院士,成为我校第二位科学院院士。为此我特地选了《桂枝香》词牌,填词欢庆这"三"至,这是学校发展中的大事。

佳音众瞩。竞桂放菊开,山秀园绿。名列前茅何易?!十强归属。排云健鹤冲霄上,伟工程,创新相续。再登金榜,增添院士,又歌雄曲。

凭拼搏,林原逐鹿。任险阻征途,岂惧颠扑?四十二年壮史,变迁陵谷。乘风破浪"三中"后,数今朝,起潜飞速。舜尧昌盛,瑜珈展翅,此词难足。

词中的"三中",指党的十一届三中全会。

三十一 观情哀绪活今前

1995年12月10日至12月15日是我第一次到香港。这时,离香港回归不到两年了。

这次应香港孔教学院院长汤恩佳先生邀请来参加该院一年一度的孔子诞辰活动。我与余东升同志受邀前往,费用全由汤先生支付。汤先生是一位地地道道的儒教文化的忠实传承者。据说,他原从事商业、股票行业,但在一次获得大利后,就决心全力继承与弘扬儒教文化,为此,捐资办学,建造孔子塑像,开展有关纪念活动,得到了海内外的广泛赞扬。

孔子生于公元前551年9月28日,卒于公元前479年4月11日。"己所不欲,勿施于人",这一伟大的教导铭刻在联合国大厦内。汤恩佳先生的这个一年一度的活动我们自应支持。更何况能到离开祖国怀抱100多年且即将回归祖国怀抱的香港去看一看,何尝不是一件大快人心的事!

汤先生很好地招待了我们,一切安排得妥妥当当。我们除了参加第二天上午的一个纪念大会之外,就没其他事情了。我们住在清水湾一家宾馆中,在宾馆高处,香港全景大抵可见。在宾馆附近散步逛街,有一种感觉是此处的楼房太挤太高,灯红酒绿,摩肩接踵,人声喧沸,热闹无比,但没有活动的空间,住得太挤了!

回到宾馆沉思,思绪万端,端端相连,连续不断!一首《浪淘沙》,涌上笔端:

万厦竞摩天,不尽机船。灯红酒绿夜嚣喧,一线星空难得见,陋室间间。　清水碧湾边,入画天然。欢情哀绪话今前。倒计时分归故国,待写新篇。

这既是实景又是实情的真实写照。

汤先生热衷教育。我们向他介绍了我校情况,欢迎他有空到我校走走看看,给予指导,他欣然答应。其实邀请他的目的不言而喻,还是希望争取到他的支持。他在内地许多单位,特别是学校捐建了不少孔子塑像,我们想,我们这么一个具有代表性的学校,他是肯捐建的。实际上,不久后,我校向他提出了请他捐建孔子铜像的心愿时,他立即应允,并答应来参加揭幕典礼。这一切很快都实现了。

我所留下的遗憾是,我想至少还要在校园内树立孙中山、邓小平和老子的铜像。树立老子铜像的愿望实现了,但孙、邓的铜像至今还没有树立,不知何时才可得以实现。

三十二　根同根壮根深(上)

"根同根壮根深结。"这是我一生中,第一次踏上我国宝岛台湾,从今天的健康情况看,应该说,这也许是、绝对是我一生中唯一的一次了。这次台湾之行,从始到终留下的记忆,都使我永难忘却。

成功大学是台湾以工业科技为主的高等学府,其规模仅次于在台北的台湾大学,这次赴台即是由它盛情邀请的。它的校址在台南,与台湾大学,一北一南,遥相呼应。到台南入住宾馆后,台湾机械工程学会负责人、成功大学知名教授陈朝光教授便来访了。我一见、一听,就极为感动。

他拖了两个手拖行李箱,兴冲冲地前来找我。他讲:我知道大陆还少有这种行李箱,果然你们没有,我准备了两个,正好赶上用。我听了异常感动。因为我在广州上飞机时,学校准备的礼品袋全破了,这些瓷器、玻璃、景泰蓝类的"琉璃货",几乎没法装了。华南理工大学的刘焕彬校长年纪最轻,就帮助我搬运这些"琉璃货",整个路途中几乎是把礼品抱上抱下,显得十分狼狈,我十分感激刘校长。而陈朝光教授送的这两个手拖箱,问题正好就彻底解决了。

这次成功大学邀请了大陆多所高校访问台湾,在参加了"海峡两岸高等教育现况学术研讨会"后,大陆各高校分别与成功大学签署了合作协议书。大陆高等学校有上海交大、西安交大、华中理工大学、华南理工大学、西北工业大学、东北大学等。看到两岸合作的盛况,我当即写下一首七律:

> 来自东南西北中,相逢宝岛乐融融。
> 唯求众愿酬青史,更愿"双赢"化绿丛。
> 与会场场情切切,参观处处意浓浓。
> 根同根壮根深结,夜夜乡心两岸同。

恰好大陆来的高校、台湾公立的高校,都是位于大陆或台湾的东南西北中。无巧不成书,也可能是有意的安排吧。

大陆高校代表团团长是上海交大校长翁史烈教授,他主要从事内燃机与热力学的研究,有着较为丰富的领导与办学经验。上海交大从徐家汇迁到郊区闵行,他是立下了第一功的。他富有办学经验,担任我们代表团团长是十分合适的。而代表团中,年龄最小的可能就是刘焕彬校长了,他干的力气活、跑的腿也就是最多的了。

三十三　根同根壮根深(中)

我们代表团一到,台湾高校的朋友就十分热情,参观访问处处都充满了浓浓情意。1月10日我们飞抵高雄,当天乘坐大巴,与主人一起抵达台南,住进了一家似乎叫"赤嵌"的饭店,就在这里举行了"海峡两岸高等教育现况学术研讨会"。

按会议惯例,会议开始前会先拍摄集体照。前面两排,第一排12人,第二排11人,共23人,佩戴有代表证;后面两排,没有佩戴代表证,当然就是工作人员了。

当我写这篇"钩沉"时,就不能算是"钩沉"而是"回放"、"回忆"了,因为这一切宛如昨日。在到达台南的第二天晚上,我有感于主人的盛情款待,填了《浪淘沙·访台感赋》一首:

峡浪接云天,逝水流年,悲欢离合几多篇?！本是根生同一处,梦也团圆！　举酒醉华筵,情意绵绵,心心相印永相连。要领风骚新世纪,两岸即贤。

这首词是自然涌上心头的,在后来举行的记者会上,自然背诵了这首词,以表达这次访台的感受。

在这首词中,我最满意的一句是"逝水流年"。汤显祖所写《牡丹亭》杜丽娘"游园惊梦"这折中,杜丽娘的唱词是"似水流年",这里改"似"为"逝",是当时社会的真实写照,也是海峡两岸人民所不情愿的。

正因为是两岸人民所不情愿的,所以在台湾的一次记者招待会上,我不仅念了《浪淘沙·访台感赋》这首词,而且念了一首《七律·访台感赋》:

　　　　来自东南西北中,相逢宝岛乐融融。
　　　　唯求众愿酬青史,更愿"双赢"化绿丛。
　　　　与会场场情切切,参观处处意浓浓。
　　　　根同根壮根深结,夜夜乡心两岸同。

读过《唐诗三百首》的人都知道白居易有一名诗为《望月有感》,在这首七律的前言中,白居易明确写道:"自河南经乱,关内阻饥,兄弟离散,各在一处。因望月有感,聊书所怀。"因而他感慨写出千古传诵的名句:"共看明月应垂泪,一夜乡心五处同。"现今与那时完全不同了!但在这次记者招待会上,在朗诵了《七律·访台感赋》后,我在回答记者提问中情不自禁地流下了热泪,记者们热烈鼓掌,我可以深深地感受到这里处处充满着两岸同胞的骨肉之情。今天"台独"势力依然在猖獗地捣乱,但我坚信,他们必将失败!

三十四　根同根壮根深(下)

我们代表团此次的行程是自南而北的。始于台南的成功大学,终于台北的台湾大学,对台湾的高校逐个访问、交流,受到了有着手足之亲、骨肉之情同胞们的热烈欢迎。

我们代表团实际上是自宝岛西南的台南起沿着西部主要交通干线而行的,去了嘉义、南投、彰化、台中、苗栗、新竹、桃园,似乎向北还去看了一个县,最后在桃园乘机返回大陆。我记忆中,大陆的广州是这次访问的起点与终点,到达台湾高雄后,即转赴台南,由南而北,最后由桃园的中正机场返回大陆。

在宝岛游览期间,我们去了博物馆,登上了阳明山,瞭望了蒋介石所住的行宫,游览了许多名胜古迹。郑和抗击清兵处及其炮台,我们必然会去凭吊一番。当然,我们会讨论这一事件,并认为郑和开始抗清,力图保卫与恢复明朝,这是民族的爱国主义;但等到清朝统一了中国,承袭了大政权与历朝历代的传统,而郑氏后人还在台湾抵抗,企图分建郑氏王朝,问题性质就完全变了。我们对此深有感慨,是的,中国古谚说得好:"识时务者为俊杰。"今日台湾当局,更应认清形势!

1996年1月14日,是我难以忘怀的一天。这天,我们游览了阿里山,进入了原始森林。进入原始森林后,又一次更深地改变了我对原始森林的认识。原始森林的确是大树参天,树大是指树很高,直而挺拔,"适者生存",为抢阳光,笔直地往上长,但并不粗。直而粗的树也有,但很少,而且它的周围没有其他的树,这样才能有向横向蓬勃发展的机会。

我在原始森林中任意穿行,也在品味生命世界所展示的大自然的规律。尽管现在已是大陆的隆冬,然而阿里山上却日丽风和、春色无边。《蝶恋花·游阿里山》一词直涌而出:

日丽风和阿里秀,万木幽深,挺拔冲霄骤;共育同根相倚久,何妨雨暴兼雷吼。　　万里山河康复寿,衣带相亲,总是情如旧。花盛南方香满袖,冰封北国晶莹透。

阿里山中确似一片无边春色。

在这里,我不能不提到我在台湾的侄儿杨安中。他的父亲是我大母的儿子,他是我大母的孙儿。杨安中长年在外,定居在嘉义。这次,我到台湾,他特地从嘉义来看望我这位小叔叔。虽长久不见,但亲人之间的感情还是很深的,难以一言以尽。

祖国这一宝岛,怎能长久地与大陆分离?!大陆人民不会同意,宝岛人民不会同意,历史更不会同意!此次我们的宝岛之行,宝岛人民与我们之间的亲热相处,就无可怀疑地证明了这点。

三十五　"梦也团圆"之情

"本是根生同一处,梦也团圆!"我从台湾访问回来后不久,就登上了我校"人文讲座"的讲台,这是这一系列讲座的第231次。这次又如同我在第129次与第131次"讲座"演讲时一样,教室挤满了人,窗口也爬满了人,人数绝对在400人以上,西五楼又一次重演了这壮观而又感人的一幕。

这种动人的场景,不是出现几次、十几次、几十次,至今已高达数百次以上了。所以,最近我在回忆这些场景时,很有感触地写下了一首五律,就叫作《五律·西五楼117教室》:

> 教室一一七，各楼西五称。
> 人文播种始，科学启崇承。
> 大奖花连发，群贤没有凭。
> 瑜国彰此秀，云梦气氤蒸。

这是讲座的第231次了。而每次讲座，西五117教室都人头攒动，就连教室外面也都爆满了，而且有些讲座的场面，人还更多、更挤！有些时候，当晚的讲座因为人数过多便不得不临时改换报告地点了。

人是有感情的。何况对我们大陆人民而言，宝岛台湾承载着我们更多的情感。其他的不讲，就以1995年5月上旬我随所在的科研团队师生（研究生）一起春游咸宁为例，我在感情上就已经是波澜万丈了。

1969年12月，我自告奋勇地带头打前站，在咸宁农村进行"斗、批、改"运动。没想到，我被疑为"潜伏特务"，隔查审查了三个月。可以觉得安慰的是，在此期间我没讲过一句假话，也没埋怨过任何一个人。现在，我虽是校长了，但我的一切关系仍在机械学院信息所。在游览咸宁的竹山、溶洞与温泉时，索性就玩了一个痛快。这次游览咸宁与1969年至1970年的情形一比较，就不胜感慨了。春游畅快了，自然也留下了记录沧桑岁月的诗篇，即七律两首：

七律·重游咸宁温泉

旧日温泉岂复存？携儿技老笑干云。
一川好水新池众，两岸花娇倩影纷。
大道浓满连广厦，锦衣美食到蒸民。
凄惶廿五年前事，高寨惊魂甚莫论。

七律·游咸宁竹山（词韵）

1999.5.7 咸宁

旧梦儿时何处寻？雄山修竹碧森森。
怒芽壮篇香飘土，动事柔枝笑拂云。
鸟俗高低随远近，至通陡转易晨昏。
今朝不再凄惶事，伴友携生乐踏春。

今日再去,20 年后再去,又更是一个地覆天翻的大发展、大变化了。

三十六　相逢无不是亲人

1995 年 7 月下旬,我应邀先访问了江苏理工大学,即原来的镇江农机学院,后改为江苏工学院,到改革开放的大发展时期,最后改称为江苏大学。

我与这所生气勃勃的大学已经打了很多交道了。它原属机械工业部,当时,机械工业部人事教育司直接管理 20 多所高校,号称"国家第二教委"。这所高校的主要负责人,是一位很有能力又很能用人的女教授,叫蔡兰,与我很是相熟,可惜经这次重病,我怎么也记不起其他熟人的姓名了。应邀访问,做了学术交流,参观了富有特色的农业机械与生物产品实验基地后,学校领导又一次陪我登上了金山、北固山和焦山。

金山看来不似山了,而是层层叠叠的寺庙建筑。白蛇精白素贞水淹金山寺的故事,脍炙人口,而更为感人的是梁红玉擂鼓战金山协助韩世忠大破金兵的故事。当然,由于历史原因,康熙皇帝亲笔写下的"江天一览"御碑及配套的御碑亭就别有尊严了。

由于我从小就熟读了《唐诗三百首》中唐初诗人王湾的《次北固山下》这首出名的五律,此次再登北固山,这一名诗就不能不涌上心头了。"潮平两岸阔,风正一帆悬","海日生残夜,江春入旧年",这一颔联、颈联一而再再而三地为后人广泛传诵。

不仅于此,这里还有郑板桥所题的一副对联,极富哲理,我也极为喜爱:"删繁就简三秋树,领异标新二月花。"一个人做学问,干事业,就应该如此。这些建筑上一副副的对联,都极富哲理,但后来不幸经一次大火,群楼尽毁,对联也就被毁了。现在所见的建筑是 1984 年重建的。

有个传说,说的是苏东坡最为出名的一首词《水调歌头·明月几时有》即是他在金山妙高台上经常命人击节而歌舞的。如若东坡有灵,他得知今日之事,我想他定会有更为出色的诗词可大供歌舞。

正因如此，我在金山之上亦得《七律·游金山》一首：

　　丛林拥簇向苍旻，拾级闲论古迹珍。

　　擂鼓千钧惊敌胆，兴波万项觅夫君。

　　"江天一览"皇碑立，磬钹齐鸣佛殿新。

　　东坡若解今朝乐，更赋当筵舞入云。

江苏大学，现在是一所很有名的地方大学，有些学科可与世界一流大学相较。

三十七　清泉涌玉　重游济南

瞬间31年多已过去了！

1964年2月下旬，我接到联系安排毕业实习的任务，次年初，我就到济南第一机床厂指导毕业实习去了。这些内容在有关章节已详细叙述了。

在济南第一机床厂指导实习时，我同那时的山东工学院机械系的同行打交道比较多，特别是与他们的学术带头人之一的艾兴教授打交道更多。由于新中国成立初学习苏联，专业分得很细，专业里有专门化，专门化里还会细分，实际上，就很接近于现在的高职教育了，机械制造专业即是如此。

可以说，"文革"前我们专业课教师，春节基本上都是在实习地点度过的，我们学机械制造的，春节就在厂矿企业中度过了。那一年的春节也不例外，我就是在济南第一机床厂度过的。

济南朋友待我宛如亲人，"莫道异乡为异客，相逢无不暖亲声"。时隔31年，我再次到了济南，7月21日至7月23日，艾兴与他的助手陪我重游了千佛山、大明湖、趵突泉等名胜风景点，时隔31年再次游览这些景点，景非畴昔，新陈旧去，难免不胜慨然。七律一首，慨然而生：

　　相逢无不是亲人，卅一年前感慨深。

　　碧柳依荷长迓客，清泉涌玉惋留君。

齐烟九点浮高厦,梵塑千秋绕瑞音。

昔貌俱非人似昨,新情更伴旧情温。

这里要讲的是,诗中的"玉"字,蕴藏了"千古第一才女"李清照之意,《漱玉词》是她不朽的词集。

到了孔孟之乡,这次就不能不去孔庙、孔府、孔林了。孔子打不倒,孔学打不倒,当然孔庙、孔府、孔林也打不倒。一时被"无知"而"无畏"且"无成"的人打倒了,案还是会被翻过来。这就是"颠倒了历史,还会被颠倒过来",历史上的"掘墓鞭尸"绝非个例,但历史终于把它颠倒了过来。

1995年7月27日,我在艾教授他们的陪同下游览了孔庙、孔府和孔林,留词《清平乐》一首:

杏坛化雨,庙府林荫路;拔地参天千古树,玉振金声邹鲁。　　道尊忠恕人弘,梦求天下为公。师表高山仰止,大成世泽仁风。

在这里,不能不再一次提及,在这本《往事钩沉》中一再提及的我的诗文名师孔汝煌教授,是孔子的第32代孙。

三十八　G 的测量一定支持

我任校长期间,学校经济极为困难。在校党委齐心协力下,办成了的很多事情就不再重复讲了,而我下决心要办的几件事,也办成了。

万有引力常数 G 精确测量基地所需增盖的楼房终于在喻家山山洞外盖成了,山洞与之连成一体了。

我清楚记得,我在与引力测量基地负责人罗俊教授的谈话中,知道了他们创业的艰辛,知道了山洞中氡辐射的剧烈,看到了他脸上、手上所患白癜风病的严重性,知晓了他们一批人在山洞基地里拼命钻研及他们取得的成果使国外大专家也难于挑剔而为之折服的种种事迹。

学校历届领导人都高度重视万有引力常数 G 的精确测量这项研究,在经费极为紧张的时期,也将此项研究的经费放在科研处而未挪至他用,科研处杨佐仪这位非常能干的女处长直接过问此事。

我接任时，G的精确测量工作正蓬勃开展，所得成果在国际上得到了公开的承认。我与罗俊第一次见面时，他讲了他在国外参加有关学术活动时的一件事，我极为感激。罗俊讲，在一次国际学术活动中，国外一位极为著名的专家对罗俊的工作极为怀疑，怀疑他的测试方法，怀疑测试环境，怀疑测试结果。有关专家就讲说有到过他们的实验室。那位国外的专家就问：你们实验室有高级恒温装置吗？一天24小时能保证温度活动不超过±0.1 ℃吗？罗俊说：我笑一笑，就告诉他：不是±0.1 ℃，而是±0.01 ℃，一个人进去，如果不做足够的准备，温度就会有波动。那位专家就无言可答了。我就跟罗俊说：欢迎他来考察、来指导工作嘛！

在党委的努力下，测量基地扩建成功了，一栋漂亮的三层楼房屹立在洞口，一个小小的广场足够停数辆汽车之用。这个基地，在罗俊及其团体的不断开拓创新之下，成为"十二五"期间国家优先安排建设的16个重大科技基础设施之一，真是来之不易啊！

放眼世界，考虑到世界上各个实验小组测出的实验数据的精准性，我校这个基地目前仍在采用准确性更高的"周期法"与"角加速度法"来进行数据的测量，从而分析可能存在的系统误差，以达到更高的水平。

三十九　要直接过问职工子女

"可怜中国父母心，不重自己重子女。"

20世纪90年代初期，高校教师队伍不稳，西部地区尤其如此。高校要留住教师，有三个条件都要具备：一是工作留人，要使英雄有用武之地；二是待遇留人，吃、穿、住、用都不难；三是职称留人，吃穿住用是有形的、物质的，还有一条是无形的，就是工作职称。我认为，这还不够，还得加一条，即子女留人。中国人有个传统，即不重自己重子女。在西方国家，孩子养到18岁，成人了，父母就可以不管了。而中国没有这种方式，而是一种重视子女的传统，这个传统的力量是极为巨大的，是中国这个社会所固有的，甚至连法律也无可奈何。我清楚记得，当时管财务的副校长黄承堂经常讲,学校没有钱,但又要办事,因此学校党委就会开会研究事情该怎么办,然后就是投票表决,我一般是坚决反对因为没钱而不办事的,但当时的确没钱。党委开会通过后,承堂同志只能坚决执行,其实他的工作也很难做!

但由于在中国,父母都是不重自己重子女的,所以在我的建议下,党委不仅要管理大学,连附中、附小、幼儿园也直接管理了,就是把教职工的子女教育也负责了。所以,留住教师不仅要有三条,而且得有第四条。

党委做事很实在,在子女问题上,也没有任何争议。在测定 G 的基地建设上,还有一些形式上的反对票,而现在在对于幼儿园的危房改建、新建上,连形式主义上的反对票也没有。大家亲眼看到幼儿园一栋危楼的大梁处于危险的状态,很可能随时断裂、平房垮坍。这是人命关天的事情,于是毫无争议地马上开工,拆旧建新。工程迅速开工了,新幼儿园也很快地建成了。

后来不知从什么时候开始,小学与幼儿园的教育学校不再负责了,"不在其位,不谋其政",事情又总是一分为二的,我也绝没有去插一手了。但我与附中、附小关系一直很好。我自己有条不成文的规矩,就是不题字,所以学校那么多文化素质教育纪念建筑,我、刘献君和余东升等人,没有一个人留下题名。我记得我只给附中题了校训:"读好书,立好志,做好人。"我还给附中领导讲这是我从我中学的母校校训中演化过来的,原来只有两句话:"读好书,做好人。"我认为已经很不错了,但全部照抄,那就很不好了,加上"立好志",就大不同了。读好书,讲透了,就是为了"立好志","立好志"就是"工欲善其事,必先利其器",而后才能脚踏实地地来做好人。抓住"立好志",脉络就更深入、更清楚了。"志"十分重要,"三军可夺帅也,匹夫不可夺志也"。

四十　考楼鸦静无声

"学风"极为重要,延安整风先整顿的就是学风。中国自古以来,就知道作风的重要性。孔子深刻地指出:"其身正,不令而行;其身不正,虽令不从。"我一贯知道,对于一所学校、一个年级、一个班级来说,作风如何,极为重要。我任校长期间,就十分关注校风的建设。

《华中理工大学周报》在1993年3月7日第3版上登了江洪洋同志的一篇报道,抄录如下。

考试

元月十四日,一股突如其来的寒流使江城变得异常寒冷而干燥,天空阴沉沉的,颇有"黑云压城城欲摧"之势。

八时三十分,1000多名学生秩序井然地走进西五楼,参加期末考试。然而,5分钟后,一件意想不到的事情发生了……

由于电气故障,整个考试断电了!

没有交头接耳,没有左顾右盼,整个过程不过就像平静的湖面荡起一个涟漪而已,考试依然有条不紊地进行着——

在105教室,固电系951班的同学正在考《概率论与数理统计》,尽管考试断电这种概率极低的事让他们遇上了,但是却没有一个人利用这难得的"机遇"去捞一把。窗外,楼高林密;室内,没有言谈,为了看清试题,有的同学几乎将眼睛贴到试卷上。年过半百的监考老师余明书心疼这些孩子,不停地念叨:暂时不要做了,不要做了,别把眼睛搞坏了……

在506教室,办公自动化专业94级的同学正在考《公共关系学》,却没有一个人趁势浑水摸鱼大搞"公共关系",整个考场鸦雀无声,考试依旧有条不紊地继续着……

在考场巡视的校长杨叔子目睹此景,不禁被深深打动了:"大学生们太可爱了,老师们太可爱了,这次考试不仅是一次专业知识,更是一次华工人精神的考试,华工人素质的考试。事实证明,我们成绩是合格的。"

素质,素质,素质是根本!抽象的素质看不见摸不着,要看行动、言语、思维活动及其一切有关的表现即可明确何为素质。

这次考试之后,我感触极深地写下了一首《七律·赞我校考风》:

厚厚云层天失明,无端停电更阴森。

考楼鸦静无声赞,学子心纯自律称。

从古"修身"成"大学",溯源"正、意"必真"诚"。

"好风借得青云上,喜盼他年捷报频。"

是的,"壹是皆以修身为本"。"修身"者,提高人的"素质"也。

四十一　昔日同窗密　三年共激扬

太快! 时间过得真太快! 李德焕连任三届党委书记了。我记得在我勉为其难地接任校长时,我这位老同学真诚地讲:"你放心! 你干不了的大家干,我这个老同学来干! 放心,一定不会出问题!"

后来果真是这样,大家理解我,我也确实不是能担负起这么一所规模大、水平高、责任重的名校校长的料。在党委一班人的全力支持下,在他的真诚帮助下,学校三年来的确发展得不错,对于这些,"瞎子吃汤圆,自己心里明白"。对党委班子的每个成员,特别是对这位老同学的竭力支持,我的确深深感谢。

1996 年 6 月,他从书记的岗位上退了下来,朱玉泉同志接任书记的职务。我特意写了一首五律送给德焕同志。

> 昔日同窗密,三年共激扬。
>
> 寡筹难独任,多智乐相帮。
>
> 胸宏全局业,志藐小家庭。
>
> 足迹深深印,何妨听短长。

记得我刚接任校长后不久,当时自称为"国家第二教委"的机械工业部人事教育司也将刚选为中国科学院院士的俞汝勤教授建议选拔为湖南大学校长。当时湖南大学也属于那时的机械工业部。现在看来,这种越级提拔是不合适的,但可以理解的是,当时是有特殊情况的! 后来,俞校长任职的情况也和我类似,还留下了一些好评。我们两个是有些专业学问但的确没有什么大的行政领导能力的人,最后竟然还在行政领导上得到了一些好评,就我个人而言,我深知这是我们党委集体努力特别是德焕同志支持的结果。我绝不能贪天之功,以为己力。"三年共激扬"使我极大地加深了对这位"昔日同窗密"的老朋友的了解。

他公私分明。他没有在我们学校任何一个岗位上任用一个私人。他夫人是我校医务部门负责人,但在他任职期间,一直是中级职称。他有两个女儿,毕业后都不在学校工作。

他不搞小团体,不拉帮结派,致力于任人唯贤。我记得十分清楚,他同清华大学的党委书记多次讨论,任用干部时,人品第一位,能力第二位,人品不好,无可救药,会坏大事,能力弱些,还可补救,而且绝不会出大问题,不会坏事。

他关心他人。他毕业留校后,就参加了院系的领导工作,他又与学校领导来往密切,正因如此他也为许多教职工解决了许多问题。从我毕业前后,一直到我当校长,乃至到今天,又何尝不是如此呢?尽管他只比我大一两岁,但他在思想上、政治上,在打社会交道等诸多方面,都比我成熟多了。

他从党委书记工作岗位退下来后,将他在位的工作报告、工作总结与有关方面的资料,汇集整理,定名为《足迹》,由我校出版社出版。这本书很可贵,是他在校工作时,经验与心血的凝聚,是留给后来人的重要参考,也是校史中重要的、必不可少的资料。我很感激他如此为后来人着想。

四十二　千红万紫香山宅

1996年4月,是我们兄弟院校西安交通大学建校100周年暨西迁40周年的纪念月份。

我一再讲过,我能从一名普通的大学教师而成为一名知名的学者,有四五位大学教授,我永铭内衷。其中第一位,就是西安交通大学的阳含和教授,他使我从一个校内知名教师成为全国知名教师,我承传他的"衣钵",编著的《机械工程控制基础》这本专业基础课教材多次获得国家级、省部级图书、教材的一等奖,至今畅销不衰,这饱含了参加编著这本教材教师的艰辛劳动,也蕴藏着阳教授奠基性的贡献。我们根据教学实践与科技发展所编撰的这本教材,到 2013 年已出了 6 版,印刷了 59 次,销售达 40 万册以上,这还不包括相当一部分的盗版与翻印,把这些都计算一下,估计就不是 40 万册而很可能是 60 万册了。我们每版前言中,都要提到阳含和教授和西安交大的有关教师。饮水必须思源,这是我国的传统美德。这次到西安,我特地去了解了许多老熟人的情况,并去拜访了一些老熟人,感谢他们的关心、信任与支持。

我深深地感谢西安交大的同志。"文革"前,我与李德焕同志去西安参加了彭康校长主持的一次关于毕业设计如何结合生产实际的研讨会,印象极深。这次来西安,离上次快 30 年了,而且此次是作为贵宾来参加西安交大建校 100 周年暨西迁 40 周年的活动的。作为西迁的领头学校,劲战大西北风沙,蓬蓬勃勃发展至今,实属不易。因此我特地选了《忆秦娥》这一词牌填词以赠。有诗词基本知识的诗友都知道词书史上把李白的《忆秦娥》两首词作为正规填词之始。据西安交大同志相告:白居易的故居东亭就在西安交大的校区内。因而填词如下:

艰难克,年华尽染英雄色。英雄色,情钟华夏,愿宏西北。　　千红万紫香山宅,长安正道阳春国。阳春国,东风晨照,功勋铭勒。

在熟人的介绍下,我特地去游览了修建好的"东亭"遗址。词中的"东风晨照,功勋铭勒"即是从李白《忆秦娥》"西风残照,汉家陵阙"这两句名句中而来的。

西安交大屹立在大西北,中央政策对其有多方面的支持,而且根据周恩来同志指示,中央对西安交大与上海交大完全同等对待。然而由于地方的不同,陕西与西安对西安交大的支持,与上海对上海交大的支持无法比较,这也是一时无法改变的事实。"人间正道是沧桑",中国、大西北、古长安,正在大变化。"长安古道"正在开始彻底地改变模样,当今"丝绸之路"的兴起,就是一个辩证的铁证。西安、西北有　天会发展得更好!

四十三　武夷山休假(上)

1996年7月29日至8月5日,国家教委组织直属高校领导干部休假,夫人偕行。我记得,实际上只有校长去休假了,书记都没有去,由高教司陈小娅同志(我校校友)负责全部领导与组织工作。高教司还配有干部。

说来真巧,恰好这8天的活动我都有一个"目录",今抄如下:

7月29日,农历六月十四日,星期一,上午到教委集中,动身,9:30飞武夷山;7月30日,农历六月十五日,星期二,上午去天游峰;第三天,上午去九曲溪;第四天,上午去一线天;第五天,上午去水帘洞;第六天,去朱熹祠、武夷岩;第七天,上午去保护区;第八天,下午2:15飞往北京。

根据我的记录,7月26日至27日,我在清华大学参加文化素质教育会议。距休假中间有一天没有记录,其实,那一天就是到教委去报到。这天,我们住在教育招待所,办理有关手续。出发的前一个晚上,我校有位在京的校友,与我很熟,他真诚告诉我,今天晚上,你们就到北京饭店吃饭,你们爱吃什么,你们就点什么;我给饭店全讲好了,你们千万别客气。遗憾的是,他姓什名谁,我和辉碧两人全都忘了。

那顿晚餐,我们两人吃得十分惬意,似乎从没有这么自由自在过,菜美菜香、吃得不多不少、余味好不可言。但其实也就是几个普通的而我们爱吃的菜:北京的红烧茄子、摊黄菜(即和炒鸡蛋差不多)、炸青椒,似乎还有一个狮子头,再加一碗带有酸辣味的汤,主食就是大米饭。特别值得一提的是北京的红烧茄子,北京的茄子与南方的不同,湖北、江西乃至南方的茄子,呈长形,而北京的茄子呈椭球形,风味也不同。我到北京出差,不管是大饭店,还是小餐馆,只要点菜,一定要点烧茄子。我在生病前,到中国科学院出差,住的地方虽窄小些,但空间够用,食堂办得也可以,我点的菜中,必不可少红烧茄子。

7月29日早上在餐馆吃了一些早点(很可能是油条加豆浆吧),就赶到国家教委,由高教司陈小娅同志领队,一切按计划行动,休假人员彼此之间亲热地见面了。

四十四　武夷山休假(中)

高教司陈小娅同志全程负责全部组织工作。另外,还有几位工作人员,其中一位女性与我很熟,也姓陈。当时,武汉地区直属国家教委的武汉大学校长陶德麟夫妇、华中师范大学校长王庆生夫妇都参加了这次休假。王校长夫人也姓王,能歌善舞。

休假团住九曲大酒店,酒店坐落在九曲溪的五曲与六曲之间、隐屏峰之下。我与辉碧住230室,窗户面向西南,正对九曲溪,隔岸有晚照峰、三柱峰与更衣台三座峰岩。

陶校长是教哲学的,但颇为精通中国传统文化,在中华诗词的写作与品鉴方面十分擅长。他与我之间,便经常诗词来往,存下了宝贵的历史资料,然而,我写的诗已非原貌了,后来我曾多次修改,尤其是经过孔汝煌教授加工后,我写的诗词灵魂虽存,思想尚存,但躯体全非了。今将陶德麟教授原作与我所改后的定稿,附在后面,作为时代发展永不磨灭的体验的见证。

虞美人·武夷山

1996.7.31

丹山碧水天然好,九曲群峰绕。"天游"、"三都"接鸿蒙,百态千姿笼入绿荫中。　文物风流今犹在,更是添光彩。红旗招展看东方,八闽欣欣,华夏换新妆。

西江月·谢陶德麟学长赠同《泛筏武夷山九曲溪》,并步原韵以和

1996.8.1

九曲清溪放筏,真情共寄燕幽。翩翩鸾凤孰堪俦?一派风光无垢。缓急浅深弯直,岩危滩险欢流。眉梢喜溢漫心头,化作明朝凯奏。

1996年7月31日,高校同仁491人分乘竹筏游九曲溪。诸筏络绎

而行,时有交错,笑语喧哗,与谈声相和。

案牍劳神日久,偷因访胜寻幽。武夷神秀与涯俦,一洗烦襟积垢。

百侣相呼相望,竹箨细逐清流。峰回路转几回头,笑语溪声同奏。

1996年8月5日,作《五律·谢陶德麟学长赠诗〈五律·游水帘洞口〉》,并步韵以和。至所谓"水帘洞",即《西游记》中孙悟空出生之处。举目见峭壁前倾,峭之巅峰有一处泉水下流,有一草索从泉流起处下垂,直达峭壁底部。壁前倾,底曲向内,水可直达峭壁底部居民家的蓄水大木桶中,实际上,入桶内的并不多,大部分飘卷形成随风飘荡的水帘,极为壮观。峭壁底部有数户居民,住宅无顶,但无雨雪袭入。

四十五 武夷山休假(下)

如上所述,武夷山水帘洞并不是寻常所称呼的"洞",而实为一丹岩。岩高约百尺,瀑布沿洞前长索洒落而下,宛若水帘,故以名之,岩下有一方塘,清澈见底,岩壁有大字,朱熹诗云:"为有源头活水来。"故名曰"活源",遂感而成诗:

谢陶德麟学长赠诗《游水帘洞口》

缘索惊非易,长流叹更难。

纷飞滋草树,璀璨辉峰峦。

泉降山民宅,岩飘玉雨帘。

奇观君写尽,我觅小诗源。

附陶原诗:

叠嶂连霄汉,同惊造化难。

逶迤奔峭壁,洒落出层峦。

乍见翻疑雨,斜观却似帘。

方塘清胜鉴,只为有活源。

两诗一比,高低之类远矣!何况,我的诗还经过高手修改,这真的是应了我国一句俗话:"麻袋绣花,底子太差。"人贵有自知之明,确实如此。

无知固可怕,错知更可怕。

8月4日,休假结束的前一天,为了纪念我与辉碧自相识后,从未结伴出游,此为第一次,虽然不是地道的青梅之恋,但何尝亚于青梅竹马之爱?!特地选在结伴休假结束前夕,留下七律一首,作为永远的纪念。

往昔何曾结伴游,而今凤愿得相酬。

峰回九曲漂清筏,溪抱三岩对小楼。

险境同攀尘俗净,选贤共仰泽芳流。

丹山碧水留明证,梅竹应轻万户侯。

"丹山"指的是这一带崖层均为红色,"先贤"当然是指曾在此的朱熹了,"梅竹"自然是指我与辉碧的关系。这一青梅竹马之情,历久弥亲,历久弥深,历久弥新。特别是自2014年6月我被从死亡边缘抢救回来后,这种感情更加如此。深深相爱孰堪俦?一片真心无垢!

在此还值得一记的是,很可能是要离开的前一天,我们到了保护区的制高点,向西远望,是江西,向东是福建,抗日战争时期我家逃难,那时我不到10岁,逃到江西最东部的小村庄樟村,然后是福建的光泽。导游告诉我们,好好看看江西吧!红军在土地革命时期"直指武夷山下",就是指此处了。

人是有感情的,我们休假回来不久之后,我记得大概是8月27日晨,突闻陈维斌老师病逝,他一家与我一家的关系至深至好。他热衷急人危难,胜己事,为国为校,有口皆碑。辉碧初调入我校时,正遇我国经济转入困难时期,他一家对我们多方关心,设法以食物馈赠。两家儿女亦有交往。听闻他生病入院时,我已出差在外,一回校,即约陈尔昌同去医院探望,然而已迟了!我们一家哀思难平,我在哀痛之中,成诗一首,永志此事:"急欲殷勤慰,缘悭突速辞。烟云非往事,涕泣是今时。助困知多少?操劳忘早迟!哀诗心碎矣,儿女继深知。"写至此,不禁有感于王羲之《兰亭集序》中的最后几句话:"后之视今,亦犹今之视昔。"此情此感,亦永难忘。

四十六　长安居不易

白居易是唐代的伟大诗人。他创作的诗篇，十分动人，极为易懂。

他一入长安，当时权威人士就告诫他：你叫白居易，可是"长安居不易"。然而，他居下来了。16岁时，他从江南到长安应考，去拜谒当时的大名人顾况，以求得顾况赏识。顾况是当时享有声名的诗人，能得到他夸奖的人不多。顾况见到白居易去拜谒他时，便调侃说："米价方贵，居亦弗易。"然而等读到五律《赋得古原草送别》时，不禁极为欣赏，而改口说："道得个语，居即易矣。"

1996年4月，我到西安参加西安交大的有关庆祝活动，7日有感留下《忆秦娥》一首，赞叹西安交大"千红万紫香山宅，长安正道阳春国"。只隔4个月再次到来，香山宅里，更加千红万紫。这次到来，是为了完成西安交大"211工程"可行性研究报告的。1956年交通大学听从党中央统一部署与安排，西迁西安。这次我又来西安，就是为了继续支持西安交大扎根西北，团结拼搏，完成西迁战略部署。

这次我到来后仔细参观了白居易所住的东亭旧址。今在旧址上，重建了东亭，并立碑篆刻了白居易当时所写的《养竹记》，环碑四周植柏竹。9月初的西安，竹仍青翠，生态盎然。1200年前的往事，唐代的盛事，似在眼前。赋得五律一首，兼赠西安交大同志。

五律《参观东亭旧址感赠西安交大同志》中有"长安居不易，《草》赋亦何难"两句。《草》赋，自然是指《赋得古原草送别》这一千古不朽的名篇了。

"草"是富有生命力的，"草根"更富有生命。"草根"在现代作品与语言中，有着特加的含义，是被正面赞颂的，其实深入想一下，"草籽"何尝不是极富生命力。野外的"草"，一般的"草"，实际上是将"草根"、"草籽"都包括在内了。固然，"竹富凌云志"，但草根终似无涅槃一般，从而代代相传。

四十七　有为夫妇来访

殷有为先生,是地道的爱国美籍华人,一直与我父亲相熟,对我父亲十分崇敬。据他讲,我父亲是他的恩人,教过他的书,救过他的命,"滴水之恩,永志不忘",何况是这么深厚的情谊。在美国,作为爱国侨胞,他为恢复我国在联合国的合法席位做了一番努力。

我记得在改革开放后,他们由美国回到老家九江定居。他现在的夫人吴本卿和他们的两个儿子也随之在九江定居,并在九江有关学校教授英语。依照我国相关的政策,九江市政府划出了一块地区,专供这类情况的归国华人建筑私宅、安居乐业之用。

殷先生原名谭立威,在抗日战争时期,我家在黎川,他也在黎川,我家住在望益街江家大屋,他也住在那里,而且住在我父亲所住那进的对面。其实这些我已经记不起了,而他却记得清清楚楚。

1996年12月21日(星期六)、22日(星期日),他们夫妇俩前来探望我们。那时我校还没盖什么特别好的房子,只在西一区盖了九栋五层楼,盖了教授、校领导、院干部住的五层楼的四室一厅的住房,面积总共就一百平方米,我当时就住在西一区502室。现在看来,这些房子很一般了。这些房子也曾作为研究生宿舍用,后来研究生也有了专门的宿舍,这些房子基本上就空了出来。

殷有为先生来探望我们时,我仍处在校长岗位上,自应好好接待一番,以便于他们了解我校,扩大我校的影响。

我与辉碧陪他们游览了武汉的风景点:长江大桥、黄鹤楼、归元寺、东湖风景区等,而且一直游览到了黄冈的东坡赤壁,当然是苏轼《赤壁赋》中的赤壁。

感谢他们夫妇的来访,时短情长,我特地选了《蝶恋花》的词牌,送了一首词给他们夫妇:

望益街前营燕幕,骨肉相亲,风雨真同度。世纪回眸年岂暮?江山未有夕阳处！　　一夜江声吴至楚,绚丽冬晴,更染瑜珈绿。盏酒深深几许？深深幸福深深祝！

词中"望益街前营燕幕",是我父亲在黎川时所写"望益街前营燕幕,新丰桥畔印鸿泥"中的一句。

四十八　本科教学工作评估(上)

在我接任校长将近四年时,即在1996年12月上旬,我校接受了国家教委组织的"本科教学工作评估"。有一点我异常清楚,就是本科教学工作是高等教育办得好坏的焦点所在,有着承上启下的关键作用,承上,承中等教育;启下,启研究生教育。世界名牌大学莫不如此。

华中理工大学办学质量之所以受到社会的高度评价,诸如清华大学等兄弟高校的研究生院,非常愿意招收我校本科毕业生,就是因为我校毕业生质量好,主要是基础知识好,动手能力强,思维方式严,从而是出优秀人才的好源头。

当时"本科教学工作评估"还是一项新的工作,还得摸索经验,所以只选了两所高校作为试点院校:西安交大与华中理工大学。评估试点工作由周远清同志亲自抓,他公开讲过:有三所高校的教学工作我了解、我放心,清华大学自然在内,我从清华毕业,在清华当老师、当领导,无疑是十分了解的。另外还有两所,一是西安交大,一是华中理工大学。

评估工作在我国高校中还是第一次,当然引起了多方面的注意。有关的兄弟高校颇为关注,例如,在我们两校接受评估后接着要评估的是东南大学。当然,两校评估后要总结试点工作的经验教训,好好研究一下哪些经验教训要吸取到下面的评估工作中。先试点再推广,如果有需要还可进一步试点,再推广,这是毛泽东同志一贯遵循的工作方式。东南大学自始至终都在我校"观察"与"研究",跟踪我校评估工作的是东南大学教务处处长、我校毕业生陈怡教授,他一直从事高教研究。

我校为此做了十分认真的准备,我与负责教学工作的副校长邹寿彬同志主要负责这一工作,甚至可以说在评估前几天与评估期间,我们两人都全力以赴,各部处认真准备,做好随时抽查的准备,省领导也很关心这一评估。

国家教委评估组到来后,认真、严肃、随机、全面地进行了检查,老师、学生个别或成组地被抽查,每天晚上都要开会分析,从 12 月 1 日(星期日)到 12 月 7 日(星期六),整七日的评估调查,所有材料都得检查。在抽查过程中,我们学校所做的准备一切井井有条,无紊乱,无遗漏,可算是交了一份满意的考卷。

四十九　本科教学工作评估(下)

在正式评估开始前,一切都被"封存"了,不能再动。但突然有位学生送上来一份毕业论文,送迟了,没能交上。我与邹寿彬同志一再商量:一切封存了,就算了,万一查出了,我们两人担担子。但在评估一结束,我们还是老老实实地讲了这件事,评估组认为,我们是真的很认真,因为这件事算不了什么!

评估开始了,从 1 日到 7 日,评估组白天全力调研,检查、听课、看实验、找谈话,全校师生一条心,为了学校的荣誉,一定要在这次评估中争取优秀。何况这次试点院校,国家教委只选了西安交大与我校。所以,党委会一班人马,在党委书记朱玉泉同志的领导下,与我们相互体谅,全力支持这次评估,各自主管的部门也都投入"准备"状态,随时可以启动。

一切进行得都很顺利,评估结果为"优",我们大家都很高兴。评估结束后,回头想想,感慨万千。唐诗云:"千淘万漉虽辛苦,吹尽狂沙始到金。"信然？当时有感特地选了个词牌,即是十分流行的《浪淘沙》,填词如下:

宝剑价如何？此日观摩。提纯炼细锻精多。更得良工来淬砺,光逼银河。　　万树舞婆娑,气势峨峨。"育人""制器"岂乖讹？毕竟根深方叶茂,雨润风和。

当时,我一直大声疾呼:教育是"育人"而非"制器",时时要把"育人"放在心上。不久,我为我校校报(每周一期)出版800期专门填了一首词,词牌选为《一丛花》,虽说是为祝贺校报出版800期而作,但仍是"万树舞婆娑"情感的继续:

瑜珈山下一枝红,蓬勃破寒冬,千蓓万蕾新芽竞,盛开了、舞伴东风。今日放歌,期翻八百,"新貌"自"三中"。　　征程且喜险途通,号角唱悲风。布新除旧旌旗举,催人进、志此无公。大笔春秋,骄人业绩,页页载丰功。

"三中"指意为十一届三中全会。

评估后,全校十分喜悦,集体深感荣幸。我与朱玉泉同志两人立即动身去找周远清同志汇报,他十分开心地讲:"你们不用讲,我一切都知道了。"他富有深情地讲:"评估中我每天都在听汇报。评估不好,我过去讲你们的好话往哪儿放呀!"我记得我们两人是赶至杭州汇报的,当时国家教委正在杭州召开直属院校的一个工作会议。

五十　痛悼邓小平同志

小平同志逝世,我们已有思想准备。

尽管早有思想准备,但1997年2月19日病逝噩耗传来后,支柱折,大梁摧,全国人民又一次陷入了无比的哀痛大潮中。我国人民真切地渴望,小平同志能活过7月1日,目睹香港回归,了却他生前的心愿。中国人民深深知道,十年巨大的"动乱",十年严重的挫折,谁都不会忘记邓小平同志"力挽狂澜于既倒"的魄力与勇气。

在十年"动乱"的岁月中,我尤难忘怀的是邓小平同志在1973年第二次复出后敢于坚持"整顿"为纲的这一壮举,那时我正在参加机械工业部组织的机床行业规划的制订工作。"整顿"合乎国情,合乎民心,合乎机床行业的实际情况。尽管小平再次被打下去了,但这次"整顿"对许多行业的影响是极为深远的。那段参加机床行业的整顿与规划的经历对我的专业业务的影响也十分深刻。我以前所学的专业知识既狭窄又不深,对付面上的教学还可以,而进一步结合生产实际,却远远不够。但这次的工作经历,却使我的知识面既拓宽了又深入了。这一切犹在眼前。

怎么去表达我的哀痛?我精心挑选了《惜分飞》这个词牌记词一首,中国人民谁都舍不得小平同志!我每天都在收听小平同志的病况公告。但预料中的事,还是在2月19日提前降临了,惜分飞终成现实。

柱折梁摧公逝去,大地长空细雨。最是伤情处,紫荆未及亲临睹。敢挽狂澜真砥柱,孺子酬恩父母。理论开航路,光辉智慧如晨煦。

小平同志有名的一句名言是:"我是中国人民的儿子,我深情地爱着我的祖国和人民。"这句感人肺腑的话语,就是他一生言行的写照。孟子讲:"富贵不能淫,贫贱不能移,威武不能屈。"小平同志不仅当此毫无愧色,而且他的言行举止将这几句话体现得更加丰满、深刻、光彩夺目!

小平同志逝世不到3个月,五四那天,我有感填了《临江仙》一词,表达了当时的心情:"百五年间天地覆,忠魂血沥回荼。香江岂丙咽哀声。紫荆真怒放,红磡更隆兴。耻起殖民今洗雪,中华一统先声。英雄坚毅继长征。国强当自爱,警笛更长鸣。"6月1日,我到了中山市,访问了翠亨村,在此地,孙中山、毛泽东、邓小平三位伟人的形象自然并立心头。他们都是在风雨如磐的日子里,率领成千上万群众扬鞭争自由。随着刘禹锡"千淘万漉虽辛苦,吹尽狂沙始到金"的诗句,联翩往事,自然织成词句,形成感情罗网。

浪淘沙·初到中山市,并访翠亨村

秀媚大花园,绿覆红兼。楼幽路净"小区"妍。异木奇花香溢透,笑卧温泉。　虔敬翠亨边,往事联翩。如磐风雨奋前贤。正道沧桑今更伟,万众扬鞭。

今天,小平同志已经走了,但他所追求的事业我们一定会永远地坚持下去!

五十一　烟水锁亭颜

"烟水锁亭颜。"这是地道的唐诗宋词的语言,也是1997年我应邀回到中学母校之一的九江同文中学参加130周年校庆、会见诸旧友、感慨万千时所作《浪淘沙》一词的首句。

这首词作于1997年6月10日,此时距我离开同文中学近50年了,而同文中学建校已130年了,校园内那几株参天老樟树更赋人以无限深情。我文中用"同文"已不确切。新中国成立后不久,同文中学这所名校与儒励中学这所女校很快并成了九江第二中学。我写这篇回忆文章时,仍用"同文"二字只是为了既方便又确切地表明我所讲的含义而已。

校庆这几天的聚会我是难以忘记的。今天写《往事钩沉》读起当时我所填的词时,一切似乎都是"昨天"发生的,但时间却过了18年有余了。在旧中国,男大当婚,女大当嫁,男性18岁当婚,而女性16岁就要结婚了,又是一代了。

这首词的词牌我选了《浪淘沙》,的确含有世上事物发展有大浪淘沙之感的内涵,毛泽东同志讲的"萧瑟秋风今又是,换了人间",不也是这样想的吗?华中理工大学校长任期快满了,如算四年一届,就已经期满了,我也正在思考这四年多的岁月是怎么过的?对得起学校吗?对得起组织吗?有负于人吗?人,应该是为他人而活着的。

这首词我自认为写得还好:

烟水锁亭颜,院掩湖边。同窗挚密竞歌弦。二八风华堪说茂,志美明天。　一别几多年?欲语何言。酸甜苦辣涌樽前。慷慨相逢今盛矣,惬意琼筵。

同文校友都知道,同文中学在甘棠湖畔,湖中有知名的烟水亭,据说此亭是三国时期周瑜练兵处。

特别令我高兴的是,据同文同学告知,胡锦涛作为国家主席去访问美国时到耶鲁大学演讲,耶鲁大学举行了欢迎会,会上耶鲁大学艺术学校(或是音乐学院)的一位中国女留学生,唱了一首中国民歌《打着横排过江来》,这首民歌是九江的,这位女学生便是同文毕业的。我听了大为感动,而后同文的师生为我演唱了这首民歌。

这次到同文,我们还一起学习了同文的校训——读好书,做好人。我十分欣赏这个校训。后来,我在我校附中也题了一个校训,就把同文的校训上加了三个字,即"立好志"。同文的校训不错,而同文也就真的是这么办学的。我给我校附中的领导讲了,我题的校训就是这么来的。

我在九江的这两三天,与老同学团聚,与同文领导、老师们畅谈。他们分别宴请了我,真是"惬意琼筵"。同时为同文学生举行了报告会,也为有关中学作了报告,尤其难忘的是在校友方志敏烈士塑像前,与同文的领导留下的珍贵合影。誓承遗志,永远向前。

五十二　从咏粉笔谈起

从1997年7月1日起,我就要正式从校长岗位上退下了,时任常务副校长的周济同志已在接手工作了。

恰好,我校校友、湖南大学的有名社会活动家、演说家陈赫教授给我寄了一首七绝《咏粉笔·赠教师》。写得不错,含义妙,文笔好,情意深:

模范型成正直身,白头笑对黑头吟;

一身磨炼灰飞尽,擦去遗痕让后人。

似谜非谜,似真确真。

这首诗同《红楼梦》第二十二回《听曲文宝玉悟禅机　制灯谜贾政悲谶语》中的这个谜面有异曲同工之妙,如果要讲思想性、艺术性,这个谜面当然大为逊色了:"能使妖魔胆尽摧,身如束帛气如雷。一声震得人心恐,回首相看已化灰。"这个谜面的谜底是爆竹。

我国诗词中,有相当一批作品似谜语又是诗,似诗又都是谜语,有的是诗也是谜。《红楼梦》中即有大批谜面谜底俱佳的文艺作品,例如,在第五十回中,史湘云用《点绛唇》词牌编的一首谜语"溪壑分离,红尘游戏,真何趣？名利犹虚,后事终难继。"这是一则耍猴子的谜语,"后事终难继"就是谜面谜底都堪称绝妙的关键所在:被耍的猴子尾巴都要被剁去,这一关键没掌握住,就会以和尚、道士等乱猜了。

陈赫同志把他咏粉笔的诗寄给了我,6月收到后当即就步韵敬和了一首：

> 己身不为为他身,写史忘身共啸吟。
> 身化灰飞身价几？身身不已有来人。

"生"与"身"、"一生"与"一身",有时完全等同,在此处也是一样。酸甜苦辣,欲语何言？！欲语欲言的,是在反思校长任期中,我是否尽了一个共产党员的责任？！

我国古典诗词,特别是唐诗、宋词、元曲经常激荡在我的心间。唐代李白的"两岸猿声啼不住,轻舟已过万重山",这只是写心情极为舒畅、轻快地经过三峡吗？宋代苏轼的"不识庐山真面目,只缘身在此山中",这只是在庐山西林壁看到庐山有感而题的吗？宋代陆游的"山重水复疑无路,柳暗花明又一村",这只是他游山西村所见、所闻、所感而写的吗？至于清代郑板桥的"咬定青山不放松,立根原在破岩中。千磨万击还坚劲,任尔东西南北风",这就更远非仅仅是歌颂生长在岩石缝中的竹子了！这些形象中所隐藏的内涵,正好可任讲者去品味、去遨游、去想象吧！

五十三　当选为党的十五大及十六大代表

党的十五次代表大会将于1997年9月中旬在北京召开,各地各单位按中央统一部署先后选出参会代表。湖北省的代表在6月底就选出了。

我深深地感谢组织对我的信任与鼓励,感谢群众对我的支持与理解,将我也选为党的十五大代表。在我校长任期已满,即将卸去校长这一职位之前,选我为十五大代表,期望之高,情义之厚,均在不言之中。

2002年11月,党的十六大在北京召开,学校又一次推荐我为党代表,荣幸与激动之情溢于言表。

一切的期望与情义,我永世不忘,这也将化为我不断前进的动力。当即我写下了五律一首:

五律·当选为党十五大代表感赋

登山朝北望,抚已涌南思。

江汉征蹄疾,瑜珈战翼追。

长甘伏枥志,代表岂期资?!

荣誉终归党,光辉永树旗。

诗中的"朝北望",当然是向北京而望;"涌南思",当然是指在南方的武汉对北京、对党中央的思念汹涌而出。我们坚定不移地高举党的旗帜永远向前。

香港7月1日回归,而我于7月1日校长任期正满,我清楚记得"七一"之前,国家教委来人在校有关大会上,正式向全校宣布了周济同志接任校长的通知,我与周济同志都发表了感人的讲话。想到四年半之前,我与黄树槐同志的校长任免仪式,此刻完全呈现在眼前,宛如昨日一样。

在校长任免仪式的那个晚上,周济同志和我一起参加了学校庆祝香港回归的纪念活动,我记得当时党委书记朱玉泉同志也与我们两人在一起,我们三人都讲,一定要把"三驾马车"驾好。庆祝活动当晚,由我们三人组成的这辆"三驾马车",就在校园里处处参加庆祝香港回归的多种活动了。

我绝不会忘却的是,在这一庆祝活动之后不久,"三驾马车"的办学理念就完整地形成了:党委领导,校长负责,教授治校,民主管理。这四句话,是我从校长岗位上刚退下时反复思考这四年多的工作、总结工作的重要体验是什么而得出的。"三驾马车"的这个叫法,应该讲,是周济同志首先提出的。"教授治校"怎么治,这就需要有行使学术权力的学术委员会了,校长不兼任学术委员会主任。这四句话,在周济任教育部部长后就带到教育部去了。

五十四　工程立项(上)

我接任校长不久,国家就开始重点支持一批高校和一批项目的建设,名称为"211工程"建设,即面向21世纪、重点建设100所左右的高等学校和一批重点学科的建设工程。

今天看来,这个思路,尤为正确。这不是优中选优地建设100所已处于领先地位的高校,而是既首先考虑"点"同时又兼顾"面"地建设100所高校。所以,不仅清华、北大要建设,而且每个省(区)、部、委也要有重点的高校来进行建设。所以,新疆大学、南昌大学、广西大学等也必定是"211工程"要建设的学校了。

与此同时,还要选择1000个左右的重点学科或项目由国家来投资重点建设,它们可以与"211工程"项目重合,也可以不重合。当然,国家教委是牵头单位,但计委、科委也有领导成员。

当时,朱开轩同志是国家教委主任,他在国家教委一年一度的"直属高校工作咨询会"上就讲过:中山大学、华南理工大学、厦门大学有基础,地方又支持,为什么不抓紧些?

我手头上现有一份资料,是关于1995年12月4日"北大、清华211工程项目论证会"内容的,此次论证会由计委、科委、国家教委委托"211工程"办公室王忠烈同志主持,有关领导都参加了,会议开了一天,主要是听取意见与讨论问题。

韦钰当时是东南大学的校长,她是一位敢于讲话、善于讲话而又很有见解的人,她讲:今天的会应是"211工程"建设的实质性步骤。她主要讲了三点:第一,审核提出的项目是共同的责任,近1/3的资金集中在北大、清华,接下去有13所高校,这是重要的战略决策,北大、清华能建好,其他学校也能建好,全国应该是一盘棋,共同努力,做好同一篇文章;第二,北大、清华应切实担负起责任,应知道,这笔投资,在中国还是很可以干些事情的,一年几千万元的资金,还是很可以拼一拼的,何况,还有天时、地利、人和,我们要振奋精神;第三,要两手抓,硬的要抓,软的也要抓,不要像这次一样只有硬件的审核。

五十五　工程立项(下)

×××同志代表两委一部讲话。他说,已同两校交换过意见,专家审核意见有决定性的作用,现谈几点意见。

(1) 两校建设的规模,按定额设计确定规模。各按4亿元设计,这是针对国家专项结转而言的。至于学校有能力超出4亿元,当然好,4亿元是指定性的任务,而且要加物价指数。

(2) "211工程"分配,一是上水平、上层次,一是培养人才。北大、清华是上水平、上层次的,规模已具备,"九五"则在学科建设上,只有学科建设搞上去了,两校才能稳住脚跟,否则就会失误。建设并非只是一般的基建,而是要扩大院系的建设。

(3) 这次的工作要求是在2000年收尾,要突出重点,突破几个重点学科,先做好2~3个学科。

(4) 北大、清华两校也是科研基地,承担过很多重要的任务。这次要同过去的重点任务建设统一考虑,同样的学科不要重复搞,两校之间不要重复搞。

(5) "211工程"是一次性投入,以固定资产投入为主。

(6) 重点建设要同"七五"、"八五"衔接,盖一个大楼需要几亿元,我们没有这么多钱,所以要严格控制基建,不要扩大规模。

×××讲话后,×××做了些解释。接着分组开会讨论。我把我参加的有高校领导与部、委有关负责人的小组讨论内容,摘录几点如下:

×××:多媒体的应用与推广,要充分注重。

×××:(1) 学科经费占35%,应考虑些什么?

(2) 校园网与CERNET(中国教育和科研计算机网)应是什么关系?

×××：(1) 学科建设，应主要靠科研，国家的投入，只应发挥着四两拨千斤的作用。

(2) 学校重点应放在校园内，这是 CERNET 建设的基础。

×××：教委 0.5 亿元，实际上只是个基建费。学科要搞成"群"，要以学校、以中心为基础。

×××：目前，人才培养无资金可保证。学校要自筹的资金远高于 0.5 亿元。

×××：人才培养是问题，因为没有专款资金的投入。另外，网络也是一个关键。这两项要作为最基础的建设来抓。

×××：看来，应用理科与部分非应用工科得加强。计算机辅助工程应加强，得发展，而且要注意发展趋势。

×××：对"211 工程"而言，钱只是个导向作用，发挥的是四两拨千斤的作用，是催化剂、黏合剂的作用，不能分散。作为凝聚的"核"已投入了上 10 亿元，国家已如此做了。钱投入了，但能回报什么？形成什么？效益又怎么体现？

×××：这么投入，这么建设，将来应有个评估，搞得好是积极推动，搞不好是消极的交税。

×××：现在要明确一个根本性的问题，即"学科建设"。

五十六　学科建设是龙头

"211 工程"建设中，学科建设是龙头，这是高教界一致的共识，在所有会议中对于此点几乎没有任何争论。

龙头怎么当？也就是学科建设如何做？哪些学科先启动，哪些学科后启动？先后应有什么关系？彼此应如何呼应？诸如此类的一系列问题都应解决。

各校有各校情况，因此难于确定具体的做法。

显然，应该以北大、清华先作为试点，取得经验后再推开。据所知，下一步推开到13所重点大学,华中科技大学(即原华中理工大学)也在其内。华中科技大学这一所在新中国建立的大学,用国外教育专家的话讲,是"新中国高等教育发展的缩影",不可能不在北大、清华试点后的高校之内。所以,学校一定要做好充分的准备,学校党委也下定决心去争取。

我们学校的"211工程"学科如何建设?我提出了八个字,叫作"强基、扶优、支新、重交",直到今天来看,这八个字还是较为准确与精练的,讲仔细些,就是要加强基础学科、扶持优势学科、支持新兴学科、重视交叉学科。

这四句话,是一个整体。首先,要扶持优势学科。要竞争,拿什么去竞争?当然是拿优势学科去竞争,田忌赛马,以己之长去竞争,以己之长胜人之短,扬长避短,自古皆然。其次,在扶持优势学科前提下,一定要加强基础学科。"人无远虑,必有近忧。""基础不牢,地动山摇。""风物长宜放眼量。"做事一定要有后劲,无后劲肯定就没有明天的优势。再次,要支持新兴学科,世界的发展永远在新陈代谢,今天有优势,明天就不一定有优势,所以,一接任校长,我就大力支持生命类学科,这类学科有无限的前途。当时,有的与生命有关的科研课题,即使还是初生的状态,我仍然继以前任的做法,全力支持。最后,就是重视交叉学科,交叉出新学科,交叉出新苗头,交叉领域大有可为!高校不搞学术还搞什么?我始终记得周恩来同志的一句话:政治挂帅挂在什么地方呢?就是要挂在业务上。

一定要紧抓学科建设这一龙头。"强基、扶优、支新、重交"!

五十七　要关心青年教师

毛泽东同志的话是极富哲理、极具远见又极为现实的。1957年他极富感情地向青年人指出:世界是你们的,也是我们的,但是归根结底是你们的。新陈代谢是客观规律。

办重点大学,最根本的是要抓师资队伍建设。韩愈的《师说》很了不起,对此也讲得很透彻:"古之学者必有师。师者,所以传道受业解惑也。"

抓学科建设,我们一定要靠德才兼备的骨干教师。精于教学的,要;善于科研的,要;两者兼长的,当然更要。老的,要,他们是台柱;中年的,要,他们是中坚;年轻的,要,他们是未来。这点我深信不疑。

接任校长后,我们基本上定期要同年轻教师(特别学术骨干)座谈,有关部门(教务、科研、人事、后勤、校办)的有关负责人也要参加,听取年轻教师的要求与意见,能当场确定的就当场确定,一时不能解决的约好时间也要有个确切的答复。这个方法,党委研究之后觉得很不错,便给予了大力的支持。

那时,稳住教师的办法,有一条重要的经验,叫作"三留人":事业留人,待遇留人,住房留人。教师是学者,教师最关心的是教学、科研等学术事业,能在什么地方干出自己最满意的事业,当然也就愿意留下乃至扎根干下去。一般讲来,这是正确的。待遇留人,各单位争取人才,第一条就是要看物质待遇如何。住房留人,是将住房从待遇中划出来,这是目前"安居"解决住房问题中的关键一招。"三留人"的方式都很正确,但我认为还要新加一条:子女留人。

我常讲,中国有个强大的传统习惯,即为"可怜中国父母心,不重自己重子女"。要争取人才,不但要"留人",而且必须考虑他们的子女,特别是青年教师子女的教育问题。托儿所、幼儿园、附小、附中一定要办好,这些单位学校要直接负责管理,校领导要直接抓,而且绝对要抓好。

五十八　我就是这么样

"我就是这么样!"这是韩南鹏任副省长期间,有一次几个学生"直闯"他办公室,把他请来为学生做"人文讲座"开始时的一句十分幽默的话。

我可以证实,这次韩南鹏同志来,我一点也不知情,学生们要他来,他就来了。这就是为人民服务,"俯首甘为孺子牛",我的确从心里佩服韩南鹏同志。

韩南鹏是新中国成立初期从南洋归国的华侨,个子高大、为人正直,而且颇有学识,又善于交谈,一点官架子也没有。这次,几个学生将他从办公室里轻轻松松地请了来,就是现实的例证。

他这次一来,就被推上了"人文讲座"的讲堂上作报告。他讲:

我讲什么好呢?"文革"前,讲我怎么怎么爱国,把我的形象讲得那么高大,觉悟、认识水平都那么高,但其实并不是如此。我只知道我回国是因为我是中国人,有个生我养我的地方叫中国。还有个原因是现在国外也不好混了,我在国外活不下去了,就回国了,哪有他们把我吹得那么高、那么大?!

"文革"开始后,又一下子把我打成了回国"潜伏特务",是反革命分子。天啊!我怎么潜伏!又干了什么特务活动、反革命活动?一点把柄也没有!狐狸有条尾巴,我什么尾巴也没有被抓到!好,就好上了天;坏,就坏下了地。其实这不对,我就是这么一个样,应该还我本来面目!你们的杨校长,是中国科学院院士,是科学家。毛主席讲过:科学家是最老实的人。你们问问你们杨校长搞科学的能不能讲假话?!

我现在当了副省长,副省长是为人民服务的。北京中南海入口有个照壁,对外一面写的就是毛主席的题词"为人民服务",学雷锋,而且要学"老三篇","老三篇"完全是对的。《为人民服务》,是纪念张思德同志的;《纪念白求恩》,是纪念白求恩大夫的;《愚公移山》,是党的七大的闭幕词。"老三篇"是完全正确的,学雷锋也是正确的。讲来讲去,就是要全心全意为人民服务。我对我这个副省长的工作就是这样认识的。大家认为我官做得好,没有官架子,其实这是应该做的,也是最基本的,这并不是当没当好官的标准。

你们以后要找我来校就如这次一样,只要有空,我一定到。还要感谢你们给了我为人民服务的机会呢!

韩南鹏同志真是一个真性情的人!

五十九　夜宴秦淮思古今

秦淮歌舞水晶晶，满眼繁华不夜城。
岂是后庭商女曲，万民吟咏东升平。

这首七绝，是我从校长岗位退下来以后，应邀夜赏秦淮河而写的，也是退下来之后，在欢乐气氛中而写的第一首七绝。

读过唐诗的人都会读这一首诗，这首诗写得太好了，就被选入了蘅塘退士所编的《唐诗三百首》，这首诗是《泊秦淮》：烟笼寒水月笼沙，夜泊秦淮近酒家。商女不知亡国恨，隔江犹唱后庭花。

本篇"钩沉"开篇的那首七绝，经查，是在1997年7月14日晚，我与余东升同志应南京农业大学友人邀请，深入考察该校文化素质教育情况时，夜宴于秦淮河畔一处酒家之中所写的。秦淮河上，灯红酒绿，乐声入云，一派升平的景象。显然，这与晚唐衰败的情景完全不同，与旧中国太平盛世的秦淮美景也不同，国家政权回到了人民手上，任何一个朝代的繁荣也无法与今天同日而语了，那时是"朱门酒肉臭，路有冻死骨"，哪似如今的歌舞升平！当然，更不要来谈"长夜难明赤县天，百年魔怪舞翩跹"的水深火热的时期了。

旧中国过去了，旧秦淮也不复存在了，但"观今宜鉴古，无古不成今"。南京农业大学是南京的重点院校，位居高校前列，又是文化素质教育开展颇好的一所大学。我们办教育就是要让我们的高级专门人才，成为人，成为中国人，成为现代中国人。我任校长期间与我任校长以后，与任校长前的自己相比就有了一个根本上的变化，以前我致力于让自己成为一个优秀的专业教师，而今呢？变成了一个忠诚于党的教育工作者，变成了一个让学生成为"现代""中国""人"的教育工作者。

我从校长岗位退下来后，有些人就说我不搞业务了，不搞专业了，而是致力于去搞学生的文化素质教育了。开始，辉碧也有这样的想法，后来在她看到有关报刊关于浙江大学原校长竺可桢教授的报道后，她很快便理解了我的想法与用意。她赞成从我目前的情况看,应该向竺可桢学习,从而成为一个办教育的内行,培养出是"现代""中国""人"的专家。

此后不久,我写下了《五绝·随笔》(六首):

其一

生来赤条条,死亡不可逃。

临终有什么?万事已全消!

其二

问我何来世?偶然造化功。

人生多贡献,社会得繁荣!

其三

历史五千年,何由得续延?

浩然存正气,铁骨映忠坚。

其四

烈士固然俊,仁人也有功。

繁荣此世界,怎降自天空!

其五

饮水要思源,功高也渺然。

离群能活否?向上踩人肩。

其六

新叶催陈叶,自然法则先,

精心扶后辈,方可谓知天。

苏轼有两句词,"不用思量今古,俯仰昔人非",仔细琢磨,大有玩味!

第九章 在 病 中

一 2014年6月院士大会

2014年6月9日至11日,中国科学院院士大会在北京举行。6月8日下午,我们一行五人(熊有伦、程时杰、丁汉和我四位院士以及我的陪同人员徐辉碧)乘动车G66到北京,傍晚住进京西宾馆。大约晚上8点钟,一位医生来访,给我测量了血压,听了心跳。她说:"你有些房颤。"我连忙回答说:"我没有过房颤。"辉碧则说有过。谁知道两天后我就突发脑卒中了。要是当时听了医生的话,立即去医院看病,也许情况就不一样了。这是我平日对自己健康不注意的结果。

6月9日上午,在人民大会堂聆听了习近平总书记的报告。他深刻阐明了我们国家当前的形势和我们应承担的责任。一开始他就说:"今年是甲午年。甲午,对中国人民和中华民族具有特殊的含义。……面对厄运和苦难,中国人民没有屈服,奋起抗争,前仆后继,终于在中国共产党领导下找到了实现中华民族伟大复兴的正确道路,掌握了自己的命运。今天,我们比历史上任何时期都更接近中华民族伟大复兴的目标,比历史上任何时期都更有信心、有能力实现这个目标。而要实现这个目标,我们就必须坚定不移贯彻科教兴国战略和创新驱动发展战略,坚定不移走科技强国之路。"听完报告后,大家都纷纷说:"我们要敢于担当、勇于超越,努力创造引领世界潮流的科技成果。"

6月10日,在京西宾馆礼堂聆听了李克强总理的报告。他在深刻分析了当前经济形势后,指出要正确认识形势必须立足基本国情,保持经济中高速增长,必须推动发展向中高端水平迈进,实现经济提质增效升级,关键是要靠创新驱动,而创新驱动的根本是要靠人才。在讨论中,大家一致认为:李克强总理的报告很实在,也让人很受鼓舞。

但没有想到的是,来北京两天后,我就生病了。

二 突发脑卒中住进北京解放军306医院

6月11日早上7点半钟,按原定计划,我们乘车去北京会议中心听刘延东副总理的报告。开车大约半小时后,我对坐在旁边的辉碧说:我右手发麻。她帮助我揉了几分钟后,我右脚也开始发麻。不一会儿,车到了北京会议中心。辉碧对我说,你能看见北京会议中心那几个大字吗?我告诉她,眼睛已看不见东西了。车一停,辉碧大声对坐在后面的丁汉说:"丁汉快来!杨老师病了。"丁汉立即下车,请来了在车旁等候的三位医生和护士。我说要下车听报告,丁汉回答说这是不可能的。医生果断决定立即送到306医院,院士工作局张家元等同志陪同前往。发病不到半小时,我就被送到了306医院及时抢救,诊断结果是突发脑卒中。到医院后,很快我就醒了过来。这一切都表明了科学院院士工作局为院士在会议期间生病、健康的各项准备工作都做得很细致、周到。

当天下午,我校副校长段献忠、机械学院党委书记周莉萍等乘飞机抵京,并迅速赶到了北京306医院。

领导和同志们无微不至的关心感人至深。晓平也在傍晚到达,他和夏奇、熊良才两位老师留在医院照顾我。

在北京住院的10天中,感人之事仍历历在目,难以忘怀。解放军306医院的医生、护士一声声地叫我首长,既不敢当,又很亲切。参加院士会的教授,校内的、兄弟院校的朋友也都来医院看望我。南昌一中同学涂序彦夫妇、郭日娴和她的女儿郭依群及女婿杨卫,都是全家来医院看望我。从南昌一中到现在已60多年了,老同学的友谊之根却一直深深地扎在我们的心中。杨卫是国家自然科学基金委员会主任,工作十分繁忙,但这次也抽时间来看望我这位"杨叔叔"了。徐涛原是我们华中科技大学的同事,现在中国科学院生物物理所任所长,也是个忙人,他来看我,代表了华中科技大学老朋友的情谊。

住院 10 天后,即 6 月 20 日,我带着一片感激之情离开 306 医院。副校长段献忠来接我回武汉,同来的还有校医院副院长李小楠和机械学院常务副院长史铁林。我不能行动,为了让送我的担架能直接上动车,306 医院的院长和北京工业大学校长郭广生及机械学院的何存富教授等人多方联系,最终才得以成行。给他们添了太多的麻烦,内心觉得很过意不去。

三 回武汉直奔协和医院

动车到达武汉车站,协和医院王朝晖主任和医生亲自来接我,王主任亲切地向我问好。协和医院的救护车把我送到了协和医院的 5 号楼。首先进行了全面的体检,初步诊断为:急性脑梗死、阵发性心房纤颤。这次住院从 6 月 20 日至 7 月 20 日近一个月。这段时间给我看病的大夫是戚本玲和白娟丽。王朝晖主任是主治医生,她每天一大早就来了解我的病情,经常问长问短。晓平长期住在医院照顾我,晚上他的弟弟晓军与他轮流休息。白天,机械学院的老师、孙肖南和辉碧来协助照顾。因病情不稳定,我基本是躺着。校内有不少同事来看望我,医生说,人来多了会影响治疗,于是在病房门上挂了"谢谢来访"几个字。但是也有少数例外,如:耿建萍、李长江夫妇是我们的好朋友,他们很想看望我,我也很想见他们,于是我们大约有了 10 分钟的见面时间。

由于心脑血管病是慢性病,不可能在短期内痊愈,所以在病情大致稳定后,我要求回家服药、休养。王主任同意后,提出了三点建议:

(1) 注意休息,避免劳累及精神激动。

(2) 一旦出现黑蒙、胸闷、呼吸困难、肢体无力等情况,要及时随诊,安装人工心脏起搏器。

（3）出院服药。

就这样，我在 7 月 20 日回到了家里。

四　学校的关怀

从医院回到学校，校园中优美的环境、清新的空气，使我的心情舒畅了不少。更令人感动的是同志们的关怀，学校领导路钢、李培根、丁烈云、马小洁等同志先后来看望我。在回校的几个月中，机械工程学院党委书记周莉萍、院长丁汉、史铁林几乎每星期都来看我。我们系的吴波、李斌、胡友民、赵英俊、易传云、康宜华、刘世元、李锡文和熊良山等老师几乎每天轮流来我家看望。还有许多其他的同事也经常来探望我。

回家后，每天按照协和医院医生制定的"服药卡"服药，一天 4 次，由"家庭护士长"辉碧给药。校医院的领导李小楠组织多科医生在我家会诊，还指定医生刘颖、李娥与康复医生高顺梓等人经常来家给我诊治，经常给我做 24 小时的心电图监测检查。在诸多的指标中，最让人关心的一项是心脏停搏的时间。根据医学规定：如心脏停搏时间大于 3 秒，就应该安装心脏起搏器。我有心衰的疾病，每个月检查都有心脏停搏时间 5 秒左右的情况发生。协和医院的医生早就建议我安装心脏起搏器，校医院的医生也持这个看法。但是我怕做手术会很疼，就拒绝了，心想或许服药能解决问题。两个多月过去了，心脏停搏时间竟然达到了 7 秒，家里人无不为我担心。他们不断劝说我去安装心脏起搏器，给了我许多鼓励，但我仍然固执己见。辉碧从网上找了几个老年人安全安装心脏起搏器的报道讲给我听，她还请来老同学王承禧介绍她妈妈治病的经验。直到 9 月 30 日，晓平和辉碧坐在我床边含着眼泪说："不装心脏起搏器，就会有生命危险。"至此，我同意了。

辉碧马上打电话向协和医院王主任做了报告。王主任与装心脏起搏器的主任商讨后，立即告知十一长假后，即 10 月 8 日可住院装心脏起搏器。我深深体会到医生与患者真是心连心。我按医生的安排再一次住进了协和医院,还是在5号楼。由于医生对我的情况很了解,所以只做了简单的术前检查,之后就决定第二天(10月9日)安装心脏起搏器。当天一大早史铁林、辉碧、肖南就赶到了医院,余东升也来了。因为有了充分的思想准备,所以在手术中我能较好地与医生、护士配合。从进手术室到回病房仅一个多小时,手术进行得很顺利,大家松了一口气。之后72小时要平躺不动,这是最难熬的一段。身边的人不时帮助我做点手或脚微微的伸展动作,血液稍微流动,人就舒服一点了。两天后就拆线了,伤口还好。10月20日,我出院回家。

装心脏起搏器是一个关键。原来,我每天基本上是躺在床上,下床走几步,就坚持不了了。装心脏起搏器之后,基本是不用躺在床上,而且逐步可慢慢地自由行动了。现在回想起来,如果我早听医生的意见,情况也许会好多了。

五 散步在校园、梅园

医生叮嘱我要适当活动,多到户外走走,这一点我很喜欢。两年多来,只要天气好,不刮风下雨,我就会在家人的陪同下去校园散步。我家住在校园西二区6号201室,平常下楼时只需要用手靠着扶栏,但不用人扶。我家屋后有一小片开放的树林,有樟树、法国梧桐、樱花树(有多种颜色),林中的小路是用鹅卵石铺的,我特别喜爱走这条小路,不用人扶,也不用拐杖,但走得很慢,这是我锻炼身体的好地方。享受着校园美好的环境,自然就会想起老校长朱九思,是他为学校的绿化做出了很大的贡献,真是"前人栽树,后人乘凉"!

学校南一门有一个广场,在这里有升国旗的旗杆,更有20世纪70年代塑造的毛主席像,我们曾称之为"毛主席像广场"。广场两旁有很多几十年树龄的大树,树下面种了花草,美极了!我推着空轮椅可绕广场一圈,大约300米,走不动了就坐轮椅,在这里经常会遇见熟人,彼此之间相互问好,在我看来,这样很有意思。

有时候,我们还会去东湖风景区游览一番,因为学校离东湖并不远。但对我而言,要外出可不是一件容易的事,我走路有困难,需要有汽车和轮椅。因此出游时,不仅天气要合适,而且要避开人群高峰。2017年春节后,我们全家选择了合适的时机去东湖梅园"旅游"了两次,特别去看了有800年树龄的梅花树开花的盛状。大家纷纷拍照留念,高兴极了。

六 诗助康复

我把诗词的诵读与写作作为康复日程的一部分。我自幼年起就由父亲亲授四书和诗经等传统经典,也学习唐宋古文与诗词,还记诵了多篇优秀诗文,之后一有空我就复习并轮番背诵这些名诗名篇,这个习惯一直延续了下来。这次生病,我感觉记忆力受到了伤害,所以配合药物治疗的同时,也要加上适度的思维能力锻炼,力争减少记忆力的进一步退化。基于多年来对读诗、作诗的爱好,我对此投入了一定的时间和精力。

除诵读以外,我提高了作诗的频率。特别是自2014年10月初成功安装心脏起搏器使病情逐渐趋于稳定后,喜不自禁,就写下七律一首:

七律·安装心脏起搏器感赋(词韵)

2014.10.9—10.16 武汉

魔尊袭来焉失魂,回天扁鹊术何存?

山穷水尽无他路,柳暗花明只此村。

脉动重开新境界,心频合拍旧衡门。①

身康原是青山在,岁暮精华倍足珍。②

在而后的半年多时间里,几乎隔十几天就有新作,在即事起兴、抒情述怀之外,也与老友酬唱,重温旧谊,切磋交流,倍感愉悦。在这里我要特别感谢的是孔汝煌先生,他是与我因诗教结缘而相交十余年的诗友,尤其是孔先生自2009年帮助我选编《杨叔子槛外诗文选》以来,陆续核

---

① 衡门,古指简陋房屋,此语双关:心频得以合拍;康复的心脏又回归叩拍故我之躯。

② 愈后所剩岁月也无多了,可说是应作"精华"用了,要多做有益于人民的事情。

看了我所留存的近60年的千余首诗稿,并于2013年后又协助我选编《杨叔子槛外诗选》(已由余东升教授接洽高等教育出版社接受出版,并于2017年4月付梓)。多年来,孔先生一直是我诗词写作的诤友、畏友,是诗友中与我切磋、唱和最多的一位。近三年在病中,我几乎每星期都会和他通电话,向他请教。近年来所写的近百余首诗词,其中绝大多数定稿都浸润着孔汝煌同志付出的心血。

2015年10月30日至31日,孔先生伉俪专程从杭州来武汉探望,我很感动,提前写诗相赠:

五律·孔汝煌贤伉俪从杭专程探望感赋

2015.10.29 武汉

其一

好友特见访,情真思愿同。
西湖斟美酒,黄鹤醉长空。
一聚何言达,重逢万绪通。
明朝分手罢,心路总相融。

其二

心路总相怀,知君万虑排。
平生无愧事,大笔有高楷。
切切需康健,呼呼扫雾霾。
天长犹地久,两处若同街。

孔汝煌先生的次韵和诗如下:

专程趋谒杨叔子院士,蒙赠二律,次韵奉复

其一

多闻兼直谅,师友事君同。
望去严尊若,从之俗虑空。
诗文十年契,楚越两心通。
今日专趋谒,春风沐座融。

其二

　　一病久牵怀，铅空雁字排。
　　长风驭高铁，后学仰清楷。
　　岂为祈荫覆，何须惧雾霾。
　　诗邮应倏忽，千里若邻街。

此外，我还要衷心感谢上面未及提到的诗友们对我的真诚关怀与帮助，我的病情比较稳定与诗助康复有很大的关系。

七　走上长江讲坛

2016年2月20日，正是早春时节，轻寒袭人。我做客湖北省图书馆长江讲坛，向读者讲述《我的第三个故乡》，而我也有幸邀请到武汉纺织大学刘慧教授成为我的对话主持人，以便在我体力难以支持一口气连续讲一个半小时时，中途可稍停一停。当刘慧和我一起从后台走向前台时，我按习惯首先给听众鞠了一躬，现场掌声经久不息。讲座以我、主持人、听众三方互动对话的形式进行。

我以一首作于2002年11月5日题为《七律·到武汉五十年感赋》的诗开场，一开场就引起了听众的兴趣。"慨对年华向古稀，从心所欲可相期？钟山育种源长在，赣水滋苗本不离；搏击一生黄鹤恋，腾翔五十白云依。何曾觉得桑榆到？尤是童心逐日飞！"以这首诗依次回顾了我的三个故乡——出生地湖口、走上革命道路的南昌、实现人生理想的武汉。我讲到，从1952年来武汉，到如今黄鹤之恋已64年，故早将武汉当作自己的第三个故乡。2014年病而未倒，我说："既然活下来了，就要有用。武汉需要我，我更需要武汉！我要回报武汉，而且还要付'利息'呢。"这就是我为什么要抱病来演讲的原因——这是来感谢武汉、感谢家乡父老啊！

紧紧围绕着故乡的主题，我说："爱国从来不是抽象的，爱国要爱父母、爱家乡、爱邻居、爱自己该做的一切事情。"然后谈到了20世纪80年代在美国威斯康星大学麦迪逊校区做高级访问学者时期"学问朝朝做，文章页页加"的时候,那时的自己如饥似渴地钻研科学技术,"不在金元不在名","人间最重桑梓情"。学成后,便毫不犹豫谢绝了美国大学的挽留,带着新的科研成果,毅然回到华中工学院的讲台。这,就是我身体力行的故乡情!

演讲结束前,我朗诵了一副黄鹤楼的对联:"爽气西来,云雾扫开天地憾;大江东去,波涛洗尽古今愁。"借这副对联表达了我对武汉的热爱之情以及对武汉未来的美好期待。我满怀信心地指出:"武汉必定能够更大、更快、更美好地发展!"

为武汉做了一件事,我真高兴。我十分感谢广大听众的鼓励,感谢刘慧教授的合作,也很感谢湖北省图书馆长江讲坛的邀请。

八　参加重要会议

虽然我病休在家,但在力所能及的情况下,我仍会按照会议通知的时间、地点到会。

我参加的重要会议之一是中国共产党华中科技大学党委委员会(或党委扩大会),因为我生病前就是党委委员,而且到现在还没有改选。我参加的另一个重要会议是校学术委员会,因我是校学术委员会名誉委员。学校每年举行的暑期工作会通常会邀请院士列席,我也会去听主题报告。学校诗社的会我也经常参加。

上述这些活动,对我来说是必需的,也是很有好处的。我能了解到学校的许多情况,将自己的思想、感情和集体联系在一起,从而减少孤独感。每当我见到老同志、老朋友时,内心就很激动。回家后,还要和家人谈起一番往事。

现在,我做不了什么事了,但能做到的事,我还是会努力去做。如:我给我校附中送了一批书,附中的领导要我为给学生送书活动题几个字,我欣然同意了。我写的九个字是:"立好志、读好书、做好人。"

我想:活着就应该做点事。

附录 参加首轮本科教学工作水平评估

引　子

2003年3月,周济同志出任教育部部长。不久,在他的领导下,教育部组织开展了全国普通高校本科教学工作水平评估。这是我国高等教育历史上第一次大规模的高校教学评估工作,几乎覆盖所有的本科院校;同时也是对我国高校本科教育工作的一次大检阅。"以评促建,以评促改,以评促管,评建结合,重在建设"是这次评估工作的指导方针。我参与了11所高校的教学评估工作,每次都是担任专家组组长,而且,每次都与余东升同志同行,他是专家组秘书,有时也兼任专家组成员。这样的安排,一是考虑到他跟我合作多年,彼此配合较为默契;二是有利于他了解国内高等教育,尤其是高校文化素质教育工作。我校教育科学研究院的赵炬明教授也多次随我参加评估,作为加籍旅美华人学者,他为推进我国的院校研究工作做了很大的贡献,参加评估后,他对我国高等学校的本科教学工作有了更全面而深入的了解。

这11所学校都是刘凤泰同志安排的。凤泰同志在担任高教司文科处副处长时,我们就认识,后来他先后担任文科处处长、高教司副司长。从1994年开始,在我们一起推动加强大学生文化素质教育工作时,就结下了很深的友谊。我曾经笑称,文化素质教育有"军长"(周远清同志)、"师长"(钟秉林同志、刘凤泰同志)和"团长"(阎志坚同志)。教育部成立评估中心后,刘凤泰同志担任中心主任。

对于这次大规模的评估活动,也有些不同的意见甚至比较激烈的批评。但我认为,高等学校教学评估,大方向无疑是正确的,没有评估,就是没有教学质量的检查,也就是没有对教学质量的调查研究,就是不了解教学质量的真实情况。不了解真实情况,何能有发言权?!何能"实事求是"?!评估至少要有以下几点成果:一是促使高校更加重视本科教学工作,离"育人为本"的目标更近;二是提高本科教学在学校工作中的中心地位;三是促进政府教育主管部门和各高校加大对教学工作的投入,使教学条件得到明显改善。

按评估日期排列,这11所高校是:(一)郑州大学(2006年10月24日至28日);(二)汕头大学(2006年11月20日至24日);(三)哈尔滨工业大学(2006年12月3日至8日);(四)深圳大学(2007年5月20日至24日);(五)天津大学(2007年10月14日至18日);(六)清华大学(2007年10月22日至26日);(七)华南理工大学(2007年10月29日至11月2日);(八)西安交通大学(2007年11月24日至12月1日);(九)成都电子科技大学(2007年12月10日至14日);(十)东南大学(2008年4月21日至25日);(十一)国防科技大学(2008年6月9日至14日)。

需要说明的是,国防科技大学直属中央军委,在军队科技类院校中,无疑是最高水平的学校。按理说只需要参加军队组织的评估就可以了,但它不满足于此,坚决要求参加教育部组织的评估,因为,它希望通过教育部的专家评估来发现问题,提出建议,促进教改,提高水平。

由于国防科技大学性质的特殊性,本书附录对此次的评估不做具体的记载,但可以想见的是,评估的结果是令人满意的。

(一)郑州大学

我参加评估的第一所高校是郑州大学。它刚刚由河南直属的几所省属重点大学合并而成,是一所文、理、医、工等学科门类比较齐全的综合性大学,也是河南省内唯一一所"211工程"大学。河南省决心真大,专门为合并后的郑州大学建了一个新校区,新校区面积大、规划好、气魄大。校长是申长雨教授,他担任过原郑州工业大学的副校长,并校后先后担任新的郑州大学常务副校长、校长。他是研究塑料及其加工的,属于典型的跨学科类研究,2009年当选为科学院技术科学部院士,2012年被选拔任命为大连理工大学校长,2013年又被任命为国家知识产权局局长。他的确十分富有创见,敢作敢为,这充分表明我国在科技产业方面,后继大有人在。我记得他当时主攻的方向就是航天事业上的透明"玻璃"材料(例如航天员戴的头盔)。当时,同我接触最多的而印象又最深的,除校长外,一是主管教学工作的副校长宋毛平,一是法规处负责人黄艳(女),后来我们在很长时间内都保持联系,宋副校长还跟我一起参加了深圳大学的评估。

当时工作安排得很紧凑,10月21日上午我还在长沙,在湖南大学参加全国高校机械创新设计大赛开幕式。这个大赛每两年一次,2007年在南昌大学举行第一次,教育部直接领导、全国有关高校的机械设计的教师具体负责组织工作。我校彭文生教授就是负责人之一,他与西安交大等兄弟学校有关教师为此大赛做了很大的贡献,也成为教育改革中的一朵"奇葩"。下午,我跟东升同志一起由长沙飞抵郑州,我特别记下了当时的航班号是CZ5972,抵达后住在郑州的光华大酒店。

在评估工作开始之前,我还抓紧时间到河南农业大学为1200名师生作了一场有关成人成才的报告,题目与民族文化、自主创新有关。

这是我第一次参加本科教学评估工作,为此,我还特地做了大量的"功课":学习教育部有关评估的文件,熟悉工作流程。

10月23日(星期一),评估组成员报到,当晚便召开预备会议,学习文件,领会精神,安排流程,明确分工,重申纪律。

10月24日上午8时30分,举行开幕式暨汇报会。郑州大学全体党政领导班子成员、学校中层干部、师生代表等300余人参加了开幕式。

刘凤泰同志代表评估中心、河南省王副省长代表省委省政府、郑州大学党委书记代表学校分别发表讲话。我代表专家组组长也作了发言,主要是感谢教育部对专家组的信任与重视及河南省委省政府对高等教育的大力支持,并强调指出,学校的主要任务就是培养人才,百年大计、人才为本,人才大计、教育为本,教育大计、教学为本,郑州大学近年来呈现出朝气蓬勃的发展势头。接着我表示我们评估专家组成员将在评估期间认真履行职责,站在更高的层面与郑州大学一起总结经验,不断推动郑州大学的快速发展。校长申长雨代表郑州大学向专家组做了本科教学工作的汇报。

接下来专家组全体成员到外语视听中心进行了集体考察,中午到学生食堂用餐,并与学生交流。从24日下午开始,专家们分头行动,白天考察行政部门和学院,与教师、学生、干部举行座谈会,到教室听课;晚上对学生进行相关技能测试,审核教师教学大纲等文件和学生毕业论文。我的任务是与老领导、党办校办人员举行座谈,参观有关单位。我记得当时是下午参观实验室,晚上分组与校领导、党办校办工作人员座谈。25日上午,我看评估材料,下午参与老教师、老干部座谈,访问法学院,晚上,我参加了与校领导的座谈会。另有专人与党办校办成员座谈。26日上午,我听了两次课,并去了历史学院考察,下午看材料,晚上为学生举办了一场"国学讲座":《民族文化教育,自主创新道路》,有1600余名学生聆听了这场讲座。27日上午,我做了一次体检,下午,专家组讨论评估意见,晚上,我和副组长及秘书一起同校领导交换了意见。28日(星期六)上午,先是全体专家与学校中层以上干部会面进行意见反馈即对大学的主要意见,接着举行大会,宣读专家组的评估意见。至此,评估工作圆满结束。

(二)汕头大学

第二所评估的高校是汕头大学,汕头大学是李嘉诚直接投资筹办的。李先生是一位了不起的企业家,也是一位地地道道的爱国主义者,为了回报国家,感谢家乡,他投资筹办了这所大学,他还常讲,他有几个儿子,汕头大学就是他的儿子之一。为了能够参加这次评估,他特地派他办公室的罗慧芳女士向教育部请愿,坚决要参加这次评估。他的许多行为,都使有爱国主义感情的中国人(包括华人华侨)深为感动。刘凤泰同志给我打电话,希望我也能去一下汕头,因为这件事关系重大。当然,我自然会允诺这一安排。大约是 2016 年 11 月上半月,罗慧芳女士到武汉直接找到了我,要求诚挚,我深为感动。罗慧芳能唱能讲,人品好,口才好,显然是李嘉诚先生办公室里的一位得力干将。后来,我填词《临江仙》一首送给她:

夜饮东坡醒复醉,我拿粤语铿铮。诗词歌曲几多情。倾谈中外事,畅说古今声。　黄鹤晨曦蔓属晤,潮风汕韵迎评。香江小美紫判著。丹心为报国,俊杰此巾帼。

从李嘉诚先生手下的工作人员中都能体会到他们的深切爱国情感,从而也就更能体现李先生这位爱国事业家的感情了。

11 月 17 日,我在学校为参加这次评估做准备,还特意理了发。18 日中午与东升一起去机场,乘坐 CZ3890 号航班,14 点起飞。到汕头后,住在汕头大学学术交流中心,这里的地面由瓷砖铺成,又白又亮,但一点也不滑,据告知,这是现代最好的材料了。汕头大学坐落在桑浦山旁,是一所朝气蓬勃的学校。在评估期间,我特地赠予它七绝一首:"潮风汕韵铸辉煌,代代传承四海扬;桑浦山旁今万树,无边美色沐春光。"

19 日,专家组成员报到。20 日开始评估工作,按照规定的程序到 11 月 24 日结束,25 日上午 8:00 乘 CZ3889 航班飞回武汉。

李先生对评估工作十分重视,不仅参加了开幕式,每天都要听取学校的汇报,还在香港通过视频观看了评估意见反馈大会。通过这次评估,我不仅结识了李先生,还与他结下了深厚的友谊。第二年,即 2007 年 6 月 15 日,李嘉诚先生包了一架专机,率团先飞武汉再飞北京,专程感谢作为评估组组长的我及副组长钟秉林(时任北京师范大学校长)。

一天来回,还在专机上自备餐饮,极大程度地简化了接待工作。当天,我写下五律一首:"汉上迎嘉客,香江报国宾。浓浓乡土爱,眷眷故人亲。海内存知己,天涯胜比邻。丹心情万缕,共织九州春。"

第三年,即2008年,我收到了《全球商业(经典)》2008年1月号(NO.61)的杂志,上面刊登有李嘉诚先生的访谈文章,读后深受教育。感而特选词牌《千秋岁》寄意:

自强自立,奋学从无已。求务实,策谋细;细细思挫跌,步步为营垒。尊诚信,安勤乐俭求公义。　　初步锋芒试,顿教鲸鱼靡,大象吞,高招异。机缘稍纵逝,并购宏图慧。中国结,聚沙成塔乾坤徙。

我这首词就是根据NO.61中的那篇文章而写,艺术性可能不够,然而却是百分之百的求实反映。

这次评估还结识了汕头大学执行校长顾佩华教授。他是李先生专门从加拿大聘请而来的,是加拿大工程院院士。恢复高考制度后,顾从天津大学毕业后到了加拿大留学,后来成为加拿大工程院院士。他非常爱国,也很有事业心,他应聘校长时,主动提出不拿李的任何报酬,但要保证他在校内能够独立履行职责,不受干扰,按他的想法办学,否则,就要离职,李先生坚决同意他的要求。

顾校长是机械工程领域的专家,后来我们在专业领域也有过合作。周济任教育部部长时,创办了一系列面向国际的英文版的科技期刊,其中 Mechanical Enginering 就办在我校,主编是我,副主编就是史铁林和顾佩华。史、顾两人相互尊重,顾在国际上的朋友自然多些,各具优势,彼此互补,很快这份刊物在国际上也产生了较大的影响。为办好这份刊物,我校机械学院还专门配备了一位专职工作人员陈惜曦(女)做辅助工作,她也是我的学术秘书,干得很不错。她同史铁林、顾佩华合作得很好,对我安排的工作,无论大小,她都尽心尽力地去完成。

评估期间,我还结识了中国现代文学专家王富仁教授,他是我国第一位文学博士,从北京师范大学调到汕头大学任职。我与他多次交谈,交换了对五四新文化运动以及对现代文学的看法。

这次评估的活动安排大体如下：19日，专家组成员报到。20日上午开幕式，接着参观公共设施；下午考察文学院、理学院；晚上观看学生文艺演出。21日上午3—4节听课，下午审阅材料。22日上午1—2节听课；下午3点李嘉诚先生会见专家，5点参加校领导座谈会，下午6点至晚上9点，专家组会议讨论评估意见；晚上9点半至10点半，向校领导反馈意见。24日上午9点至10点，召开中层以上干部会议，10点半至11点15分，举行反馈意见大会和闭幕式；下午，在李嘉诚基金会成员罗慧芳女士的陪同下，去澄海参观了"文革"博物馆。25日上午8:00乘CZ3889航班飞回武汉。

（三）哈尔滨工业大学

第三所接受教学工作水平评估的高校是哈尔滨工业大学，时间是2006年12月3日至8日。

我在很多场合都讲过，我大学入学的学校是武汉大学，可毕业证是1956年7月由华中工学院发放的，而毕业设计论文则是在哈工大做的，认可论文的也是哈工大，论文指导教师是哈工大的孙靖民老师。所以哈工大也一直认为我是哈工大的校友，校友花名册上也有我的名字，这一点我也承认。因此，我去哈工大参与教学评估，而且是作为组长去的，当然也受到了哈工大的热烈欢迎，机械学院的教师更是热情，大家见面时都特别亲热。当时我很激动，填了一首词，就是最好的证明，现将全文抄录如下：

沁园春·赠哈工大

2006年12月2日飞抵哈尔滨，参加哈工大本科教学工作水平评估工作。飞机临近哈尔滨时，茫茫白雪，大地全覆；灿灿冬阳，人间暖遍；勃勃生机，壮丽无限。有感，改毛泽东同志词《沁园春·雪》，赠母校哈工大。

北国风光，千里冰封，万里雪飘。望兴安内外，惟余莽莽，松花上下，顿失滔滔。大直英雄，南岗壮士①，欲与天公试比高。正晴日，看红妆素裹，分外妖娆。　　江山如此多娇，引无数学人竞折腰。数牛津哈佛，异邦文彩；剑桥麻省，别国风骚。崛起神州，清华北大，展翅扶摇指九霄。哈工大，逐雄鹰点点，比翼明朝。

其实，在1986年6月6日哈工大教学评估时，我即随专家组参加了6月8日的校庆，这件事在《往事钩沉·凉风涌绿　松花浪跃》这篇中已经有所回忆了，这篇回忆是在去年，也就是2015年8月24日上午写的。而本科教学评估这篇是今天，也就是2016年3月16日写的。又过7个月零8天了，真快！我深知，我还能活着的时间不长了，应该多做些事，快做些事。但是，辩证法无情，对于我这么一个高龄负病的身体，欲多则不达，欲快则不达，只能顺其自然，但求总的效果最佳，少留遗憾了！外面春阳高照，生活是美好的。这段话在回忆录中纯粹是多余，但多余总能胜过无余，这种美好就暂记于此吧！

从2006年12月3日至8日的教学评估，到2016年3月16日已9年多了，据我所知，哈工大发展得更快更好了，特别是在航天科技上突飞猛进。哈工大科技的发展也是我国高科技惊人发展的一个象征。

2006年12月1日，我还在学校主持了一次职称评审会议。2日一早，就同余东升同志一起赶到武汉机场，乘8:20起飞的CZ3631航班，中停青岛，12:20抵哈尔滨，哈工大同志用厚厚的大衣与帽子把我和东升裹了个密密实实，直接送到哈工大西苑宾馆410室。当时只觉有温暖、温馨，哪有寒意呢？

我记得在到达的那天晚上，我同我在哈工大进修时的专业课老师刘庆和、孙靖民、袁哲俊、费开等人一起坐在一个大圆桌上，触景生情，不禁想起了唐代韦应物《淮上喜会梁州故人》诗中的名句："欢笑情如旧，萧疏鬓已斑。"真巧，韦应物有感而写这首五律时，是同老朋友别了10年，"浮云一别后，流水十年间"，同我们这次欢逢喜会的情景，何其相似！当然，

---

① 哈工大位于南岗大直街，20世纪50年代，只有教师八百人，号称"八百壮士"。至今发展成为举国一致公认的一流大学，在国内举足轻重。

有一点大不相同,即韦应物喜会故人写诗时确是"此日相逢思旧日,一杯成喜亦成悲",而我们这日的南岗相聚,却是"此日相逢思昔日,一杯成喜哪成悲"了。

正因为如此,在评估闭幕式结束后的那个下午,我特地去了我在哈工大进修时所住的南岗河沟街一宿舍。那时,我还没患病,一切都能记得清清楚楚。当时,我还与住在里面的学生亲切交谈,彼此之间亲切、亲热又亲密,大有子女归家之感。也是在这次评估的最后一天晚上,我还为学生做了一次有关科学与人文的讲座,听者约1200人。在我的记忆中,此后我就没有回过哈工大了。第二天,即12月10日,上午8:00,我与东升就乘坐CA1640航班飞京了。

在哈工大教学评估期间,工作进程如下:

2006年12月2日上午8:20,与东升同乘CZ3631飞哈尔滨,中停青岛,12:20抵哈尔滨,住哈工大西苑宾馆410室。我是在哈工大机械学院做的毕业论文,我自认为做得不错,论文推导出了机床齿轮变速系统的调速范围,与后来所见的苏联ЗМИНС(俄语单词,意为机床研究所)在这一时期导出的结论一致,而且我所得出的结论更具有普遍形式。因这一缘由,所以在2日下午我去了机械学院参观,然后拜会了老师,作为晚上与老师、同事欢聚的先奏。3日上午在机械学院座谈参观;下午评估专家组报到,召开预备会。4日上午,举行评估开幕式,仍由刘凤泰同志主持;下午考察学校规划处。5日上午听"两课",下午看材料。6日上午与校领导座谈,下午到学院考察。7日上午审阅材料,下午专家组会议,晚上向校领导反馈意见。8日上午先是举行了中层干部会议,接着召开了评估意见反馈大会,宣读评估意见。评估至此结束。在评估结束的当晚,我还向学生做了一次题为《科学人文,和而不同》的讲座,反响热烈。

(四)深 圳 大 学

第四所接受教学水平评估的高校是深圳大学。它是1983年创办的,可以说,是和深圳特区同时诞生的一所高等院校。1984年春天,邓小平同志在视察深圳特区时,就明确叮嘱了要把深圳大学办好。

众所周知,"1979年那是一个春天,有一位老人在中国的南海边画了一个圈",这是自20世纪90年代末开始就极为流行的歌曲《春天的故事》中的第一句歌词,描述的是20世纪90年代初邓小平同志南行之后深圳所发生的翻天覆地的变化,强烈地震撼着每个人的心弦。大型文献纪录片《邓小平》记录了邓小平同志巡视深圳这块土地及有关的活动。深圳大学有关同志告诉我,纪录片中有个画面,在那个画面的背景中,远处有栋高楼,那就是正在边建设边开课的深圳大学。这个楼现在看来算不上太高,但这个画面却深深地感动了我。

要知道,饮誉寰球、争雄世界的我国腾讯公司的创始人马化腾就是深圳大学的毕业生,著名校友中还有张志东、史玉柱。在深大被称为"专职"院士的有5人,其中就有与辉碧极为熟悉的化学专家倪嘉缵先生,他开始是研究稀土化学的,后来主要研究生物无机化学。据我所知,这些院士在来到深圳大学后,更能充分发挥其作用,真正实现了"人尽其才"。

领导是关键。深圳领导肩负着邓小平同志的期望,不负中央嘱托,把深大的领导班子配备好,把深大的领导也选拔好。那时,深大的主要领导中,党委书记是江潭瑜,校长是同一年上任的章必功教授。江是地方上调来的优秀党政干部,而章是北京大学中文系毕业的优秀人才,两人配合得很好。江很虚心谦和,十分愿意听取校长的意见,学校工作也放手让章校长去做;章校长很活泼开放,敢于讲话,敢于放手工作,在原则问题也能谦逊地听取党委书记的意见,十分尊重党委领导。整个学校的领导班子十分团结和谐。

对深圳大学进行教学评估时间的是2007年5月20日至24日。这正是椰风蕉雨的季节,校园好似一座现代化的花园,完全同深圳这个改革开放的前沿城市相配。"一骑红尘妃子笑,无人知是荔枝来。"5月底,并非荔枝成熟的季节,但荔枝却挂满了枝头。学校工作人员告诉我,到了荔枝收获的季节,学校就会请工人来采摘,并分送给师生,共同品尝,而且学校里的荔枝品种也较为优良。他们风趣地讲：你们信不信？若有机会，你们可以来尝试尝试。

在深大，也有我们的校友肖海涛同志陪同。肖海涛是一名转业军人，聪明能干，从我校高等教育学专业获得博士学位后到深大师范部教育研究所工作，她的爱人因为照顾她的关系，也调到了深大学报（文科版）工作，后来也在我校获得了博士学位，而且是在职攻取的。由于肖海涛是研究教育的，所以这次评估时就请了她作为兼职联络员。事实上，她也没有辜负大家的期望，对评估工作的安排有着良好的作用。现在我写的《往事钩沉》中关于深圳大学的部分，不少资料就是她提供的，甚至是她写的材料。"北上广深"（北京、上海、广州、深圳）是我们交谈中常出现的一个词语。

在20世纪80年代，深大如同深圳一样，"敢为天下先"，在教育教学改革工作中做了不少引领潮流的改革，其中包括实行"学分制"、"选修制"和引导学生创业。深大领导告诉我，当时，腾讯公司一年给深圳市交的税已大于深圳市30多年对深大投资的总和。我们用惯了的甚至是必不可少的即时通信工具之一的"QQ"，就是深大校友马化腾的一个卓越贡献。深大敢干敢为而又能干能为。在评估中，我极为善意而又极为尖锐地指出：在现今流行的"深圳速度"这个时髦词汇面前，你们在学科建设，师资队伍建设，特别是其中的学术队伍建设方面还不够快，有些地方还在临时抱佛脚，"是不为也，非不能也"。所以，我在评估的闭幕式上，特别讲了一段话："有很多朋友到武汉去，我都会劝他们去一下黄鹤楼，去看看大江奔腾的雄伟气势。你要是说'大江东去，浪淘尽，千古风流人物'，那么这就不对，因为在武汉并不是大江东去，大江在武汉大体上是正南流向正北，是大江北去。但大江东去，是总的趋势，不可阻挡。大江东去的中间，会有回流，会有曲折，会有泥沙俱下、鱼龙混杂，甚至乌龟王八一大堆，这不足为奇。我们国家的建设、深圳的建设、深圳大学的建设，不会没有曲折，不会没有回流，不会没有泥沙俱下、鱼龙混杂，一定会有的。但毕竟大江东去，总的大流是不可阻挡的。"这的确是我生活七八十年来的一个深刻的人生感悟。

事实也是如此,在评估过程中,我批评深大在一些教育教学工作中出现的一些问题,原因是"是不为也,非不能也"。这一点很快得到了回应,得到了改正,而且改正得又快又好,所以,我认为作为只有24年发展历史的大学,能有现在这个样子,能有这个能力,是十分不错的。这完全符合"以评促建,以评促改,以评促管,评建结合,重在建设"的指导思想与要求,这也正是这次评估的成功之处。

在评估中,八次听课的印象都比较深。有一次是到经济学院听课,据告知,任课教师是知名经济学家吴敬琏教授的学生,课程讲得深入浅出。深大的工作人员告诉我,他原是内地一所大学的副校长,然而他却甘愿来到深大当一名普通教授。

唐诗名句"知音世所稀",本意是牢骚满腹。我常把"稀"改为"希",即是"知音世所'希'",这一改,情感就全变了。深大师范学院的书记潘海东教授熟研传统文化,主讲中华诗词,我特地去听了他的课,他还请我为学生讲了几句。由于这一机会的结识,后来我去深大,他常请我为师范学院及深大诗社作有关中华诗词的报告。

感谢深圳有关部门与深大的美意,我在深圳还举行了几次讲座与报告,表达了我对深圳的关心与支持。5月24日下午,我到南山区政府给南山区的干部作了一场报告。此外,又到深圳职业技术学院作了一次报告,出乎意料的是,当时院长兼书记俞仲文同志在报告开始前,安排我与在深职院工作的我校二三十位校友见了面。深职院是按本科资格来办的高等职业教育,方向完全正确。26日下午在市民文化大讲堂作了一场人文讲座报告,题目是《科学文化与人文文化的交融是时代发展的必然趋势》。28日上午到深圳育才中学举行了一次题为《理想崇高,志于成人》的讲座,"育才"中学顾名思义即是精英教育,报告主会场设在高二(3)班,分会场约有1600人。28日下午在深大作《踏平坎坷,成人成才》的报告,会场可容纳近2000人,这个报告厅是半开放式的建筑,内部环境"冬温夏凉"。这场报告从下午2点开始,讲到4点半结束。报告后,

《深圳大学学报》立即约了这篇稿,由向春(肖海涛的爱人)整理,发表在《深圳大学学报(人文社科版)》2007年第4期上。真是"只争朝夕",报告一结束,我与东升便直奔机场,傍晚飞京。

在深圳大学进行评估工作时,时间虽短,但印象很深,特别是因为深圳是与邓小平同志的名字紧密相连的,所以,到深大,我写了一首诗,离开深大,也写了一首诗,现将这两首诗抄录在这里,作为一个纪念:

七绝·至深赠深圳大学

鹏城好雨洗轻尘,校舍青青气象新。

感君劝我一杯酒,今到荔园多故人。①

七绝·别赠深圳大学

故事春天演绎新,校舍青青育来人。

诚知海内存知己,喜见天涯胜比邻。②

(五)天津大学

评估的第五所高校是天津大学。从天津大学开始,接下来参加了对清华大学、华南理工大学的评估,从10月14日开始到11月2日结束,前后长达20余天。其间,发生了两大喜事,一是恰逢党的十六大召开,我在参加评估工作的同时,随时关注大会的盛况,学习大会的精神;另一件大事是10月24日18时05分,我国嫦娥一号卫星发射成功。

天津大学是所老牌学校了,而且历史证明它是我国第一所现代意义上的大学,它原名为北洋学堂,为了纪念这一有历史意义的事情,学校主门前立了一块石碑,并将清朝颁发的第001号毕业证镌刻在石碑上,这块石碑是在建校100周年时所立的。后因为时代的改变,不能也不应称呼其为"北洋大学"了,故新中国成立后遂定名为"天津大学"。老校址仍

---

① 深圳大学校园又名荔园,有荔枝树3000余棵。
② 第一句就是指当时流行的、感人至深的歌曲《春天的故事》。

保留在原处,作为文物,保留在现河北工业大学校内。这是一个很有趣的现象,天津现直属中央,而在中央直辖市之一的天津市内,河北省还有一块"飞地"呢!我的中学、大学时期的江西老同学王寿民在天津大学任教直至退休,至今人事关系与组织关系仍在该校。

10月13日下午,我与余东升同志由武汉乘东航MU2455于下午5:30起飞,7:10抵京。天大贾老师到机场来接我们,晚上10:00就到了天津,住利顺德大酒店408室。第二天还在这个酒店参加了一个名为"人文精神与高等教育"的国际学术研讨会。当天上午会后,就去了天津大学专家楼,我记得天大有人开玩笑讲这里是"熊猫窝",我住在201室。

次日,即10月14日的午餐,我与许多十分熟悉的老师与朋友欢晤了,包括彭泽民、刘又午、彭商贤、朱梦周、曾子平、张策,还有工程院院士叶声华,他是我的大学同学,我们上大学时那个年级的同学中,至今就只有我们两位院士。熟人相逢,知音相晤,格外亲热,只恨相见时间太短,只怕时钟走得太快。后来我还专门去了彭、刘两家探望。当时,我极有感触地改写了王维《九月九日忆山东兄弟》这首脍炙人口的名诗:"岂在异乡为异客,今逢佳节倍加亲。欣看天大攀登好,更信今人胜古人。"之所以这样说,是因为当时离10月19日也就是农历的九月初九重阳佳节很近了。

时间过得太快!我站在天津大学校门口,瞻仰着那块镌有皇帝御批的国家颁发的001号毕业证书,思如潮涌,这是我国的第一所现代大学,它记载了也浸透了中国人民不畏艰险、不怕牺牲、前赴后继的战斗光辉和精神。

特别令我感动的是,当时全国文联副主席、作家协会主席、饮誉世界的、全国著名的作家冯骥才,把他一生所收藏的我国民间的、古代的、极具特色的艺术珍品,悉数捐给了天津大学,天津大学还专门为此建造了一栋极富特色的艺术馆。天大领导自豪地讲,天大没有文科,但有这么一位大师,有这么一个一流的艺术大师!当然还有每周的音乐会、文艺演出,另外还有一栋极富艺术造型与文化内涵的、由学生自己管理的活动中心,更不用讲,还有各种艺术大家来天大演出。天大的教师说,虽然我们没有文科专业,但在这里,我们的学生一样可以受到良好的文艺熏陶。这确有道理。

教师是关键,人才是关键。有冯骥才这么有权威的、深孚众望的大艺术家当然更是关键。他说:"我公开说明、公开写出,我爱北洋,我属于北洋。"这里的北洋是指天津大学的前身北洋大学,他把他一生所藏的艺术珍品、民间文物全捐给了天大,天大也为这一切专门建了一个艺术博物馆,端庄、严肃,而又极富想象力。他讲:"我是北洋人,我的一切都属于北洋。"这对天大来说,有多么重要的学术意义啊!在参观这个博物馆时,冯骥才讲得很详细、很精彩,我对着高了我一个头的冯骥才讲:"您了不起,您高大!您看,我站在您面前多么小呀!"我这是有感触而讲的,并非一般意义上的赞美之词。

在天大学生活动中心,我还观看了校合唱团的演出,这个演出是他们定期的活动,当然这次也有点专门为我们安排的意思。当时天大校合唱队刚参加完全国合唱比赛胜利归来,这也是一次获得全国奖之后的汇报演出吧!的确,他们表演得大有水平。从这一演出中,就可以看到天大对人文文化活动的高度重视与取得的成就。

在此,还必须讲一下,我想天大的博物馆、学生活动中心,天大的有关建筑与布局设计,一定与我国建筑大师之一、科学院院士彭一刚教授有关。人所共知,清华、天大、华南理工大学、东南大学拥有最优秀的建筑大师。天大当时的校长是龚克教授,书记是刘建平教授。他们两人我都相熟,特别是龚教授,他父亲是十分著名的哲学家龚育之,祖父龚饮冰担任过中央统战部副部长,新中国成立前以和尚身份为掩护开展党的地下工作,龚克教授原来是清华大学的副校长,那时我就认识了他,精明能干,是清华输出的优秀人才。清华、北大是培养与输出人才的高校,我们应心悦诚服,竭力支持这两个龙头高校。当然,清华、北大也应承担起这一责任与使命。

我想,龚克来到天津大学,一定会发挥更大、更好、更充分的作用。

或许这就是我们的历史、现实与国情,一切都从实际出发,这就是唯物辩证法吧!

在天津大学的评估,头尾共7天。仍旧是刘凤泰同志主持的开幕式,接着是参观、考察、听课、座谈、走访,并与主要校领导交换意见,最后向中层及其以上干部反馈意见。这里面一定会有许多方面的不足,但主流的确是健康的、经得起历史检验的。

(六) 清华大学

第六所接受评估的高校是清华大学,时间上是紧接着天津大学的。开展日期是2007年10月22日至26日。

2007年10月18日上午天津大学评估结束,下午休息。19日下午清华大学彭宇飞至天津来接我与东升,抵京后,住文津国际大酒店1615号房,20日上午应邀到中央财经大学为300名学生作一个有关成人成才的报告,20日下午5:30再转住清华大学丙所812室。当时的清华大学校长是顾秉林院士,书记是陈希。陈希后来担任过教育部副部长、辽宁省委副书记等职,现为中央组织部常务副部长。

由于清华大学在中国高等教育中有着十分特殊的地位和作用,是我国高等教育战线的排头兵之一,因此,清华大学的教学工作水平评估受到了格外的关注,不仅高等教育界关注,社会也在关注。是的,直到今天为止,全国人民看高校,眼睛都紧盯着清华、北大,这是完全可以理解的,因为这是由客观形势与历史背景所形成的,不以人的意志为转移。

也正是出于这样的考虑,无论是我本人还是专家组全体成员都十分认真,既严格执行有关要求,同时也力求谨慎细致;既要充分肯定清华大学办学尤其是本科教学取得的巨大成就,也要帮助清华总结办学经验,找出问题,明确发展方向。比如说,开幕式上的讲话,我不只是打了个草稿,而是认认真真地写了书面发言稿。讲话中,还送给清华大学一首诗:"此日逢秋气更豪,喜看秋日胜春朝。晴空健鹤排云上,引领群飞到碧霄。"这是我改"袭"刘禹锡《秋词》诗而来的,原诗是:"自古逢秋悲寂寥,我言秋日胜春朝。晴空一鹤排云上,便引诗情到碧霄。"熟悉中华诗词的人知道,从诗本身的艺术水平来讲,刘禹锡同李白、杜甫、李商隐、杜牧乃至王维、孟浩然一类的名家还有差距,然而就其思想性而言,却是十分堪赞的。例如,形容落日,李商隐是"夕阳无限好,只是近黄昏",而刘禹锡"莫道桑榆晚,为霞尚满天"的思想性明显上升了。据我记忆,当时的这个书面草稿,反响还是很好的,评估工作结束后,清华档案馆还特意收藏了。

专家组成员也有着同样的心态:一方面要虚心向清华学习,另一方面,更要严格要求,绝不走过场。比如说听课,在预备会上,专家们就一致要求,专家要拿着课表到教学大楼,随机抽取课堂听课,事先不打任何招呼,不透露一点风声。可以说,专家们在课堂上看到的是真正的"原生态"。

清华大学高度重视这次评估活动,对专家组的接待既热情周到又严格执行有关规定,并没有因为自己在高等教育界的龙头地位而轻视评估工作。我们一住进招待所,就看到桌子上放着有陈希书记、顾秉林校长共同签字的欢迎卡。25日晚,在向校领导反馈意见时,不仅有陈希书记、顾秉林校长参加,而且分管教学工作的常务副校长也参加了;对专家组的评估意见,三位领导更是仔细地再三阅读,给我留下了深刻的印象。

重视归重视,但清华也不会为了取得好成绩而故意"做作"。比如说,有位专家到了一个课堂,看到一位教师坐在一张高椅子上讲专业课,照念英文教材,也不作任何解释。显然,清华未对有教学活动的教师打任何招呼,清华大学果真秉承"实事求是"的校风,表里一致,殊堪赞赏。专家组也能实事求是地对待这一个别问题,在意见反馈时毫不客气地指出,但也不会因此而否定整体优良的课堂教学水平。我自己听了两次课,一次是机械制图方面的专业课,属于我自己的专业领域,一次是文化素质教育课。这两次课都讲得很成功,特别是彭林教授主讲的文化素质教育课《文物精品与中国文化》,从文物入手讲中国优秀传统文化,既有理论又有实物,既讲了人文文化,也讲了中国古代科技成就,这门课后来还被评为文化素质教育类国家级精品课程。

这次教学评估时间是 10 月 22 日至 26 日。评估活动如下:10 月 20 日下午 5:30 住入丙所 812 室。21 日专家报到,晚上开专家组预备会,准备开幕式的发言稿。22 日上午开幕式,下午参观。23 日上午听课,走访;下午座谈会。24 日上午听课,走访;下午继续走访;晚上听课。25 日上午评估专家小组会;下午评估专家组会;晚上与清华主要校领导交换意见。接着回到住所,我又老老实实地写了第二天闭幕式的发言稿。26 日上午,专家们先向中层及其以上干部反馈意见,再向全体干部、教职员工学生代表反馈意见。

在评估期间,清华大学有一位正在博后期间的女博士唐娜,她刚从我校取得博士学位,她毕业的中学是江西九江同文中学,所以我们很熟。她特地前来看我,当然不免要将清华与我校进行比较,她讲得很生动,她讲:"大家都讲我们华工'严',到了清华,我更体会到什么叫'严',清华更'严'!"这表明我校应向清华学习,唐娜的讲法,值得我校三思。

紧张工作之余,我还抽空与在清华的老朋友、老同学见了面。24 日晚餐时,与清华精仪系老朋友温诗铸、尤政、王雪等欢聚;25 日上午,老朋友严普强教授、我与辉碧的老同学郭日娴先后来访。

(七) 华南理工大学

第七所接受高校教学评估的高校是华南理工大学,时间上紧接清华大学,在 2007 年 10 月 29 日至 11 月 2 日,我从北京直接飞往广州。

在新中国成立之初的院系大调整中,新建院校中由教育部直接主管四大工学院:南京工学院(即现在的东南大学)、大连工学院(即现在的大连理工大学)、华南工学院(即现在的华南理工大学)与华中工学院(1988 年更名为华中理工大学,2000 年由华中理工大学、同济医科大学和武汉城市建设学院合并组成现华中科技大学)。华中工学院刚建时主要集中在为重工业服务上,而华南工学院则集中在为轻工业服务上。其实,华南工学院比华中工学院早一年建立,在华中工学院成立时,前一年建立的华南工学院中有关重工业的部分都调到了华中工学院,所以,在华南理工大学评估开幕式上,我就讲了,我们两校是兄弟学校,我校血液中流淌着华南工学院这一兄弟学校的血液。所以,当年在上海机床厂,几个兄弟学校的教师在一起劳动进修了一年,分别时曾依依不舍,这次我又与当时一起进修的苏树珊同志见面了,而环境、条件的变迁,不可复语矣!正因为如此,我在评估开幕式上讲话中,改了王维的《渭城曲》赠给华南理工大学,今录如下:"羊城秋日少轻尘,校舍青青气象新。感君劝我一杯酒,今到华园多故人。"

　　随着国家的迅猛发展,科技的迅速进步,这四大工学院的面貌,也发生了令人惊喜的变化,虽说旧貌还清晰可辨,但内涵大异于昔了!就华南理工大学而言,现有两大校区了,老校区在南区,是工科专业所在校区,新校区内有音乐学院、艺术学院等新建的文科艺术类学院,令人叹为观止。音乐学院、艺术学院的党委书记冯向阳,是一位女能人,华南理工大学安排她做我的联络员。她带领我参观了这两个学院的建筑与教学设备,还观看了他们的节目,表演得真好!我深知,我的艺术细胞不佳,遗传基因欠优,但基本的欣赏能力还是有的。

　　我在新校区内仔细地看了各种教学设施及相应的建设,这已远远超出一所工科大学的一般内涵,似乎是进了一座艺术的高等学府。在天津大学评估时,我接受了一次深刻的教育,天津大学以"冯骥才"的方式,以几个方面极为突出的方式显示了天津大学如何将"以人为本"、"以德为本"、"以特色取胜"的教育教学思想落实到育人的实践上,华南理工大学又何尝不是以本身特有的方式来实现教学育人、办学育人呢?它以它自己特有的方式来回答了"培养什么人、怎样培养人"这一根本性的问题。

　　尽管来时,北京已是霜降,开始进入立冬。但"蒹葭苍苍,白露为霜。所谓伊人,在水一方。溯洄从之,道阻且长。溯游从之,宛在水中央",我们的评估不也正是有着如此的追求吗?

本来10月25日应由京飞穗,可雾霾太大,因此推迟了一天。10月26日乘南航由京飞穗,住华南理工大学的西湖苑313室。10月28日,校党委书记刘树道陪同我们几位先到的专家参观校园。晚上,全体专家到齐,专家组召开预备会。顺便交代一句,评估工作一般安排为一周的时间,因为这同教学安排一致,有利于了解教学情况与评估。10月29日是星期一,评估工作在南区开始,基本上就在南区进行,少数专家乘坐交通工具穿越市区到新区做些调研。新区是非常现代化的,文学、艺术、体育专业皆办于此。

不论是老区还是新区,校区的布局与建筑设计,均气势非凡。我深知这同建筑大师的艺术大手笔是分不开的。

29日上午举行了开幕式。别开生面的是,中餐在学生食堂吃,与同学共进午餐,边吃边聊,彼此畅所欲言。后来,这一方式,即在学生餐厅与同学共进午餐,基本成了一个通用方式。29日下午开始至11月1日上午,专家们分头行动,走访、听课、考察、查阅材料、座谈、测试,各项工作有条不紊地进行着。1日下午,专家组开会,汇总情况,讨论评估意见,评定各项指标成绩;晚上,向主要校领导反馈情况,交换意见。11月2日,上午向学校主要干部反馈,交换意见,紧接着,向评估大会进行评估反馈,宣布专家组评估意见。评估至此结束。

11月2日下午,我还以自主创新为重要内容向300学人作了一场题为《民族文化教育,自主创新道路》的报告。次日,即11月3日,华南工学院时期的老朋友苏树珊等教授一早即来与我话别,为我送行。

(八) 西安交通大学

第八所接受高校教学评估的高校是西安交通大学,评估时间是2007年11月24日至12月1日。

众所周知,西安交通大学是清朝末期政府所建立的现代意义上的大学之一,原为南洋公学,位于上海。1920年,民国政府在此基础上建立了交通大学,新中国成立后,国家为了开发大西北的战略需要,于1956年将学校主体西迁至西安,上海仅留下造船专业的整体与有关专业以及其教学、科研设备,主体迁到西安后,名为西安交通大学,留在上海的部分名为上海交通大学。1996年,西安交通大学建校100周年暨西迁40周年,当时,我以华中理工大学校长的身份参加了庆祝活动,并赠《忆秦娥·感赠西安交通大学建校100周年暨西迁40周年》词一首。我去参观时,学校仍能准确无误地指明白居易故居"东亭"所在处,并根据已有历史资料的描述,重建了"东亭"。时移世易,今已非李白《忆秦娥》笔下的"西风残照,汉家陵阙",而是人民的天下了。这次在评估开幕式上,我就改写了李白的一首有名的七绝《与史郎中钦听黄鹤楼上吹笛》赠给西安交大。原诗是:"一为迁客去长沙,西望长安不见家。黄鹤楼中吹玉笛,江城五月落梅花。"改诗为:"西迁为国战风沙,落户长安便是家。五十一年拼搏事,东亭日日灿鲜花。"交大西迁之"迁"绝非原诗中的"迁",原诗中的"迁",作"贬"、"谪"讲,而今是主动的迁徙,两者之意,大相径庭,今日之迁徙,为国为民,为中华民族复兴的大战略服务,无上荣光,何有贬谪之意!

离1996年西安交大百年校庆首尾只有11年,2007年我又到了西安交大,重游东亭,思绪万千。11月24日上午9:35,我与东升同志乘厦门航空MF8217从武汉起飞,到西安后,住西安交大南洋大酒店A425室。中餐时,我与西安交大的老朋友相会,有不少话要讲,有不少念要倾。固然,我第一个要谈到的就是阳含和先生,他对我与我校的支持我永不会忘,我详细询问了他夫人及其女儿阳茜的学习、工作与生活情况,阳先生的接班人陈家宁、王馨老师讲了她们的近况。我还特别谈到了我在上海机床厂锻炼的那一年,与之同住同工作的屈梁生教授及其第一个博士何振甲。我还记得当时我与西交大的第一位工程院院士谢友柏教授也相谈甚欢。

这次不但见到了许多老朋友,还在评估中认识了许多新朋友。邱捷教授是西交大的教务处副处长,也是我的联络员,我特意去听了她的课。

她是讲电工基础方面课程的女教授,课程名称是电路,内容是讲"三相电路",她的课讲得真好,两节听下来,我都不知道时间是怎么过去的。她上课采用全部板书的方式,四块活动黑板用得极为充分、巧妙,一块写满,再写一块,要用前面的一块时,也可迅速移来。我的课堂教学也不错,但那是栽了一个跟斗,得了教训,然后拼命努力的结果,但我认为我讲课的水平绝无她这么高超。我在讲课时也要提问,黑板写到提问时我就停下来,不但不写,而且不讲,而是对着学生,或故意做个不正确的或不完整的回答,接着问学生:是这样的吗?最后视回答情况慢条斯理地讲下去,启发着学生与我同时思考,学生是主动地在听、在想,而不是被动地被灌、被压。

我还听了两节物理课,讲物理中的一段有关对物质结构认识的发展史。这个课堂与前面电路课用黑板不同,而是用了多媒体技术。照说这样讲课很容易讲成说流水账,趣味索然,而这位授课教授,采用大屏幕与能连续移动(当然,也可断续,也可停顿)的投影画面,结合画面讲解,甚至采用加字加画的方式,极为主动地引人思考和学习,两节课听下来一点也不觉得枯燥乏味。

这节课之所以印象深刻,是因为评估期间按照要求听了不少课,有的还是教学名师的课。但老实说,对大多数的课堂教学我是不满意的,特别是多媒体的应用,不是计算机辅助教学,而是教学辅助计算机。应该说,这个课堂是做得比较好的。

这两次课听下来,我感到西安交大教学水平是十分高的。我记得20世纪90年代周远清同志对别人讲过:"有几所学校的教学,我最放心,清华不用讲了,我身在其中,再就是西安交大与华中理工大学。"西安交大教学的确不错!

从11月24日开始到12月1日一早9:10飞离西安,头尾共8天。11月30日下午,我还在西安交大"九州讲坛"上作了一场题为《民族文化教育,自主创新道路》的人文讲座,学生约550人。今记于此,作为一个纪念吧!

西安交大富有老交大的传统,不仅因为老交大的档案资料原件(包括钱学森的)全在今天的西安交大,而且老交大的学风校风也继承到现在。那时,西安交大的校长是郑南宁教授,他是我国自动控制领域的专家,1999年当选为中国工程院信息与电子工程学部院士,书记是王建华教授。

西安交大屹立在大西北,坚韧不拔地迎战西北风沙。我对西安交大是有特殊情感的,大概与其历史、位置、人际关系等多方面的因素有关系吧!

(九)电子科技大学

第九所接受教学评估的高校是位于成都的电子科技大学。

这所大学跟我有点特殊关系,因为时任校长的邹寿彬同志,是从我校调去的,那时他是我校副校长。邹寿彬敢说敢做,敢于负责,十分泼辣。20世纪90年代国家教委对我校进行教学评估时,他刚任我校副校长不久,评估事情由我与他以及王筠教务长负责。2001年他由我校调到电子科技大学当校长,由武汉大学调了胡树祥去当党委书记,他们二位将成都电子科技大学(为了与西安电子科技大学区别开来,我们习惯将它简称为"成电")办得有声有色,发展得也很快,特别是学校成功地进入国家重点建设的"985工程"大学名单,紧紧抓住了学校发展的历史机遇。

校园建设,尤其是绿化美化方面,成绩突出。当时的评估时间为12月10日至14日,已是冬天了,但不管是成电的老校区还是新校区都很绿很美。别人问邹寿彬:"你哪有这么多钱?"他讲:"向银行贷款呗!""怎么还?""钱没贪污,没浪费,没乱花,国家自有办法呗!"他回答得开朗而坚定。我感而将大诗人杜甫在成都居住时写的一首诗《江畔独步寻花》改了一下,在评估开幕式上送给了成都电子科大:"成电园中花满蹊,千朵万朵压枝低。清香四溢游人醉,老凤新雏自在啼。"以此表达我对电子科大美丽校园的赞美。附录原诗:"黄四娘家花满蹊,千朵万朵压枝低。留连戏蝶时时舞,自在娇莺恰恰啼。"

的确,这所学校的绿化与美化的确花了很多力气。很多大树、名贵的树甚至是从外地移植来的,一株树的单价多在万元以上,老区新区一派绿色盎然之象,笼在绿色之中,银杏、丹桂、雪松、龙柏,如此等等,难以言尽。为了育好人,不惜血本种好树,正所谓人要衣妆,地要树妆,而校园更要有绿妆!如果当年不是朱九思老校长重视绿化,华中科技大学哪有今天"森林大学"的美誉呢?我了解邹寿彬同志,江西上饶地区的人,一身硬骨,一心扑在事业上,他办一件事,就像一件事,绝不马虎。

邹寿彬同志干一样,爱一样!他在我校任职时,当教师时如此,当教研室负责人时如此,当院(系)负责人时亦如此,当学校负责人时更是如此!干一行,钻一行,爱一行!当他开始当教师的时候,教电子技术基础课程,做康华光教授的助教、讲师,工作做得很好。他们两人合写的专业技术基础课的教材《电子技术基础》,畅销几百万册,其他出版社,包括各种专业出版社出版的同类教材,也无法与之竞争,这是十分不易的事情。我与杨克冲等同志合作编著的《机械工程控制基础》一书,也属于类似情况,它是一本技术基础课的教材,由我校出版社负责出版。到2011年时已出了6版,销售量在40万册以上,盛销不衰,有关出版社出版的同类教材完全无法与之竞争。

我是搞机械的,对电子技术不太了解,更谈不上有什么深入的认识,但当我看到"成电"富于特色的发展,而且朝气蓬勃的状态时,不禁感慨万分:不是什么学校都要追求全面、综合,也不是什么领域都要领先发展,这是不可能的。我早已感到高校不能什么都要求全面、综合、领先发展,而今看到"成电"的发展,明显感觉它已为我国高校的发展树立了另一类典型。回头看来,20世纪末21世纪初那次学校的合并与调整,总体是对的,主流是好的,绝不能否定,但其中也有严重的缺陷,有些做得过头了。

从"成电"的发展与现状来看,我们可以学到很多,也可以得到很多的启示。应该说,如同"成电"一样,我国还有一类高校,以某一类学科为其发展主体,围绕这一主体整个学校得以发展,如当今的中国地质大学、中国石油大学、中国矿业大学就是典型。而且由于历史条件的原因,这三所大学还被一分为二,除了在北京办学外,还在京外办学。例如,中国地质大学即有"武汉"、"北京"之分,固然,这有历史原因,但中国这么大,有些大同小异的"兄弟"院校又何尝不可呢?

"乐不思蜀",这是一个大家都很熟悉的成语,而今,邹寿彬同志可谓是"乐不离蜀",他就在成都电子科大生根了,那就是他的"家"了。

（十）东南大学

第十所接受高校教学评估的大学是东南大学,评估时间是 2008 年 4 月 21 日至 25 日。

"东南",这是一个很令我咀嚼且品味思索的一个名词。读过宋词的人,都知道我国"全面素质"很高乃至可称为首屈一指的大文豪苏轼,他有关"东南"的名句是:"湖山信是东南美。一望弥千里。使君能得几回来。便使尊前醉倒、且徘徊。"

在 20 世纪 80 年代,大学改名之"风"兴起,这一"风"应该说是正确的。当时教育部决定将新中国成立之初建立的四大工学院,改为理工大学,即大连理工大学、华南理工大学、华中理工大学与南京理工大学。时任南京工学院校长的韦钰教授,坚决不接受,她追根溯源,把南京工学院的前身民国时期的"中央大学"找了出来,说要更名为"中央大学",这当然不行,接着又找出了更早的名称是"东南大学",那么就这样将"南京工学院"这一校名改成了"东南大学",直至今天。

东南大学富有文化传统,高度重视人文文化。老校区在南京市区的四牌楼,新校区经再三选址,最后落脚在南京东南郊外。校区设计得太好了! 注意,我只用了"好"字,没用其他词汇,这样才最为简洁、最为准确! 这一设计,出自我国建筑大师齐康院士之手,齐康因其杰出的建筑成就而入选为中国科学院院士。我较早就知道了他,那是因为在改革开放初期,我就去看了位于郑州的河南博物院,这个博物院就是齐康院士设计的,我艺术细胞不多,可我还是深深地被这一博物院的构思与造型震撼了,我由衷地景仰中原文化,也从心底佩服齐康这位大师。

东南大学评估的时间正是江南的春天。评估组一入新校区就顿觉心境开阔,风景宜人,而它们的建筑风格所传达给我们的感受即是亦中亦西、亦今亦古、亦科学亦人文。

东南大学是我国高校开展文化素质教育工作的重镇之一,影响所及国内各地,甚至远播海外。我常讲,我校余东升、西安交大于德弘、东南大学陆挺三人可谓三点定一平面,在文化素质教育上他们是花力气比较多的三人,当然,东升同志居中联络,做的工作自然多一些。但校内搞得有声有色、持久不衰,得到全校充分肯定的却是东南大学的陆挺了。当时,他还正在攻读学位,但同时也极为热情地投入此工作,取得如此成绩实属不易。陆挺第一学历是大专,但东南大学能发挥其长,将其留校,这正是不拘一格选人才的典范,也是一个单位兴旺发达的重要标志之一。由于文化素质教育的相关工作,我与陆挺同志有着深厚的友谊,有时我很忙,的确忙,脱不开身,但陆挺一出面,我就不好不答应,因为凡我请他的事,他一律做到,我记得,他结婚时,我还出席主持了他的婚礼。

评估组一到东南大学,就被东南大学文化素质教育的持续开展所打动了。文化素质教育报告每周都有,全由学生负责,由学生主持,而且有一定的程序与仪式。当然,报告人则由学校去邀请、聘请,其中,陆挺的作用尤其突出。每场文化素质教育报告的开始,即唱校歌,校歌,是由东南大学王步高教授写的词,请著名作曲家印青谱的曲,思想性、艺术性均佳。据告知,王步高教授退休后被清华大学返聘去教授中华诗词一课了,颇受学生欢迎。唱校歌,本身就是一次生动活泼的教育,一次爱校的教育。爱校,爱国,不是抽象的,抽象总是寓于具体之中。学校不爱,集体不爱,还谈什么爱国?!而且他们的校歌,不但紧联中国,而且紧扣紫金山、秦淮河与长江,有血有肉,不能不令在场的我们为之感动!

后记

  2014年6月11日,正在北京参加院士大会的杨叔子突发脑卒中。

  由于科学院院士工作局的同志及时送他到解放军306医院救治,他的健康恢复较好,但是,脑卒中仍对他的记忆有了不小的伤害,随着时间的流逝,他的记忆力也越来越不好。

  病后,他考虑到写自传已有困难,因为他已不可能把历史完整地表述。于是他决定写"往事钩沉",以这种形式把沉积在岁月中的往事尽可能地再展现出来。"往事钩沉"是按照他成长的时间顺序、从小到大来写的,但是难免有些事该写而忘写,也难免有些事写得不是十分的确切。

  2015年年初开始,他每天坚持写1000字左右,持续了近一年。遗憾的是,在大约完成20万字时,他感到有点头疼,脑力不支了。那时,正写到2008年5月,恰好是写完他参加高等学校教学评估的最后一站,"往事钩沉"的撰写被迫停下。后来,他身体稍好一点,在我的协助下又增写了"在病中"一章,毕竟许多感动的人和事是永远难以忘记的。

  杨叔子是一个业余的诗词爱好者。他的诗词情缘源于自幼的家教,入小学时,许多诗词已烂熟于心。因此,在"往事钩沉"中有不少的诗词,表达了各个时期对某一件事的具体情感,这可能就是他写作的风格吧。

徐辉碧

2017年7月于武汉喻家山